忻州师范学院专题研究项目成果

煤炭企业内部控制

的自我评价及审计研究

——以山西省为例

张红轶 冯 瑛 著

山西出版传媒集团
山西人民出版社

图书在版编目（CIP）数据

煤炭企业内部控制的自我评价及审计研究：以山西省为例 / 张红轶，冯瑛著. -- 太原：山西人民出版社，2015.6
ISBN 978-7-203-09112-7

Ⅰ.①煤… Ⅱ.①张… ②冯… Ⅲ.①煤炭企业—企业内部管理—研究—山西省②煤炭企业—内部审计—研究—山西省 Ⅳ.①F426.21

中国版本图书馆CIP数据核字（2015）第148327号

煤炭企业内部控制的自我评价及审计研究：以山西省为例

| 著　　者：张红轶　冯　瑛 |
| 责任编辑：何赵云 |
| 装帧设计：刘彦杰 |
| 出 版 者：山西出版传媒集团·山西人民出版社 |
| 地　　址：太原市建设南路21号 |
| 邮　　编：030012 |
| 发行营销：0351-4922220　4955996　4956039　4922127（传真） |
| 天猫官网：http://sxrmcbs.tmall.com　电话：0351-4922159 |
| E-mail：sxskcb@163.com　发行部 |
|　　　　　　sxskcb@126.com　总编室 |
| 网　　址：www.sxskcb.com |
| 经 销 者：山西出版传媒集团·山西人民出版社 |
| 承 印 厂：山西臣功印刷包装有限公司 |
| 开　　本：890mm×1240mm　1/32 |
| 印　　张：9.75 |
| 字　　数：250千字 |
| 印　　数：1-1000册 |
| 版　　次：2015年6月 第1版 |
| 印　　次：2015年6月 第1次印刷 |
| 书　　号：ISBN 978-7-203-09112-7 |
| 定　　价：28.00元 |

总　序

经历了约 1000 年的发展嬗变,现代大学逐步形成了集人才培养、科学研究和社会服务三大基本功能于一身的发展模式。中国的现代大学虽然只有百余年历史,但发展迅速,已经成为实施科教兴国和人才强国战略的主力军。在新的历史时期,大学主动融入社会主义现代化建设事业中,努力实现与经济社会发展的良性互动是中国高等院校的必然选择和神圣使命。

基于这样的背景,忻州师范学院积极探索深度融入地方经济社会发展、不断增强服务社会能力的转型发展之路。作为一个地方性本科院校,我院选择了以"相互作用大学"为代表的地方大学与地方经济共生模式,改变大学以自我需求与利益考虑为中心的思想,树立以社区公众、企业和政府的需要与利益为导向的价值理念,努力在服务地方上下功夫。以此为基础,我院明确提出了科研工作的重大战略转向,即"三个面向":面向地方经济社会文化发展、面向基础教育教学改革、面向高等师范院校教学改革。

作为落实"三个面向"战略的一部分,2012 年我院设立了"专题研究项目",每年遴选资助 20 项针对忻州地方经济社会文化发展的研究课题,每项课题的研究成果为专著和咨询报告,这就是本系列专著的由来。希望通过这一系列的研究成果,能够促进忻州经济社会发展,促进忻州文化传承创新,促进忻州师范学院与忻州地方的共同发展。

忻州师范学院

2015.6.26

前　言

　　20 世纪 90 年代美国发生的安然、世通等事件,让越来越多的国家意识到强化企业内部控制的重要性。近年来,我国上市公司发生不少重大违法、舞弊案件,这在相当程度上与国内内部控制建设缺失密切相关。为此,我国为了促进企业建立健全内部控制,规范企业的自我评价行为和会计师事务所的审计行为,根据相关法律法规和《企业内部控制基本规范》,财政部、证监会、审计署、银监会、保监会于 2010 年 4 月联合发布了企业内部控制配套指引,其中,《企业内部控制评价指引》和《企业内部控制审计指引》对企业如何评价内部控制和事务所如何实施内部控制审计进行了明确的规定。基于以上背景,本书运用规范研究与实证研究相结合的方法,以内部控制相关理论为基础,以山西省支柱产业煤炭企业作为研究对象,主要从内部控制的两种监督途径——自我评价和外部审计来展开系统全面的研究,全书着重研究了下列问题:

　　第一,本书首先研究分析了内部控制相关理论,包括内部控制基本理论、内部控制自我评价理论及内部控制审计理论,接着介绍山西省煤炭企业资源分布、整合重组及重点企业,说明了山西省煤炭企业加强内部控制的必要性,为后续的研究奠定了理论基础。

　　第二,运用描述性统计方法对山西省煤炭企业内部控制自我评价状况进行了分析,找出其中存在的问题。此外,运用 SPSS 软件对山西省煤炭企业内部控制自我评价有效性的影响因素进行实证研究。

第三,从内部控制审计报告和调查情况入手,找出事务所对山西省煤炭企业开展内部控制审计时存在的问题并分析原因,并在建立内部控制审计风险模型的基础上,运用未确知测度模型对山西省某煤炭企业的内部控制审计风险进行定量研究。

第四,为了使煤炭企业的自我评价工作和会计师事务所的内部控制审计工作更加规范,分别提出了两个框架:一是煤炭企业内部控制自我评价框架,期望能为煤炭企业开展内部控制自我评价工作提供帮助;二是煤炭企业内部控制审计框架,期望能为会计师事务所开展煤炭行业内部控制审计工作提供帮助。

在本书的写作过程中,作者参考了专家学者的宝贵资料,在此表示衷心的感谢。由于企业内部控制自我评价和审计近年来在我国理论研究与实务中逐渐被重视,限于水平、时间和资料,本书提出的见解难免有不成熟之处,部分观点仍需进一步探讨,恳请广大读者指正。

目　录

第一章 导 论

第一节 研究背景及意义

内部控制是契约机制发展到一定程度的产物，旨在促使企业遵守法规，保证会计信息的可靠性。随着人们对内部控制需求的发展，内部控制的内涵也发生了一定程度的变化。不断完善的内部控制制度，对于防范舞弊、减少损失具有非常重要的意义。因此，离不开法律规范的制约。尤其是20世纪90年代美国发生安然、世通等事件后，各国证券监管机构和会计师协会对资本市场的监管进行了深刻的反思，同时越来越多的国家意识到强化企业内部控制的重要性。2008年6月，我国财政部、证监会、审计署、银监会、保监会联合发布了《企业内部控制基本规范》。随之于2010年，为了规范企业的自我评价行为和会计师事务所的审计行为，五部委又联合发布了企业内部控制配套指引，为内部控制建设展开了新的一页。煤炭作为我国重要的资源，尤其是山西，要以煤为基，多元发展，就必须首要紧抓山西煤炭企业的发展，特别是在近年来完成煤炭资源整合以来，更需要从其内部控制入手，确保煤炭企业形成自身长期的竞争优势，进一步实现可持续发展。

内部控制自我评价是在这个大背景下产生的，是经济发展的产物，是为内部控制的具体实施起到再控制的作用。众所周知，部分企业各种制度不可谓不多，不可谓不全。但是仍然出现重大的问题，让我们不得不把目光聚焦到制度落实执行的有效性上来，对其执行效果大大的打个问号。这也告诉我们一个事实：一个内部控制体系建立以后，需要不断地进行维护、评价、反馈，并且定期的评估修正，一个没有执行效果的内部控制体系就是一套失败的内部控制体系。所以，我们必须明白，完善有效的内部控制评价，可以帮助企业探查内部控制中的薄弱环节，为内部控制存在的问题提供依据，促进企业更好的健康发展。它的作用不仅仅是简单地增加财务报告决策有用性，对外披露的内部控制自我评价报告背后隐含着投资者、管理当局、监管部门及注册会计师等有关各方的利益，即内部控制信息的使用者之所以需要信息，主要不是因为他们需要做出决策，而是因为他们与企业之间存在着使其必须做出决策的利益关系。所以，内部控制信息的作用是传达了上市公司对利益相关者负责的态度。随着资本市场的发展，利益相关者除了财务信息外，还关注公司治理、财务报告质量等非财务信息。但是，从我国目前总体情况看，由于内部控制的起步较晚，企业实施内部控制的内在动力不足，许多公司治理机制不健全，没有形成有效的治理机制；管理层凌驾于内部控制之上，破坏了内部控制的规则和实施机制；内部控制评价内容不深入；信息披露流于形式、不规范等时有发生。本书选择特殊行业煤炭企业作为研究对象，重点对山西省煤炭企业近三年来其内部控制自我评价的现状、内部控制自我评价有效性的影响因素、内部控制自我评价的框架构建等展开研究。

现代审计的发展是一种不可逆转的趋势，而企业内部控制审计则是现代审计发展的新领域。企业内部控制对公司及其利益相关方规避风险、应对挑战和走向成功具有关键意义。为了保证内部控制的有效性,在管理当局出具内部控制自我评价报告的同时,需要中介机构对内部控制进行审计。内部控制审计是注册会计师对企业内部控制实施专门的审计程序,对特定日期企业内部控制的有效性进行审计,并发表审计意见。此时,现代审计也全面走进财务报表审计与内部控制审计并重的新时代。内部控制审计和财务报表审计有一个共同目标,即致力于增强财务报告及相关信息的可靠性、满足投资者对高质量财务信息的需求。如果财务报表审计和相关内部控制审计双管齐下,财务报表和相关内控的信息质量问题仍得不到较好解决,那么,内部控制审计制度的创立意义和注册会计师的行业形象将会遭到全社会前所未有的质疑。可见,研究内部控制审计制度具有非常重要的意义,这是审计理论和实务的一次飞跃。但是,审计实务的发展离不开理论的指导,新兴服务的不断拓展和涌现造成理论界与实务界总是需要另辟蹊径来为某项新服务寻找理论依据。内部控制审计已经在很多国家开展,我国内部控制规范化近几年刚刚开始,但目前会计审计学界尚未对此形成系统的理论。所以,本书以特殊行业——煤炭企业作为研究对象,重点在山西省煤炭企业内部控制审计的实施现状、审计风险等研究的基础上,构建内部控制审计实施框架。

在投资者利益保护要求日益强烈,中国资本市场期待良性发展的背景下,系统研究以上谈到的煤炭企业内部控制自我评价和审计问题,可以更好地服务于我国正在蓬勃发展的资本市场,服务于我国正在开拓创新、寻求新的管理思路和发展战略的煤炭企业,是建设"转型经济"中服务于中国特色社会主义市场经济发展的监督体系的内在要求,更是为了在实践中提高我国上市公司内部控制水平,为保护投资者利益,促进证券市场的健康发展提供有参考价值的研究思路与政策建议。总之,本书的研究具有重要的理论意义和现实意义。

第二节　国内外研究现状及评价

由于美国的内部控制实务工作一直走在世界的前列，所以关于内部控制研究的相关文献研究，也处于领先水平。特别是 SOX 法案对内部控制提出更高的要求以来,无论是理论还是实务,都优于其他国家。

一、内部控制理论研究现状

(一)国外有关内部控制的研究

国外内部控制理论的发展是一个逐步演变的过程,兴起于 20 世纪 40 年代中期,总体上经历了内部牵制、内部控制制度、内部控制结构、内部控制整合框架及企业风险管理整合框架五个阶段。在 1912 年,R·H·蒙哥马利出版了《审计——理论与实践》,提出了内部控制的概念。1949 年美国注册会计师协会的审计程序委员会在《内部控制:一种协调制度要素及其对管理当局和独立注册会计师的重要性》报告首次对内部控制作了权威性解释。该审计委员会在 1958 年对内部控制重新进行了表述。80 年代之后,内部控制的研究得到了十分的关注。COSO 是美国研究虚假财务报告出现的原因后,在 1985 年成立的虚假财务报告安全委员会(又称科索委员会)。该委员会在 1992 年 10 月发布《内部控制——整合框架》(简称 IC—LF),将内部控制重新定义，定位在为实现企业效果和效率、财务相关问题合法性,而规定的一系列的管理过程,这个过程是由企业人员来实现的。内部控制中,包含了多种要素,主要是对企业环境、企业中所存在的风险、对风险的控制情况、对信息获取并且进行沟通、监控这几个部分。2004年9月，COSO又正式发布的《企业风险管理——整体框架》（简称ERM框架），该框架对内部控制内涵进行了扩展，提出了内部控制的八个要素，包括内部环境、目标设定、事项识别、风险评估、风险应对、控制活动、信息与沟通、监控。此份报告起到的作用是，对内部控制的相关内容进行了进一步的完善，把内部控制和风险管理更加紧密结合起来。内部控制经过了二十多年的发展，它的控制内容变得更加丰富，添加了许多诸如道德规范等内容的无形的约束，领导的决策和自身也添加到这个控制体系中。内部控制实现了多层次的发展，内容更加丰富灵活。此后，自2008年世界性金融危机爆发以来，由企业内部控制系统的有效性缺陷所带来的大量经营或财务舞弊案例不断爆发出来，基于此，科索委员会于2009年1月颁布了《监督内部控制系统的指南》（以下简称监督指南）。这在实质上推动了内部控制监督要素的应用性发展。有代表性的观点有：Prowse（1997）通过对商业银行的董事会行为的研究得出结论：商业银行控制的董事会在惩罚管理者方面与一般公司相比会表现得更加不果断。该研究披露了关于内部控制在商业银行实践的过程中存在的缺陷。MatthewSelvedge（2004）指出，按照COSO框架，风险评估指识别并分析影响达成目标的各种不确定因素，是对风险进行管理的基础。设定目标是风险评估的前提，Malone和Matt（2005）建议通过信息技术手段实施安全风险评估来保证对风险的控制。Cristina Palfi（2007）通过对全球化过程中银行体系面对许多新的风险的分析，提出巴塞尔委员会需要对银行内部控制的信贷机制和内部审计制度做出新的要求以应对这些风险的观点。为确保银行遵守法律和规章，维持可靠的财务和管理报告，该研究指出银行的内部控制必须基于一定的标准，才能实现长期盈利能力，并可以减少意外的风险损失以及防止银行声誉的损害。

（二）国内有关内部控制的研究

尽管内部管理控制在漫长的企业管理生涯中一直都存在，但是随着经济环境的变化，特别是两权分离的资本市场的不断完善和发展，对于企业风险的关注越发引起重视。自 20 世纪 80 年代，我国开始注重对内部控制理论的研究，其产生和发展与理论研究、审计实务的推动密不可分。从我国内部控制发展历程看，经历了 1985—1996 年的探索期，1997—2005 年的法规建设期，以及 2006 年至今的实务规范推进期等阶段。在探索期，许多著名会计学者对内部控制的理论进行了积极的探索，如上海财经大学的徐政旦教授等。在法规建设期，中国注册会计师协会于 1997 年 1 月份实施的具体审计准则《内部控制与审计风险》，成为我国民间审计发展推动内部控制建立健全的有力佐证，1999 年新修订的《会计法》对内部控制提出了明确的要求。在实务规范推进阶段，2006 年我国六部委成立了全国内部控制标准委员会，并聘请了 86 名专家，开展规范工作，于 2007 年 3 月颁布了 1 个基本准则、17 个具体准则的征求意见稿，所以 2006 年是推进的起点。因此，在此前后专家学者的研讨也从各方面逐渐深入，在基础理论方面，内部控制基于委托代理理论而产生，杨雄胜（2005）认为有必要从经济学、管理学、审计学等相关理论研究入手，提出把内部控制在理论与方法上从审计范畴解放出来，只有运用丰富的公司治理理论并以管理控制口径定位，才能取得突破性的进展，并形成有效指导内部控制实务的理论成果。杨雄胜（2006）利用演化经济学的观点提出内部控制通过技巧学习与惯例固化实现组织成员自适应学习，成为商务生态系统中的控制链，其目标是实现组织长寿。企业内部控制的最高目标是使企业赢得消费者(客户)的支持和社会的广泛认同,从而不断提高企业影响能力。林钟高、郑军(2007)提出一个完整的内部控制理论框架应考虑现代企业的重要特征,引入契约经济学理论,确立了内部控制的契约属性,是一种评价利益关系的契约装置,揭示出内部控制的本质。同时从新制度经济学出发,提出以内部控制契约公正性的伦理诉求和道德评判作为内部控制的伦理基础。杨雄胜(2011)综合运用人类学、生物学、社会学、组织学、管理学、经济学知识,认为内部控制时运用专门手段工具及方法,防范与遏制非我与损我,保护与促进自我与益我的系统化制度,并以信息化为背景,对内部控制做出了便于计算机软件固化和动态优化运行的操作性框架定义。其次,对于公司治理与内部控制方面的代表性观点有,阎达五、杨有红(2001)提出公司治理是内部控制的环境,即"环境论",认为保证会计信息的真实性是内部控制发展的主线,会计控制是企业内部控制的核心,内部控制目标随着公司治理机制的完善呈多元化趋势。内部控制框架与公司治理机制的关系是内部控制监控系统与制度环境的关系。在内部控制框架的构建中应采用双管齐下和分步两步走的战略。刘明辉、张宜霞(2002)扩展了内部控制的内涵,由局部的会计控制、财务控制扩展到整个企业的资源管理控制,从而可以更系统、更全面的理解内部控制和构建内部控制。对于企业治理控制权,提出既不能完全分配给经营者,也不能完全分配给股东,最优解应当为二者的动态平衡。李连华(2005)提出用"嵌合论"来描述公司治理结构和内部控制的相互关系,同时提出提高内部控制效果的根本途径为公司治理结构与内部控制制度关联的结构,这种制度可以实现两者的有效对接;全空域、分层级控制;全覆盖式连贯一体的监督链。杨雄胜等(2007)从法律法规的制定、公司自身、会计师事务所和投资者四个角度采用实证研究的方法考察得出公司治理在我国仍缺乏应有的关注,内部控制的重视程度普遍较低,使得公司治理在我国的实践中可能只是一种徒具躯壳而缺乏实质内容和实在效果的理论。此外,还有对建立与完善内部控制体系方面的研究,杨雄胜(2006)提出内部控制也作为组织权力制衡的机制,应体现"双环学习"的要求,把基于权力控制的内部控制转变为基于信息观的内部控制。主要通过建立适合内部控制需要的信息系统,以"学习导向"作为重建内部控制基本框架的理念。吴秋生(2010)提出财务报表审计目的、完善目的、披露目的和内部控制审计目的的内部控制评价,应当进行整合,外部主体内整合和内部主体内整合是第一层次的整合,对基础资料与评价方法共享的主体间整合,赋予了第二层次整合的概念。通过整合能更好地服务于多角度的评价标准和实现多维的评价目标,更有效地推进内部控制完善和提升内控评价报告质量。武军(2011)认为,财务风险是风险管理的重要组成部分,基于这样一种考虑,以 H 煤炭企业集团为例,对煤炭企业财务风险的成因等问题进行了探讨,从分析、剖析企业各种财务风险的成因、影响因素入手,提出了构建煤炭财务风险内部控制体系的框架思路,具有一定的创新性和实践效果。杨有红、李宇立(2011)提出把我内部控制缺陷的实质、厘清内部控制缺陷和内部控制局限性是认定内部控制缺陷的基础。缺陷认定是一个过程,必须解决缺陷识别、缺陷严重程度评估、缺陷认定权限划分、缺陷应对措施制定、缺陷对外披露五个环节的问题。王惠芳(2011)指出内部控制缺陷认定困境主要表现在内部控制缺陷的概念和分类缺乏明确界定,有关制度规范缺乏细化指导规则,从制度制定思路、概念界定、分类、认定标准等方面提出了破解思路,从而构建了内部控制缺陷认定的基本框架。

从国内学者对内部控制理论研究来看,研究视角多,研究方法灵活,研究观点不一,无论是对内部控制的定义,还是对内部控制与公司治理或风险管理的关系的论证,还是对内部控制体系框架或者系统的构建观点上都存在一定的差异性,这些差异性一方面说明内部控制的内涵和外延的复杂性与多重性,另一方面说明在实践应用中的多面性和发挥作用的不确定性,其影响因素和对组织文化与理念的需求也是内部控制研究不得不面对的问题。因此,对内部控制的研究不能局限于通用性的理论与框架研究,更重要的是研究内部控制在具体的组织中如何建立如何发挥作用,如何针对不同的控制客体应用内部控制。

二、内部控制自我评价研究现状

(一)国外有关内部控制自我评价的研究

国外关于内部控制评价方法的相关理论比较完整,特别是美国在该领域的研究一直走在前列。1978年美国的柯恩委员会(Cohen)就曾建议管理层披露企业的内部控制,出具内部控制报告。在之后的许多年内部控制的研究取得了很大的成果,比如1992年COSO组织发布了《内部控制—整合框架》(简称COSO报告),所公布的内部控制模型含有五个要素:控制环境、控制活动、风险评估、信息与沟通和监督。这个模型得到内部审计师和财务经理的广泛接受和使用,它为设计、实施、评价和管理一个有效的内部控制系统提供了标准。这是对内部控制影响最大的一个内部控制模型。在内部控制发展史上具有里程碑的意义。此后,加拿大COCO委员会于1999年发布了《评估控制指南》,为了能够有效评估内部控制,企业需要形成一份十步过程、二十个具体评估标准所构成的评估报告。这份报告针对实体的情况,从目的、承诺、能力、监督和学习四个方面设计评价指标,并采用回答问题的方式,根据所回答问题的答案评价内部控制的有效性程度。COCO 委员会的《控制指南》是为董事会、高级管理人员、各级管理人员、债权人以及审计师制定的。COCO 认识到成功的追求机会的能力和必要时足够灵活、快速地做出反应的能力对组织的发展是极其重要的,这显示出它是富有洞察力的。由于控制的这个方面的重要性高于其他方面,因此需要更多地强调。董事会和高级管理人需要花更多的时间和精力争取成功利用机会,这正是组织的愿景、使命、战略、计划、策略、首创精神、程序、目的和目标致力于实现的主要结果。但是,对于内部控制评价的研究仍然不很广泛,直到安然、世通等一系列财务丑闻之后,美国国会才于 2002 年 7 月颁布了《萨班斯—奥克斯利法案》,该法案简称为 SOX 法案,对内部控制评价作了许多相关的规定。它第一次对内部控制的有效性提出明确的要求,把内部控制评价和上市公司财务报告以及审计确定为法定事项。此法案的数条条款对企业的财务报告中的内部控制评价做出具体规定。SOX 规定,公司在对内部控制评价时,应该选择已被业界接受的内部控制框架作为评价标准。所以,SOX 推荐使用的是 COSO 框架。2003 年 3 月 9 日,美国公众公司会计监督委员会(PCAOB)批准了第 2 号审计准则——《与财务报表审计相关的财务会计报告内部控制审计》。该准则提出管理当局对财务报告内部控制的评价责任。2004 年 COSO 对其在 1992 年的内部控制框架进行补充,发布了《企业风险管理框架》。2007 年 6 月,美国证券交易委员会发布了《关于管理层报告财务报告内部控制的指引》,为管理层对有关财务报告的内部控制的评价和评估提供了指引。《世界最高审计机关组织内部控制准则》第 77 条规定,内部控制评价的制定应基于其最低需求的程序。管理阶层制定相应机制,定期对内部控制、指导问题及改善解决进行评估。划分组织为若干个单元并对每一单元的计划与行政功能进行确认；评估一般控制环境与任何造成浪费、损失、不当或无法达成预定目标的活动；对选定的内部控制评估的计划与功能做出规划并安排；评估并预测内部控制的计划与功能；制定并安排必要的改善措施；报告整体评估与改善措施执行的结果列入考虑程序类型。国外其他国家对于内部控制评价的研究主要是在借鉴美国研究成果的基础上，针对本国国情进行相应的修改。有代表性的观点有：Moerland（2007）以实现内部控制目标为基础，构建了内部控制披露指数，对 2002—2005 年芬兰、挪威、瑞典、荷兰以及英国等欧洲国家的内部控制报告的影响因素进行了研究，其构建的内部控制指数包括九个部分。Andrew（2007）认为，内部控制缺陷的披露与企业组织结构的变动频率和复杂度存在正比例关系，为防止公司的内部控制披露存在缺陷，管理层和外部监管者需按时对内部控制进行评价，并对其评价信息如实披露，做到对投资者负责。Ogneva 等（2007）以 2004 年 11 月至 2006 年 2 月期间向美国证券交易委员会首次提交 SOX 第 404 条款报告的 3802 家公司作为样本，实证检验内部控制质量与融资成本的关系。发现存在内部控制缺陷的公司，其融资成本要高于其他公司。然而，在控制公司特征与分析师预测偏差后，存在内部控制缺陷的公司，其融资成本与其他公司无明显区别。Skaife（2009）认为，披露内部控制缺陷的公司有显著高的公司特定风险、系统风险和权益资本成本；随着审计师对内部控制有效性评价意见的变化（前期报告的内部控制缺陷本期得以修正），权益资本成本也发生显著变化。Hoitash（2009）等人实证检验了在 SOX 法案第 302 和 404 条款下内部控制实质性缺陷披露与公司治理之间的关系。研究发现，如果董事会和审计委员会中拥有的具有会计和管理经验的人数越多，内部控制实质性缺陷披露的概率就越低，董事会和审计委员会的特性与内部控制的质量有关。对于内部控制评价方法,目前,流程图法是当前国外审计工作中广泛采用的一种方法,除此之外,西方流行的内部控制评价方法还有调查表法和文字描述法。流程图法对业务程序及其控制点用图解形式来描述,以显示有关控制环节和凭证记录的产生、传递、检查、保存及其相互关系,其优势在于直观性。内部控制自我评估(Controlself-assessment),是近年来西方国家内部控制的主要工具,是以管理部门的自我评估为主的一种方法。在该方法中,运行和维持内部控制的主要责任落在了企业管理层上,同时内部审计师与管理人员和企业员工共同对控制程序的有效性做出评估并承担连带责任。这标志着内控评估发展到了一个崭新的阶段,通过制定实施内部控制的自我评估,使得管理和内控从一个或几个部门的责任扩展到整个企业的责任。这就要求企业从全局出发,从整个业务流程中发现问题,并通过计算机汇总并反馈;评价人员要具备全方位的能力,能跟各个环节和部门的相关人员联系沟通,并通过采用多种技术方法促进经营管理目标的实现。

(二)国内有关内部控制自我评价的研究

伴随着经济全球化的进程,企业的经营不断扩大,生产和业务的全球化也不可避免,这些背景对公司的管理水平及内部控制提出了越来越高的要求,加上伴随着众多企业经营问题、财务舞弊事件的发生,内部控制评价也藉此需求得到了长足的发展。它是一系列过程活动的总称,主要基于企业对其内部控制制度的建立、执行情况以及效果进行全面检查、测试与考核。其主要目的是通过对内部控制进行综合测评和评价,然后衡量内部控制产生发展的现状以及风险抵抗力,在此基础上针对内部控制的不足之处,加强内部控制建设以防范和化解经营风险,以此来提高企业的经营绩效。所以,内部控制的重要作用被越来越多的人所关注,政府相继出台了关于内部控制的政策文件，同时学术界也大规模开展了对于内部控制、内部控制评价研究的热潮。我国于 2008 年 6 月 28 日创建了第一部《企业内部控制基本规范》，要求"上市公司应当对本公司内部控制的有效性进行自我评价，披露年度自我评价报告，同时应当聘请具有证券、期货业务资格的中介机构对内部控制的有效性进行审计"。该规定自 2009 年 7 月 1 日起在上市公司范围内施行，同时鼓励非上市的大中型企业执行。2010 年 4 月 26 日，五部委发布了配套指引，包括《企业内部控制应用指引》《企业内部控制评价指引》和《企业内部控制审计指引》，标志着我国企业内部控制规范体系基本建成。这些不仅引发了理论界的高度关注，还引来实务界的研究兴趣。随着《企业内部控制基本规范》及其配套指引的出台，许多专家学者从各个角度研究了如何评价内部控制的问题，以下是几个有代表性的观点，范炜（2002）等人运用调查问卷的形式，将内部控制五要素所包含的评判指标，首先根据德尔菲法确定权重等级，然后发放调查问卷，对被调查企业的评判指标进行评判，最后通过模糊数学进行计算，得出评价结果。周春喜（2002）对模糊评价数学模型进行了探讨，构建了多层次的评价指标体系，可以综合评价内部控制情况，然后又对定性指标进行了定量化的研究。通过不同层次的评价指标，能够发现控制系统中的薄弱点，打通阻碍企业正常运营的环节，为建立健全内部控制提供最大支持。何恩良（2004）认为应该利用定性和定量两种方法来衡量内部控制的情况，通过定性方法评价内部控制的有效合法等方面，但是定性评级很容易受到评价人员的主观判断，会存在误差。与之相对应的是，定量分析方法更加科学，通过定量分析可以很好评价内部控制的有效合理性。王海林（2009）利用内部控制工程学，建立企业内部控制过程的评价体系，认为内部控制评价应包括内部控制实施过程的评价和实施结果的评价两个方面。薛琳(2011)指出我国对内部控制评价体系需要的迫切性，认为通过分层来建立内部控制评价体系，不同的层次代表的环节不同，关注的重点也不同。贺薇汀(2012)研究了基于自我管理的内部控制评价方法，是指采用控制自我评估法(CSA)，使企业董事会、审计委员会、经理层和全体员工直接参与评价内部控制设计的合理性和执行的有效性，实现以披露为目的和以自我完善为目的的内部控制评价整合研究。既有助于管理者客观全面了解公司的内部控制，又能够满足监管部门的要求。陈关亭(2013)基于企业风险管理框架和我国企业内部控制规范设计了内控评价指标体系，采用层次分析法，并基于406份调查问卷确定了内控评价指标权重和评价模型，采用模糊综合评价法构建了内部控制模糊评价模型，最后据以具体评价了北京某上市公司的内部控制水平，从而实现了内部控制评价从定性分析到定量研究的转变。从以上学者的研究来看，通过模糊层次分析法来评价内部控制是现在研究的主流，但评价过程中含有大量的职业判断，评价人员的不同会导致评价结果的不一致，而且缺少必要的证据来佐证，所以很难判断评价的结果的准确性。

三、内部控制审计研究现状

(一)国外有关内部控制审计的研究

2002年安然事件后，美国又颁布了SOX法案。该法案主要包括以下内容：设立独立的上市公司会计监管委员会，由其负责监管执行上市公司审计的会计师事务所；加强执行会计师事务所的独立性；特别强化公司治理结构并明确了公司的财务报告责任，以及增强了公司的财务信息披露义务；大幅加重了对公司管理层违法行为的处罚措施；增加经费拨款并强化美国证券交易委员会

(SEC)的预算以及其职能。其中第 404 条款规定公司的管理层必须书面声明对内部控制设计的完善性和执行的有效性负责，而且要求管理层每年对其财务报告内部控制的效果进行评估和报告，报告还必须经过注册会计师审计。2007 年 5 月，美国公众公司会计监察委员会公布了第 5 号审计准则《与财务报表审计相融合的内部控制审计》，提出了整合审计的理念，要求审计人员在对上市公司财务报表进行审计的同时，应对该公司内部控制的设计与执行情况进行评价。引导审计师把重点放在最重要的内部控制事件的审计上，重点关注公司内部控制中那些可能导致财务报告中的重大错报不能被发现或预防的高风险领域。由于审计准则 2 号的实施，使得上市公司的相关成本大幅度增加，在进行广泛的调查和征求意见后，2007 年 5 月，PCAOB 又颁布了第 5 号审计准则《与财务报表审计相整合的财务报告内部控制审计》，提出审计人员应减少不必要的程序，将审计重点放在风险较高的环节上。准则颁布后，引起了众多学者的关注，Michael S. Goldstein(2004) 和 Linda L. Griggs(2004)研究了有关财务报告内部控制的审计准则问题，总结出准则中审计人员关于财务报告内部控制审计的目标是基于管理层的评估对财务报告内部控制的有效性形成审计意见，要求外部审计师就公司的财务报告内部控制形成自己的意见，而不仅仅是依赖管理层对内部控制的评估过程。财务报告内部控制审计的步骤主要是：安排审计计划；评估管理层的评估过程；获取对财务报告内部控制的理解；测试和评估财务报告内部控制设计的有效性；测试和评估财务报告内部控制执行的有效性；对财务报告内部控制的有效性形成审计意见。虽然这些审计程序是按一定的顺序排列，但审计人员可以同时进行这些程序。Charlotte Bahin(2004)介绍了美国公众公司会计监督委员会通过的审计标准，以解决财务报告内部控制审计与财务报表审计的整合;美国证券交易委员会的监管和公众公司会计监管委员会的标准的差距以及相关公众公司会计监管委员会的审计标准的要求。Gopal V.Krishnan,Gnanakumar Visvanathan(2005)研究了执行准则后,针对审计人员在内部控制报告缺陷方面所起到的作用,发现审计人员缺少变化,在他们制定的内部控制报告组成中缺少针对公司弱点而进行的控制。著名的学者 Ashbaugh、Collins(柯林斯)& Kinney(凯尼)(2007)根据 SOX 法案第 302 和 404 条款,提供了内部控制审计中关注的最早的导致公司披露的重大缺陷或实质性缺陷的相关因素的证据。Leone(2007)总结 Ashbaugh、Collins 等人的研究,列出了可能站在内部控制审计角度带来内部控制缺陷的指标。Jack W. Paul(2005)、Goldberg(2007)、Koege(2008)主要介绍了财务报告内部控制审计准则中对管理层和审计师责任的区别、内部控制审计包括的实体、测试点的选取及测试内容、内部控制的设计和运营效率、利用其他人工作时应考虑的事、重大缺陷和重大不足及其评估、审计报告及其修订等内容。研究结果强调应该有超出一般企业特点的控制准则,对报告中的内部控制薄弱环节进行重点治理。

(二)国内有关内部控制审计的研究

2008 年我国发布的《企业内部控制基本规范》要求"上市公司应当聘请具有证券、期货业务资格的中介机构对内部控制的有效性进行审计"。内部控制审计业务因此而诞生,国内对于内部控制审计的研究是伴随着该基本规范的发布而展开的,首先是对于内部控制理论的研究,是开始于这一制度变迁之下的,施先旺(2008)主要从内部控制理论本身内在发展逻辑的角度,将内部控制理论的变迁历程,划分为萌芽、形成和建立三个时期。张龙平(2009)基于审计视角下对内部控制所涉及各种不同术语的含义及相关概念进行界定和探讨，从学术角度对内部控制不同术语的含义进行了规范界定。又基于审计视角探讨内部控制的理论及实践的历史演进，对内部控制的发展演化过程分六个阶段进行阐述。其次是关于内部控制审计如何实施的研究。张龙平,陈作习(2009)深入研究了风险导向自上而下审计法。这个方法促使审计人员关注那些对财务报表和相关披露可能产生重大错报的会计账户、披露和相关认定,将主要精力集中于风险最大的领域,并对自上而下法进行了简要的评价,简单地叙述了它的优点以及该方法存在的一些问题。张先治、戴文涛(2011)提出构建企业、注册会计师和有关监管部门三位一体的内外部监督综合评价体系的理论框架与评价模型,即"董事会内部控制评价 + 注册会计师财务报告内部控制审计 + 政府监管部门(或非营利性机构)内部控制综合评价"模型。余红(2011)站在注册会计师独立审计内部控制的角度,谈了内部控制的认识、评价机构的设置、建立评价标准体系三个问题,为注册会计师执行业务提供了系统的思路。宋良荣、周冬华(2012)根据我国目前的制度环境,系统介绍了内部控制评价和内部控制审计两个部分,这些制度的实施,有利于为企业形成强有力的声誉制约。李三喜、徐荣才(2013)以中天恒管理咨询公司的实践改革为基础,针对内部控制理论和实践中的难点问题,解决了内部控制审计如何做、怎么做,写得非常具体,实用性很强。

四、研究综述简评

通过对以上文献进行分析可以看出，国内外学者从不同角度对内部控制展开了研究,提供了许多有价值的研究结论,也为本书的研究奠定了基础。

对于内部控制理论,国外权威组织、经典文献、学术界和实务界的研究基本已经形成规范的理论体系,对有关内部控制的目标、要素和责任主体等基本 概念的认识正趋于一致,并针对内部控制的基础理论、与公司治理或风险管理的关系、内部控制体系框架、在企业中的应用等进行了多方位的研究,但存在一定的差异。

对于内部控制评价,美国一直走在前列。我国近几年对内部控制的要求也逐渐提高,大多专家学者都已认同,研究趋向于与风险导向相结合的定性分析、定性层面上的评价体系构建、定性评价现状,定量研究如何评价相对较少、缺乏系统性。

对于内部控制审计,国际国内均形成了与内部控制自我评价相互促进的局面,前沿问题分析与内部控制理论和评价相比,研究相对少一些,个别研究分析不到位,缺乏针对性,定量研究少。

综上所述,国外权威组织、经典文献、学术界和实务界,以及我国对有关内部控制的目标、要素和责任主体等基本理论、内部控制评价和审计的要求认识基本趋于一致,这为正确认识内部控制并在此基础上研究山西省煤炭企业内部控制相关问题提供了有利条件。但是,这些研究大多存在两方面的不足:

第一,上述文献研究多数局限于企业内部控制的某一方面,或某一行业的某一方面,针对能源行业的内部控制系统研究很少。

第二,内部控制的各个方面定性研究较多,有的缺乏全面性、系统性,定量研究存在整体缺乏、可行性较差等缺点。

鉴于此,为了使内部控制的研究向纵深发展,本书正是在资本市场蓬勃发展的背景下,从国家对能源需求的立足点出发,通过分析煤炭企业内部控制自我评价和审计相关问题,希望能促进煤炭企业内部控制的发展,为建成资源利用率高、安全有保障、经济效益好的煤炭企业做出一定的贡献。

第三节　研究内容及方法

一、研究内容

本书基于《企业内部控制基本规范》和相关指引的规定,针对国家对内部控制提出的新要求,结合山西省煤炭企业内部控制自我评价和事务所实施其审计的现状,主要研究内容有以下几个方面:

(一)理论分析

在研究分析内部控制相关理论,包括内部控制基本理论、内部控制自我评价理论及内部控制审计理论的基础上,介绍山西省煤炭企业资源分布、整合重组及重点企业,说明山西省煤炭企业加强内部控制的必要性,为后续的研究奠定理论基础。

(二)山西省煤炭企业内部控制自我评价分析

近年来,随着经济的发展,资本市场的繁荣,舞弊事件接连发生,内部控制引起了相关监管部门的重视。按照《企业内部控制评价指引》的要求,山西省煤炭企业的内部控制自我评价工作的现状如何,存在哪些尚待解决的问题,是本部分内容首要研究的方向。

此外,从董事会、审计委员会、监事会等公司治理的内部治理机制入手,运用 SPSS 软件,通过实证研究分析山西省煤炭内部控制自我评价的有效性。

(三)山西省煤炭企业内部控制审计分析

从对内部控制的监督机制来看,如果单独实施企业的自我评价是不能满足需要的,还必须由会计师事务所实施内部控制审计。针对山西省煤炭企业,内部控制审计的实施现状如何,存在什么问题,是关键需要研究的内容。

内部控制审计风险与其他风险类似,同样是客观存在的,对其进行定性研究相对比较容易,本书以山西省某煤炭企业为研究对象,从建立内部控制审计风险模型入手,运用未确知测度对其内部控制审计风险进行定量研究,希望有助于注册会计师合理制订审计计划,有效实施审计程序,最终将审计风险降低至可接受的低水平。

(四)煤炭企业内部控制自我评价及审计框架构建

为了使内部控制评价活动真正落实,构建一套适合煤炭行业的内部控制自我评价框架体系,使企业董事会、审计委员会、经理层和全体员工直接参与评价内部控制设计的合理性和执行的有效性,既有助于管理者客观全面了解公司的内部控制,又能够满足监管部门的要求。

内部控制审计业务在煤炭企业中有效实施还存在着一定的困难和问题,为了使其落到实处,真正查找出内部控制存在的重大缺陷并公开披露,本书构建一套适合事务所针对煤炭企业实施内部控制审计的框架。

二、研究框架

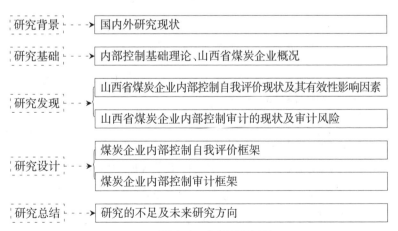

图 1-1　本书研究框架

三、研究方法

以演绎法和归纳法两大方法为主线展开,通过文献追踪、规范研究、实证研究、社会调查、专家咨询等对研究对象展开全面深入的探讨与研究。具体而言,本书运用的研究方法主要有:

文献追踪法:通过研读大量文献,从不同角度将专家学者对内部控制自我评价、内部控制审计的研究进行比较,找出本书的研究方向。

规范研究法:根据国内外内部控制评价研究的成果,结合我国社会环境及财政部颁布的企业内部控制基本框架和相关指引,探讨如何构建适合煤炭企业的内部控制自我评价框架和审计框架。

实证研究法:其一,本书运用 SPSS 软件分析了山西省煤炭企业内部控制自我评价有效性的影响因素。其二,本书运用未确知测度对山西省煤炭企业内部控制审计风险进行了实证研究。

社会调查法:本书研究过程中调查了山西省煤炭企业的内部控制自我评价情况和会计师事务所对山西省煤炭企业实施的内部控制审计情况。

专家咨询法:本书研究过程中咨询了会计师事务所的专家、煤炭行业的内部审计专家、资深学者等。

四、研究创新

本书的研究创新主要有以下几点:

(一) 运用 SPSS 软件对山西省煤炭企业内部控制自我评价有效性的影响因素进行实证分析,其基础数据来自于各公司的年报及其他相关信息披露,分析的结果针对性强,得出了更加具体的结论,对于指导自我评价工作具有更强的实际指导意义。

（二）在构建内部控制审计风险模型的基础上，运用未确知测度定量研究了事务所对山西省某煤炭企业实施内部控制审计的审计风险水平。

（三）构建了适合煤炭行业的内部控制自我评价框架体系，使企业董事会、审计委员会、经理层和全体员工在参与评价内部控制设计的合理性和执行的有效性时，能够有效实现兼顾以披露为目的和以自我完善为目的的内部控制评价工作；构建了适合事务所实施煤炭企业内部控制审计工作的框架，为其提供方向上的指导，以合理设计审计流程，有效实施相关测试，最终降低审计风险，出具恰当的审计报告。

第二章 内部控制相关理论

第一节 内部控制基本理论

当今国内经济日益腾飞发展，传统的内部控制理论已不再能适应形势的发展。我国于 2008 年发布《企业内部控制基本规范》，2010 年发布《企业内部控制配套指引》(包括应用指引、评价指引和审计指引)后，研究内部控制的专家学者们更需要一个理论基础的支撑，以便使其向更深层次拓展。本部分从内部控制含义、重要性、目标、原则以及内部控制规范的变迁等来阐释内部控制基本理论。

一、内部控制的含义

理解内部控制的含义，首先从解读"内部"二字开始，其基本的含义是"一个组织或机构内"，但内部控制是否一定界定在组织内部，不涉及外部呢？当今的企业内外部之间的交流和往来越来越多，所以"边界"之外有关系的活动也应当考虑，即"内部"不仅仅指组织内部的活动，还包括企业与股东、债权人、投资人、客户、政府等利益相关者之间的关系，这个观点对于企业正确处理内部事务以及协调内部关系起到了非常重要的作用。体现在应用指引中的有"社会责任指引"、"业务外包指引"等,都对内外部之间的内部控制问题进行了规范。其次,再来研究"控制"二字,如果查阅《现代汉语词典》,得到的答案是"掌握住对象不使任意活动或超出范围",最初常用于工程学科中,后逐渐拓展至管理学科领域,在管理学中,对于控制的常规理解是两个或两个以上的人同时做一件事,比一个人单独做一件事发生错误或舞弊的可能性大大降低。理解这样的理念,对其有正确的认知,对于掌握内部控制中经常提到的专有名词有很大的借鉴作用,对于内部控制更加成为当前专家学者等理论界研究的热点问题有促进作用。

对于内部控制的正式定义,国际上主要体现在美国的证券监管法规中,国内则体现在内部控制基本规范和内部控制指引中,以下我们从国内外相关规定细化对内部控制定义的理解。

(一)1936年美国会计师协会对内部控制的定义

1936年,美国会计师协会曾首次试图从财务审计的角度将内部控制定义为"保护公司现金和其他资产、检查簿记事务的准确性,而在公司内部采用的手段和方法"。这是一股职业界认知内部控制和开始推广内部控制的力量,自此为内部控制定义留下了深深的印记。

(二)1949年美国会计师协会对内部控制的定义

美国的麦克森—罗宾斯案件促成了美国证券交易委员会对内部控制的关注,1949年美国会计师协会第一次正式提出了内部控制的概念,定义为"内部包括组织机构的设计和企业内部采取的所有相互协调的方法和措施,这些方法和措施都用于保护企业的财产,检查会计信息的准确性,提高经营效率,推动企业执行既定的管理政策"。

（三）1958 年美国会计师协会对内部控制的定义

1958 年美国会计师协会在发布的《审计程序公告第 29 号》中对内部控制的定义进行重新表述，将内部控制划分为会计控制和管理控制。这个定义主要是针对 1949 年对内部控制定义广泛，难以为内部控制制度检查提供具体指导的缺陷进行的补充定义。

（四）1988 年美国注册会计师协会对内部控制的定义

由于美国舞弊事件的不断发生，注册会计师审计风险增加，随之对内部控制的研究也不断深入，1988 年，美国注册会计师协会发布了《审计准则公告第 55 号》，用"内部控制结构"取代了"内部控制制度"，明确指出："企业的内部控制结构包括为提供取得企业特定目标的合理保证而建立的各种政策和程序"，并规范内部控制结构包括控制环境、会计系统和控制程序三个要素。

（五）1992 年 COSO 委员会对内部控制的定义

COSO 委员会于 1992 年在内部控制整合框架中对内部控制提出了新的定义："内部控制是由企业董事会、经理阶层和其他员工实施的，为营运的效率效果、财务报告的真实性、相关法令的遵循性等目标达成而提供合理保证的过程"。此外，强调内部控制包括五个要素，分别是控制环境、风险评估、控制活动、信息与沟通、监督。此后，该框架得到了国际国内很高的认可，目前我国很多教材及实务中运用得越来越广泛。

（六）2004 年 COSO 委员会对内部控制的定义

2004 年 9 月，COSO 委员会正式发布了《企业风险管理整合框架》，认为内部控制是风险管理的一部分，指出了企业风险管理的概念，包含内部控制的风险管理框架为管理层提供了更强有力的概念。

（七）2006 年上海证券交易所对内部控制的定义

上海证券交易所于 2006 年颁布《上市公司内部控制指引》,其中第二条规则中对内部控制定义如下：内部控制是指上市公司为了保证公司战略目标的实现,而对公司战略制定和经营活动中存在的风险予以管理的相关制度安排。它是由公司董事会、管理层及全体员工共同参与的一项活动。并指出公司内部控制通常应涵盖经营活动中的所有环节,包括但不限于:销货与收款环节;采购与付款环节;生产环节;固定资产管理环节;货币资金管理环节;关联交易环节;担保与融资环节;投资环节;研发环节;人事管理环节。除经营活动外,还包括贯穿于经营活动各环节之中的各项管理制度,包括但不限于:印章使用管理、票据领用管理、预算管理、资产管理、质量管理、担保管理、职务授权及代理制度、沟通制度、信息披露制度及对附属公司的管理制度等。

（八）2006 年深圳证券交易所对内部控制的定义

深圳证券交易所于 2006 年颁布《上市公司内部控制指引》,其中第二条规则中对内部控制定义如下：内部控制是指上市公司董事会、监事会、高级管理人员及其他有关人员为实现下列目标而提供合理保证的过程:(1)遵守国家法律、法规、规章及其他相关规定;(2)提高公司经营的效益及效率;(3)保障公司资产的安全;(4)确保公司信息披露的真实、准确、完整和公平,并指出公司内部控制活动应涵盖公司所有营运环节,包括但不限于:销售及收款、采购和费用及付款、固定资产管理、存货管理、资金管理、财务报告、信息披露、人力资源管理和信息系统管理等,此外,上市公司应根据所处的环境和自身经营特点,建立印章使用管理、票据领用管理、预算管理、资产管理等专门管理制度。

（九）2008 年五部委对内部控制的定义

2008 年 6 月，财政部、证监会、审计署、银监会、保监会五部委联合发布《企业内部控制基本规范》，其中对内部控制给出了如下定义："本规范所称内部控制，是由企业董事会、监事会、经理层和全体员工实施的、旨在实现控制目标的过程。"对于这一定义，可以将内部控制看作是一个过程，是一个非静态的需要持续关注和改进的过程，它是一种经营管理方法、战略实施工具，更是一种为多目标的实现而进行的全面控制。

从以上对内部控制定义的分析，可以看出其经历了一个由局部到整体、由简单到复杂、由零散到系统的过程。

二、内部控制的重要性

（一）从 2011 年 IFAC 就内部控制相关的调查来看内部控制的重要性

2011 年由 IFAC（国际会计师联合会）对 25 位商业领袖和全球不同行业 600 多名调查者就内部控制问题实施了相关的调查，结果显示，首先需要更多地促进风险管理和内部控制的贯彻实施；其次是风险管理和内部控制需要更好地与企业全局机制、战略和运营结合起来。从其中可以看出内部控制的重要性，它是公司治理和风险管理机制的重要组成部分，对完成企业目标、创造财富并保护相关利益关系人有着举足轻重的作用。在经济日益发展的今天，企业面临的风险越来越大，内部控制作为风险管理的一种手段和途径，在防范企业各种风险的过程中起着举足轻重的作用，一个企业生产经营的成败，取决于内部控制是否建立健全。只有不断发现内部控制中存在的问题并完善，才能有助于降低和控制风险，保证企业经营目标的实现，最终达到可持续发展的目标。

（二）可以从企业倒闭、破产的反面教材来看内部控制的重要性

1995年，由于巴林银行内部控制的缺失，使得里森"错误"的影响被无限度地放大了，最终成为"撬动巴林根基的杠杆"。也就是说，巴林银行的终结从根本上是源自内部控制的缺失。

1997年，琼民源主要涉嫌虚构利润，虚增资本公积；控股股东与人联手，利用内幕消息操纵市场，获取暴利。

1998年，红光实业主要涉嫌编造虚假利润，骗取上市资格；少报亏损，欺骗投资者；隐瞒重大事项；未履行重大事件的披露义务；挪用募集资金买卖股票。

2001年，安然公司向美国证监会承认做了假账，之后又做出了一次错误决策，遭受了一次收购失败，最终导致崩塌。

2002年，世界通讯公司会计报告不断粉饰，内部权力机构被管理层架空，财务丑闻爆发。

2003年，帕玛拉特突然申请破产保护，在意大利引起轩然大波，经查是通过伪造会计记录，虚增资产的方式弥补了累计高达162亿美元的负债，被称为欧洲的"安然事件"。

2004年，中航油宣布，公司因进行衍生品交易而蒙受5亿多美元巨额亏损，震惊国内外市场。

2005年，大鹏证券由于违背了自己的诺言，为了获取高额收益率，冒着被查处的巨大风险违规动用客户保证金，结果遭遇灭顶之灾。

2006年，财政部发布了会计信息质量检查公报，其中包括中国华源集团有限公司，其财务管理混乱，内部控制薄弱，蓄意进行会计造假，导致报表虚盈实亏，会计信息严重失真。

2007年，农业银行邯郸分行工作人员13天偷盗5100万元巨

款,银监会介入调查。

2008 年,香港合俊集团因行业竞争加剧,成本增加而倒闭。

2009 年,鲁北化工股份有限公司被曝于 2007 年和 2008 年度,在财务披露以及财务信息虚假操作方面的行为。

2011 年,现代投资(000900)暴露没有履行决策程序、信息披露不充分等内部控制问题,并涉嫌存在中小投资者的利益保护不足的问题。

2012 年,奥林巴斯被日监会重罚,源于其通过向咨询机构支付天价费用、利用企业收购等方式来掩盖 20 世纪 80 年代以来投资证券所造成的亏损,这起堪称日本"安然案"的丑闻影响恶劣。

2013 年,神开股份(002278)收到中国证监会《调查通知书》。因公司涉嫌信息披露违法违规,中国证监会决定对公司立案稽查。

随着我国内部控制的不断发展,无论是理论界还是实务界,都对内部控制给予了很大的关注。内部控制作为防止财务舞弊的有力保证,是纠正财务舞弊的有效方式。认真研究类似以上破产、倒闭公司的资料可以发现,财务舞弊与内部控制的缺失有直接的关系,内部控制不健全为财务舞弊创造了机会,内部控制有效性与其财务舞弊行为具有显著的负相关性。因此,我们要深刻体会内部控制规范中的内容,并与企业实务工作紧密结合起来,以促进我国内部控制政策的落实。

三、内部控制的目标及原则

(一)内部控制的目标

内部控制目标,是决定内部控制运行方式和方向的关键,也是认识内部控制基本理论的出发点和归宿点。以上我们对内部控制定义的沿革过程进行了比较详尽的分析。纵览这些理论,可将内部控制目标归纳如下：

    1.经济、高效地实现组织的目标；

    2.按管理当局一般的或特殊的授权进行业务活动；

    3.保障资产的安全与信息的完整性；

    4.防止和发现舞弊与错误；

    5.保证财务报告的质量并及时提供可靠的财务信息。

目前,内部控制理论已经得到了一定程度的发展,现代意义上的内部控制目标已不再是传统意义上的查错和纠弊,而是涉及组织管理的方方面面,呈现出多元化、纵深化的趋势。我国《企业内部控制基本规范》规定,内部控制的目标是合理保证企业经营管理合法合规、资产安全、财务报告及相关信息真实完整,提高经营效率和效果,促进企业实现发展战略。与以前的表述相比,充分考虑了我国内部控制建设的现状,体现了当前内部控制发展的需求。

（二）内部控制的原则

根据我国《企业内部控制基本规范》规定,企业建立与实施内部控制,应当遵循下列原则：

1.全面性原则。内部控制应当贯穿决策、执行和监督全过程,覆盖企业及其所属单位的各种业务和事项。

全面性原则强调实现全过程、全员性控制,不存在内部控制空白点。

2.重要性原则。内部控制应当在全面控制的基础上,关注重要业务事项和高风险领域。

重要性原则的应用需要一定的职业判断,企业应当根据所处行业环境和经营特点,从业务事项的性质和涉及金额两方面来考虑是否及如何实行重点控制。

3.制衡性原则。内部控制应当在治理结构、机构设置及权责分配、业务流程等方面形成相互制约、相互监督,同时兼顾运营效率。

制衡性原则要求企业完成某项工作必须经过互不隶属的两个或两个以上的岗位和环节;同时,还要求履行内部控制监督职责的机构或人员具有良好的独立性。

4.适应性原则。内部控制应当与企业经营规模、业务范围、竞争状况和风险水平等相适应,并随着情况的变化及时加以调整。

适应性原则要求企业建立与实施内部控制应当具有前瞻性,适时地对内部控制系统进行评估,发现可能存在的问题,并及时采取措施予以补救。

5.成本效益原则。内部控制应当权衡实施成本与预期效益,以适当的成本实现有效控制。

成本效益原则要求企业内部控制建设必须统筹考虑投入成本和产出效益之比。对成本效益原则的判断需要从企业整体利益出发,尽管某些控制会影响工作效率,但可能会避免整个企业面临更大损失,此时仍应实施相应控制。

四、内部控制规范的变迁

总体上来看,国际上内部控制的发展经历了一个非常漫长的过程。尤其是美国,对内部控制的研究比较早也较为全面,从某种意义上来说,可以代表国外内部控制理论的发展历程。从其历史演变轨迹来看,大致分为内部牵制、内部控制制度、内部控制结构、内部控制整合框架和内部控制风险管理整合框架五个阶段。此外,其他国家也纷纷制定了适合自己国情的内部控制相关法规,如日本、英国、加拿大等。我国自 2006 年开始,更加重视内部控制的建设,当年成立内部控制标准委员会,自此,努力借鉴其他国家先进的经验,研究我国的具体情况,于 2008 年 6 月颁布《企业内部控制基本规范》。以下将从内部控制规范的根源出发,寻找其发展的历史,对于促进我国内部控制的研究具有重要的理论基础。

(一)《萨班斯—奥克斯利法案》

美国监管当局在安然、世通等财政丑闻事件发生后,对上市公司的内部控制产生了怀疑,为了增强投资者及其他利益相关者的信心,美国国会于 2002 年 7 月 30 日颁布了著名的《萨班斯—奥克斯利法案》,该法案主要对公司治理、信息披露和报告的原则进行规定。其中第 302 条款是针对公司的财务报告,第 404 条款是针对公司的内部控制,第 409 条款是针对公司信息披露的职责和原则要求。以下是第 404 条款涉及的内部控制:

证券交易委员会应要求所有依照《1934 年证券交易法案》第 13(a)或第 15(d)条款编制的年度报告中都包含一份内部控制报告,这份内部控制报告应:

1.表明公司管理层有建立和维持内部控制系统及相关控制程序的充分有效的职责。

2.包含管理层在最近一个财政年度的年底对财务报告内部控制系统及程序有效性进行评估的结果。

此外,还对内部控制的评估与报告进行了规定。

(二)COSO 内部控制整合框架

为了进一步提高会计信息质量,研究内部控制对财务报告的影响,1992 年,美国反对虚假财务报告委员会下属的由美国会计学会、注册会计师协会、国际内部审计人员协会、财务经理协会和管理会计学会等组织参与的发起组织委员会(简称为 COSO 委员会)发布了《内部控制——整合框架》,该报告被业界认为是内部控制发展史上的一块里程碑。该报告将内部控制划分为五个相互关联的要素,分别是:

1.控制环境

控制环境指企业所形成的特有的文化、氛围。它决定了组织机构人员的控制观念,是影响企业人员受控程度的基础,是其他所有要素的基石。其中又包括组织机构人员的诚信、道德价值观以及胜任工作的能力、管理的理念及经营风格、高级管理层对权力的控制能力和责任等。

2.风险评估

每个企业不管规模大小、结构和所处行业如何,都会面临不同层面的风险,自然会影响到企业的经营能力、发展能力、竞争能力等。所以,在进行风险评估时,第一步是建立内部控制的各项目标,这是风险评估的先决条件。一般的目标可以分为营运目标、财务报告目标和合规性目标。第二步是管理层通过科学的管理工具对目前或将来可能会影响企业正常生产经营、财务内外部风险的因素进行科学的预前评估。首先是及时有效的识别可能发生的风险,其次分析其危害程度以及发生概率。其中风险识别包括对外部因素的识别和对内部因素的识别,对企业外部风险因素的识别包括经济政治环境、技术发展、竞争等因素,而内部风险识别是企业内部相关因素包括管理现状、员工风险意识和道德水平、内部制度的执行情况等方面进行审查。对风险发生的可能性以及造成危害的重大程度的分析以及相应的制定共同称为风险分析。

3.控制活动

指对认为已经确定发生的风险进行科学控制的方法,通过这种有效的措施确保企业按照原有计划实现目标的管理活动。它贯穿于组织结构的各个层面以及各个业务活动之中,如每个活动的审批、授权、业务核对、各项管理活动等。控制管理活动的具体形式是多样性的,总体分为以下几类:

（1）职责分离，将各种功能性的职责进行分离，为的是防范独立从事几个作业的员工有机会从事不当行为。理想的状态是：不要让一个职员同时负责两个或以上的职能，对于关键岗位可以设置一岗双责、一岗双职。

（2）实物控制，是指对企业的设备、存货、现金、证券等资产的接近控制，其中包括对资产实体安全进行控制，定期对实物进行盘点，将现有数据与过去的数据进行对比，保证企业实物资产的安全性。

（3）绩效评价，是指以某种外部或者往期标准为依据，将实际产生业绩与之相对比，从而得出对绩效的评估结果。这些评价可以非常有效地提高企业的经营效率，却与财务报告的可靠性相关性不大。

（4）信息处理，在信息管理体系中要把生产经营业务正确、客观、充分的通过信息的形式得以体现。信息处理活动一般可分为两类：应用控制和一般控制。其中一般控制指的是和管理相关，并以此为基础进行信息系统的设计，比如信息处理的时间表，确保软件完整的程序，数据维护和系统文件等。应用控制包括软件系统程序的应用设计、软件系统的操作应用，强调的是软件系统操作应用数据的正确性、可靠性、安全性和有效性等。

4.信息及沟通

每个企业的运行都要进行信息的获取，以便为企业运营提供方便。当信息集合起来达到一定规模时，将其整合就会构成信息系统，而信息系统又能够产生各种报表，其中包括财务报表、经营报表、管理信息报表等，这些报表为从整体上管理企业提供方便，也有助于信息使用者获得各自所需要的信息。

信息的获取、之后的传递都需要沟通，以便于管理层和各岗位人员能够履行本职工作,沟通分为内部沟通和外部沟通。如负责经营的人员需要从管理层获取关于企业的经营业绩、发展战略、竞争风险等与本岗位工作相关的信息。外部沟通与内部沟通同样重要,如与股东、监管机构、注册会计师、律师等相关人员进行沟通,了解企业的风险、监管要求等。对于沟通的方式,随着信息社会的发展,可以通过网络、会议、电话等渠道实现。

5.监控

内部控制需要有监督机制,即通过监控来评价内部控制运行质量。监控的方式有持续监控、单独评价(即动态监控)等方式。持续监控包括日常的业务管理和监督行为,岗位责任人为履行其业务职责而进行的工作。动态监控的频率和范围取决于风险评估和持续监控的效果。对于监控中发现的问题必须定期向上级主管部门逐级上报,比较严重的风险事项必须向高层管理当局和董事会报告。

上述五个内部控制要素相互联系不可分割,其中控制环境要素是其他四个控制要素的保障和基础,在对控制活动进行规划时,必须首先对企业可能面临的一切风险进行科学合理的评估,而风险评估的有效性则依赖于企业内部的有效沟通;最后通过进行有效的内部监控,对内部控制的实施质量加以保障。内部控制的三大目标是财务报告中内部控制的组成部分,对财务报告质量产生重大影响,而五大内部控制组成要素是为实现三大目标服务的。

(三)COSO-ERM 整合框架

以上的 COSO 报告被公认为是内部控制发展史上的里程碑,但美国审计总署认为,这个文件对于内部控制的重要性强调不够。2004 年 9 月,美国 COSO 委员会根据《萨班斯—奥克斯利法案》的要求,正式颁布了《企业风险管理整合框架》(即 COSO-ERM 整合框架),它诠释了全面风险管理理论的精髓,现已成为企业开展全面风险管理工作的权威框架。其理论的先进性主要体现在其提倡的企业风险管理具备了战略性、全面性、专业性和全员性。具体地说,它推出了以下核心理念:其一,全面风险管理是一个动态的过程,是贯穿于企业所有活动中的一系列行为,而不是一个孤立的事项或要素;其二,全面风险管理由董事会、管理当局和各部门各层次人员共同实施,它的实现依赖于组织中的人以及他们的言行;其三,全面风险管理应用于中长期战略制定过程;其四,全面风险管理应贯穿于整个企业;其五,全面风险管理旨在识别影响主体的潜在风险,并进行有效控制;其六,设计和应用良好的企业风险管理体系可以为管理当局和董事会实现企业目标提供合理保证;其七,全面风险管理帮助企业实现战略、经营、报告和合规等目标。

该框架可以说是一个三维框架,第一个维度是四个目标:(1)战略目标:是企业的高层次目标,与企业的任务和预期相联系并支持企业的任务和预期;(2)经营目标:是指企业经营的有效性和效率,包括业绩目标和营利性目标;(3)报告目标:指企业报告的有效性,包括内部和外部报告,既涉及财务信息,也涉及非财务信息;(4)合法性目标:指企业是否符合相关的法律和法规。

第二个维度是八个要素,包括内部环境、目标制定、事项识别、风险评估、风险反应、控制活动、信息与沟通、监控。(1)内部环境是全面风险管理其他构成要素的基础,影响战略和目标的制定、经营活动的组织、对风险进行识别、评估和采取的行动,进而影响控制活动、信息和沟通系统、监督活动的设计和职能。而内部环境本身由众多要素组成,包括企业的价值观、管理当局经营风格、权利与责任的分配和员工的发展和任职能力。董事会是内部环境中的关键因素,他们不仅提供合理的建议、忠告和指导,而且要对管理当局进行监督和制衡。管理当局的态度和经营风格会影响到企业的风险偏好。(2)目标制定主要包括长期战略目标、短期经营目标、有效报告目标和法律法规遵循目标的设定,其中,长期战略目标与高层目标相关,与企业任务和愿景一致并提供支持,短期经营目标与企业经营的效率性和效果性相关,包括业绩、盈利目标以及保障资源,有效报告目标与企业报告的真实准确完整性相关,包括对内和对外报告,涉及财务或非财务信息,法律法规遵循目标则与企业遵守使用的法律和法规相关。(3)事项识别是指管理当局识别对主体产生影响的潜在事项,包括外部和内部因素,即确定潜在事项是机会还是风险。(4)风险评估是评估风险对企业实现目标的影响程度或风险价值等,有定性与定量两种方法,定性方法包括问卷调查、集体讨论、专家咨询、政策分析、行业标杆比较、管理层访谈和调查研究等,定量方法包括统计推论(如集中趋势法)、计算机模拟(如蒙特卡罗分析法)、失效模式与影响分析、事件树分析等,COSO 建议将定性和定量的方法相结合。(5)风险反应则要求管理当局在风险容忍度和成本——收益原则下确定风险应对方案并考虑其对事项的可能性和效果的影响,然后设计、确定和实施选择的应对方案。风险应对措施通常包括风险回避、风险降低、风险分担和风险承担四种。(6)控制活动通常包含两个要素:确定应做什么政策和有效地实施政策的程序,也可以分为预防性控制、检查性控制、纠正性控制和补偿性控制等类型。(7)信息与沟通提倡的是:企业必须有效识别、收集来源于企业内部和外部的经营信息,并以适当的方式与相关利益者进行有效沟通。(8)监控则是一个对风险要素当前功能及其业绩质量进行评估的过程,通常通过两种方法进行:通过持续的活动或者个别评价。持续监控建立在企业日常重复发生的业务活动和风险管理活动之上,个别评价则是在事后进行的,可以作为对持续监控的补充。

第三个维度是四个层面,包括企业的整体层面、部门层面、业务单位层面、子公司层面。

总之,以上的四个目标、八个要素和四个层面共同构成了企业全面风险管理整合框架的内容。其中八个要素是为四个目标服务的,企业各个层级都要坚持同样的目标,每个层级又都必须从八个要素方面进行风险管理,最重要的是,新的风险管理整合框架强调在整个企业范围内实行风险管理。不仅针对过去的风险,还要考虑到未来的风险,风险既贯穿于技术岗位、执行岗位,也贯穿于管理岗位,并强调了董事会在风险管理中扮演的角色,要求董事会将主要精力放在风险管理上,而不是所有的细节控制上。

(四)内部控制基本规范

2006 年 7 月 15 日,财政部、国资委、证监会、审计署、银监会、保监会联合发起成立企业内部控制标准委员会。2008 年 6 月 3 日,由财政部、证监会、审计署、银监会、保监会联合印发了《企业内部控制基本规范》,基本规范共 7 章 50 条,各章分别是:总则、内部环境、风险评估、控制活动、信息与沟通、内部监督和附则。整个内部控制规范体系的建设采取了借鉴国际、立足国情的原则,充分吸收了发达国家、国际组织、跨国公司,特别是世界五百强企业的先进做法,同时认真总结和提升了我国各类企业特别是上市公司的实践经验。在《企业内部控制基本规范》发布前,反复征求国内外有关政府监管部门、专家、学者、企业实际工作人员的意见,并邀请国内外有关专家参加发布会,得到了专家们的充分肯定和高度评价,才取得了各个方面的重大突破。归纳起来具有以下几个特点:

一是科学界定内部控制的内涵。强调内部控制是由企业董事会、监事会、经理层和全体员工实施的、旨在实现控制目标的过程,有利于树立全面、全员、全过程控制的理念。

二是准确定位内部控制的目标。要求企业在保证经营管理合法合规、资产安全、财务报告及相关信息真实完整、提高经营效率和效果的基础上着力促进企业实现发展战略。

三是合理确定内部控制的原则。要求企业在建立和实施内部控制全过程中贯彻全面性原则、重要性原则、制衡性原则、适应性原则和成本效益原则。

四是统筹构建内部控制的要素,将内部控制划分为内部环境、风险评估、控制活动、信息与沟通、内部监督五要素。该五要素的划分基本上参照了美国 1992 年 COSO 委员会的内部控制整合框架,有机融合了世界主要经济体加强内部控制的做法经验,其中内部环境是企业财务风险控制的一种氛围,为其他要素发挥作用提供基础,直接影响着其他要素的执行。内控其他要素能否实现效果取决于内部环境的优劣;风险评估是企业财务风险控制的关键环节,是指对风险实施实时的监控、反映、评价和控制,为实现企业经营目标提高运营效益提供保障;控制活动贯穿于企业价值活动的另一个环节,为企业保证实施其既定经营方针和实现营业目标化解危机,排除障碍,提供财务保障;信息与沟通是将有价值的信息及时准确的传递给相关部门或人员,将财务风险控制的抽象目标和计划转化为具有可操作的现实意义的语言或文字信息;内部监督是对企业财物价值活动和内部控制活动等实施的监控和评估,以提高财务风险控制的规范性和有效性。如果用一句话来概括,即构建了以内部环境为重要基础、以风险评估为重要环节、以控制活动为重要手段、以信息与沟通为重要条件、以内部监督为重要保证,相互联系、相互促进的五要素内部控制框架。

五是开创性地建立了以企业为主体、以政府监管为促进、以中介机构审计为重要组成部分的内部控制实施机制，要求企业实行内部控制自我评价制度，并将各责任单位和全体员工实施内部控制的情况纳入绩效考评体系；国务院有关监管部门有权对企业建立并实施内部控制的情况进行监督检查；明确企业可以依法委托会计师事务所对本企业内部控制的有效性进行审计，出具审计报告。

总之，基本规范坚持立足我国国情、借鉴国际惯例，确立了我国企业建立和实施内部控制的基础框架，是内部控制历史上的一次重大突破。

第二节　内部控制自我评价理论

内部控制作为企业防范风险、提高经营效率的重要工具，不仅有助于企业健康发展，而且有助于广大信息使用者的利益和资本市场的健康发展。内部控制自我评价工作是通过企业内部对内部控制执行的过程进行评价或监控，以查找出内部控制的缺陷，并提出整改意见或建议，最终能够使内部控制的作用得到有效发挥，是现代企业制度中不可缺少的内容。

一、内部控制自我评价的理论基础

内部控制自我评价除国家的相关规定外，还需要有经济学、管理学等理论作为支持。一般情况下，不同的企业观对内部控制自我评价的认识和态度有所差异，其依据的理论基础也是不同的。为了深入分析山西省煤炭企业内部控制，本部分有必要从有效市场理论、委托代理理论、信息不对称理论、信号传递理论、控制论、系统论的角度来研究内部控制自我评价理论基础，以形成特有的理论和方法体系。

（一）有效市场理论

1.有效市场理论内涵

对于有效市场理论的渊源，可追溯至 20 世纪初，奠定人是法国数学家路易斯·巴舍利耶（Louis Bachelier），提出了公平游戏模型，开辟了运用统计来分析股票市场的先河。1953 年，英国学者肯德尔（Kendall）论述了公平游戏模型和有效市场之间的对应关系，理论上更进了一步。1959 年，哈里·罗伯茨（Harry Roberts）率先提出了股票市场研究中的弱势和强势检验。直到 1965 年，尤金·法玛（Eugene F.Fama）在《金融分析师期刊》上发表题为"股票市场的随机跟走"，第一次指出：有效市场是这样的一个市场，在这个市场中，存在着大量理性的、追求利益最大化的投资者，他们积极参与竞争，每一个人都试图预测单个股票未来的市杨价格，每一个人都能轻易获得当前的信息。在一个有效市场中的任何节点上，一个股票的实际价格是其内在价值的最好估计。1970 年，尤金·法玛通过进一步的研究，并在借鉴其他学者观点的基础上，提出了"有效市场假说"完整的框架。指出有效市场的定义是：有效市场是一个证券价格能够及时充分完全反映所有可获得信息的市场。在有效市场中，投资者可以通过对相关信息的分析，从而判断得出该证券的真实价值。在理想状态下，市场中的价格为资源分配提供了精确的信号，充分反映了所有可以获得的信息，使投资者可以正确地决策。此外，他还将资本市场按照可获知信息的不同分为三种类型：强式有效市场、半强式有效市场、弱式有效市场。这种分类被理论界确立为经典，学者们自此进行了深入的研究。

2.有效市场理论是内部控制自我评价的前提

我国证券市场有效性如何，吴世农、张人骥、张兵等学者通过收集各种相关资料,开展了多方面的研究,大多数认为我国资本市场处于或正趋于弱式有效市场,即证券价格的变动是相互独立的,价格已充分反映与证券价值相关的所有历史信息。在这样的市场上,内部控制自我评价信息通过收集、整理、传递、运用、反馈等环节,对不同的主体发挥着不同的作用。具体来讲,第一,企业内部控制自我评价的主体是企业自身,来源于企业内部,属于非常重要的管理类信息资源,通过合理的方式进行资料的收集、统计、整理后,经过公开的程序在公开的媒体传递给投资者或其他信息使用者,保护了广大信息使用者的利益,为证券市场健康发展提供了保障。第二,通过信息使用者对信息的使用、反馈,企业管理者会更加重视内部控制自我评价工作的质量和可信程度,重新发现内部控制管理中存在的问题,以建立健全管理制度,提高企业的经营效率,实现企业的可持续发展,这也是我国逐渐重视内部控制自我评价工作并强制披露的原因所在,在未来的发展中,各国证券市场都在不断完善,我国对内部控制评价工作的质量要求也将越来越高。

(二)委托代理理论

1.委托代理理论的内涵

在传统理论中,企业被大家视为一个仅由投入产出的生产函数所决定的机构,其内部组织被完全忽略,这种简单的思维导致企业的许多行为不能得到适当的解释。美国经济学家 Berle 和 Means(1932)在其著作《现代企业与私人财产》中提出了所有权和控制权分离的命题。20 世纪六七十年代开始,更多的学者深入到企业内部组织的研究之中,委托代理理论有了新的进展,大家基本上认同,生产的专业化是委托代理关系产生的基础,委托人一般通过明示或隐含的契约,指定或雇佣代理人为其服务,授予代理人一定权限,并根据服务数量和质量支付相应报酬。根据新制度经济学,人是"理性人",具有经济最大化、机会主义等特征。从这个角度分析，委托人和代理人会为了各自利益最大化产生各种矛盾，产生这种矛盾的原因就是他们目标的不一致。委托方希望代理人按照自己的意愿，全身心投入工作，给委托方带来最大的利润。代理人作为受托方，出于自身利益最大化考虑，他们希望工作中以最少的投入获得更多的薪酬，同时希望承担最小的风险，这样必然会损害委托方的利益。基于委托方和代理方目标不一致，同时在现实生活中，通常代理方掌握着更多的信息，即委托方和代理方之间的信息是不对称的，委托代理问题可以归纳为逆向选择和道德风险两类问题。在这种情况下，如果缺乏有效的制度安排，代理人行为很可能最终损害委托人的利益。

2.内部控制评价理论随委托代理理论而产生

委托代理关系和内部控制产生发展的步伐是基本一致的。在20世纪40年代之前，当时大家没有广泛认识代理关系的时候，内部控制处于萌芽时期，内部控制的目标仅仅是防范错弊，保护资产安全完整。从40年代到70年代，随着所有权和经营权的分离，所有者想深入了解企业的经营情况，监督受托者的执行效果，提高经营效率、保证会计信息的真实性也成为内部控制的目标。90年代之后，企业的规模不断扩大，经济业务日趋复杂，这使得内部控制的目标更多的关注在财务报告的可靠性、经营效果以及合规性三个方面。2002年，颁布萨班斯法案后，要求对内部控制进行评价和报告，这也是出于委托方和代理方两者共同的需要，所以可以看出内部控制评价随委托代理关系而产生，最基本的原因是出于企业自身发展的需要。

3.内部控制评价和委托代理关系都体现出动态发展

随着企业的不断发展变化，委托代理关系自然也体现出或多或少的不同,内部控制评价也体现出一个与业务相符合的结果。从内部控制评价横向发展来看,每一个企业所处的行业不同,其企业文化、管理模式、规章制度等都体现出一定的差别,所以内部控制评价工作的结果要适合自己的现实情况;从内部控制评价的纵向发展来看,每一个年度的内部控制评价是根据当年的设计、执行情况所得出的结果,由于内部控制不断完善和发展,所以内部控制评价也是不同的。

(三)信息不对称理论

1.信息不对称理论的内涵

以上所谈到的第一个理论有效市场理论是资本市场的理想状态,而此处提到的信息不对称理论是在市场中确实存在的现实情况。1961年,斯蒂格(George Stigler)在《政治经济学》杂志上发表论文《信息经济学》,标志着信息经济学的诞生。所谓的信息经济学是研究在信息不对称情况下当事人如何制定合同及对当事人行为的规范问题。信息不对称,也称非对称信息,由美国经济学家乔治·阿克尔洛夫(George A.Akerlof)于1970年提出。指出所谓的信息不对称是指在市场经济条件下,由于买卖主体双方不可能拥有或完全拥有对方的信息而形成信息不对称,导致占有信息多的一方为谋取自身利益而以损害对方利益为代价做出利己的决策。这一概念不仅说明了信息的重要性,更重要的是说明了处于市场中的人由于信息渠道和信息量的不同而承担着不同的风险和收益。通常包括信息时间不对称、信息源不对称、信息内容不对称三种情况。信息时间不对称分为事前信息不对称和事后信息不对称,签约之前发生的可能会导致逆向选择,签约之后发生的可能会导致道德风险。信息源不对称一般发生于上市公司与投资者之间、董事会与经理之间、经理与下属之间等。信息内容的不对称包括信息行为的不对称(如工作不努力、过度浪费、收受回扣等有损公司利益的行为)和不可观测的隐匿行为(如在风险投资决策中,经理可能会由于自己所掌握信息的优势,隐瞒一些不利因素或对自身有利的因素)。

以上的信息不对称理论指出了市场经济体系的现实状态,不仅说明了信息的重要性,更重要的是说明了处于市场中的人由于信息渠道和信息量的不同而承担着不同的风险和收益,为政府参与经济运行和监督,更正由市场机制带来的不良影响,提供了理论支持。

2. 内部控制自我评价是解决信息不对称中产生矛盾的客观要求

根据马歇尔的观点,小企业与大企业不同,小企业由于规模小,监督到位,获取内部信息具有优势,大企业中,有大股东和中小股东,大股东对企业有一定的控制权,存在于内部;中小股东无法参与企业的经营管理,无控制权,存在于外部,自然处于信息获取的弱势地位,在目前资本市上所有权与经营权分离的情况下,信息不对称现象更加严重,导致了管理层做出懒惰、浪费等损害股东利益的行为。因此,需要建立一些机制来制约和监督管理层。此外,管理层与下属之间也存在着矛盾,表现为管理层无法持续监督员工的行为,主要表现在内部控制的执行上,管理层只对内部控制的宏观形势有所把握,各个岗位的员工才是内部控制真正的执行者,什么样的环节需要完善、什么样的制度不太合理,员工掌握得信息更全面、更多。

由于以上矛盾的存在,凡处于信息不对称劣势地位的。由于无法得知内部的信息,自然会要求企业披露一些诸如内部控制这样的企业内部经营管理的信息,以降低他们的风险。所以,由于信息不对称的存在,企业内部控制进行评价并披露评价报告是处于信息劣势端的投资者以及其他需求者的必然要求，也是解决信息不对称中产生矛盾的客观要求。

当然，通过近几年的实践，很多企业对内部控制自我评价工作存在懈怠心理，能不披露就不披露，存在技巧性披露，相信今后监督部门会出台更多的政策以规范内部控制的自我评价行为，从制度层面减少出现信息不对称情况的动机。

(四)信号传递理论

1.信号传递理论的内涵

信号传递理论是信息经济学中逆向选择问题的一种解决机制。试想，假如一个人有私人信息，那么他就会利用这一私人信息实现其利益最大化。当委托方面临逆向选择的时候，受托方会利用私人信息最大化他的收益，从而损害委托方的利益。当然，信号传递是有成本的，如果传递信号的行动不能抵消这一成本，那么就不会传递信息。当公开私人信息会获得更好的收益时，他才会有动力去披露信息。这是我们所能理解的信息传递的基本原理。对于这个问题，不少学者进行了深入的探讨。1972 年，美国学者迈克尔·斯宾塞(A.Michael Spencd)在其《雇佣市场信号》中首次提出了信号传递理论，当时以教育水平传递给雇员能力作为一种"信号"来研究劳动力市场的效率问题，并于 1974 年引入经济学领域。同年，宾夕法尼亚大学沃顿商学院教授查理森·巴斯观察到，股利信息会向市场传递重要的新信息。1976 年，罗斯柴尔德(Rothschild)和斯蒂格利茨(Stiglitz)提出信息甄别理论，认为信息缺乏者可通过设计一套选择方案供对方选择，来判断对方的信息。在随后的 1977 年，斯蒂芬·A.罗斯(Stephen A.Ross)将股利分配的信息含量假说与信号传递理论结合了起来，提出了信号传递理论模型，认为如果投资机会会对传递未来现金流量产生有利的影响，这些信息对于管理者来说是有价值的，他们会有意识地采取可信的方式向市场传递这些信息。1986年瓦茨（Watts）和齐默尔曼（Zimmerman）认为，在企业的管理过程中，这一问题存在于公司的信息揭示问题上，在信息的掌握量上，公司的经理层往往比外部人员掌握的更多。

总之，信号传递理论指的是具有优势信息一方，为了规避逆向选择，而采取一些行动发送信号，弥补市场信息弱势一方，提高企业经营效率和市场运行状态的行为。该理论的前提条件是可选择性和不易模仿性，即信号传递必须是非强制的，优势信息的一方有权利筛选信息后进行传递，而且信号传递的行为只能是高质量、高效率企业的行为，因为高质量的企业的信号传递成本更为低廉。

2.信号传递理论是内部控制自我评价的动机

内部控制自我评价结果是对内部控制执行效果和质量高低的一种评价。对于评价结果与信号传递理论的关系，Bronson（2006）认为，自愿性信息披露是存在信息不对称情况时，信息发送者和接收者之间相互作用的动态过程，上市公司股价会因为不披露信息而下降。林斌等（2012）以我国自愿参加内部控制试点这一政策为研究对象，分析了企业参与内部控制试点的经济后果。研究发现，内部控制质量较好的企业更愿意参加内部控制试点，试点可以向投资者传递积极的信号，并得到市场的认可。

因此，根据信号传递理论的原理，内部控制自我评价结果是衡量企业内部控制质量高低的标准，对于内部控制方面做得不好的企业，披露内部控制评价结果的行动不能抵销成本，他们就不愿意也没有动力去披露，因为披露只能向市场传递负面的信号，导致企业的形象大打折扣。对于内部控制管理方面优秀的企业，为了获得投资者对企业内在价值的认同，他们希望广大的信息使用者了解企业的内部控制及未来的发展情况，因此更愿意把内部控制信息公开。总之,信号传递理论是内部控制自我评价的动机,自愿性的披露企业信息,是企业自信的表现,有利于降低企业的成本、提升企业的价值。所以拥有完善的内部控制的企业,会自愿披露内部控制的基本情况,提升企业的形象。

（五）控制论

1.控制论的内涵

控制论是基于解决问题的需要而产生的一种理论，是针对动态系统进行调节的机理和一般规律的科学，美国数学家（N.Wiener）于1948年出版的《控制论——关于在动物和机器中控制和通信的科学》,标志着控制论作为科学的一个重要理论分支而诞生。我国著名科学家钱学森1954年出版的《工程控制论》推动了控制论与工程技术的结合,对控制论的发展产生了深远的影响。控制论可以分为经典控制论和现代控制论：经典控制论研究单输入——单输出的自动控制系统的分析和设计问题，通过采用反馈控制,达到一个闭循环控制系统。而现代控制理论的研究对象是多输入——多输出、线性的或非线性的参数系统,其方法是基于确定一个控制规律或最优控制策略,使某个性能指标达到最优。因此控制论我们可以通俗的理解为通过输入、输出进行信息的交换和反馈,达到对系统的认识、分析和控制的目的,最终使目标值达到最优化。

2.内部控制自我评价运用了控制论的原理

企业内部控制的产生是与公司治理与生俱来的，现代企业制度中所有权与经营权的分离体现为一个委托代理过程，股东作为投资者保留了少部分权利,大部分权利交给了董事会,董事会又将日常的生产经营授予了经理层,如何对责、权、利进行安排和制衡,以及管理当局建立的一系列具体政策、规则、组织及程序,共同构成了内部控制的内容。建立这些内部控制其目标是为了合理保证企业经营的效率和效果、财务报告真实可靠、遵守相关法律法规。而近几年国家对上市公司要求做到的内部控制评价是通过企业的自我检查、自我测试、自我评价来分析内部控制目标的完成程度，是在一个动态系统环境下进行内部控制信息交换与反馈的过程，是通过发现问题，解决问题，发现新问题，解决新问题这样一个过程，最终使内部控制得到有效执行，企业经营效益不断提升。即内部控制自我评价运用了控制论的原理。

（六）系统论

1.系统论的内涵

系统思想源远流长，但作为科学的系统论，人们公认是美籍奥地利人生物学家贝塔朗菲（L Von Bertalanffy）创立的。他在1932年发表"抗体系统论"提出了系统论的思想。1937年提出了一般系统论原理，奠定了这门科学的理论基础，他发表的专著《一般系统理论基础、发展和应用》被公认为这门学科的代表作。

系统一词，来源于古希腊语，是由部分构成整体的意思。根据韦氏词典，系统是有组织的或被组织化的整体；结合的整体所形成的各种概念和原理的综合；由有规则的相互作用、相互依存的形式组成诸要素的集合。因此，一个系统诸要素的集合永远具有一定的特性，或表现为一定的行为，这些特性和行为是它的任何一部分都不具备的。因此系统具有整体性、目的性、层次性等特征。整体性是指系统由若干要素组成的具有新功能的整体，各组成要素一旦组成一个整体就具有独立要素所不具有的性质和功能，便具有新系统的特殊的功能，这种特殊的功能不能简单理解为各要素的加总。钱学森曾说："什么是系统？系统就是由许多部分所组成的整体，所以系统的概念就是要强调整体，强调整体是由相互关联、相互制约的各个组成部分所组成的。系统工程就是从系统的认识出发,设计和实施一个整体,以求达到我们所希望的效果。"目的性指系统要具有一定的目标和功能,这是一个系统区别于其他系统的标志。系统的目的可能不止一个,需要从多方面考核系统的目的性。层次性是指由于组成系统的诸要素的种种差异,从而使系统组织在地位与作用、结构与功能上表现出等级秩序性,形成了系统的层次性。所以,系统论的思想要求我们全面、连贯、发展、灵活地看待问题,而不是局部、孤立、静止、呆板地看待问题。

2.内部控制评价继承了系统论的思想

内部控制自我评价是近年来我国内部控制体系建设中的非常重要的一部分,通过评价,其目的性表现为通过测试发现内部控制在设计和执行上是否有效,有利于企业加强内部控制建设。实现可持续发展目标,在进行评价时,需要界定评价主体、评价标准、评价目标、评价指标等要素,这些要素之间的有机组合便形成了内部控制自我评价的结果,但绝不是简单的加总,任何一个要素不符合规定都会使内部控制自我评价失去效力。此外,内部控制本身是由五要素构成的系统,对内部控制自我评价的对象同样需要有系统论的思想。从内部控制的自我评价的整个过程我们可以看出,它继承了系统论的思想,从系统、总体的思维实现对内部控制的自我评价。

二、国外内部控制自我评价制度

上一部分从不同的理论出发,运用有效市场理论、委托代理理论、信息不对称理论、信号传递理论、系统论和控制论等多种理论,为理解内部控制自我评价奠定了坚实的理论基础。本部分对国外主要国家内部控制评价制度进行系统的分析和梳理,通过分析,形成对内部控制评价工作的系统认识。

（一）美国内部控制自我评价制度体系

美国内部控制自我评价制度实践演进经历了几十年的时间，具体的规定很多，在表 2-1 中进行了列示：

表 2-1　美国内部控制评价相关规范

序号	相关法规、准则等	颁布机关	颁布日期
1	证券交易法	美国国会	1934 年
2	内部控制：一种协调制度要素及其对管理当局和独立注册会计师的重要性	CAP	1949 年
3	交易法公告第 13185 号	SEC	1977 年
4	反海外贿赂行为法案	美国国会	1977 年
5	报告、结论与建议	Cohen 委员会	1978 年
6	管理当局内部会计控制报告（后被收回）	SEC	1979 年
7	要求内部会计控制报告提议的收回公告	SEC	1980 年
8	联邦管理机构财务诚信法案	美国国会	1982 年
9	联邦政府内部控制准则	GAO	1983 年
10	Treadway 委员会报告	Treadway 委员会	1987 年
11	管理当局责任的报告	SEC	1988 年
12	首席财务官法案	美国国会	1990 年
13	1991年联邦储蓄保险公司改进法案（FDICIA）	美国国会	1991 年
14	内部控制——整合框架	COSO	1992 年
15	联邦财务管理促进法案	美国国会	1996 年
16	萨班斯—奥克斯利法案（SOX）	美国国会	2002 年
17	最终规则：管理层的财务报告内部控制报告和交易法案定期报告中披露的确认	SEC	2003 年
18	企业风险管理——整合框架	COSO	2004 年
19	财务报告内部控制——小型上市公司实施指南	COSO	2006 年
20	内部控制——整合框架（新修订）	COSO	2013 年

从总体变化方面可分为这样几个阶段：第一，启蒙期（1978—1992 年），是对内部控制自我评价存在分歧最多的阶段。20 世纪

70 年代的水门事件产生《反海外贿赂行为法》(简称FCPA 法案),应该法案相关条款的要求,早在 1978 年,美国审计师责任委员会建议管理层在披露财务报告时,提交一份关于内部控制是否有效的报告。1979 年,美国证券交易委员会提议应强制要求企业披露内部控制报告,由于种种原因,遭到很多人的反对,没有形成统一的制度。1987 年,美国反对虚假财务报告委员会也提出了类似的建议。第二,发展期(1992—2001 年),是美国内部控制评价制度的成熟阶段。美国反对虚假财务报告委员会于 1992 年提出了著名的报告《内部控制——整合框架》,也称 COSO 报告,该报告由"三个目标"和"五个要素"组成,为内部控制领域提供了一个整合的框架,其中提出了应披露内部控制评价报告,得到了投资者、债权人、审计师、专家学者的认同,标志着内部控制评价理论在美国的进步,虽然呼声很高,但最终还是不了了之。即使如此,仍有不少公司进行了自愿性的内部控制评价披露,有的研究发现,33.4%的公司提供了内部控制报告。第三,成熟期(2001 年至今),是美国内部控制评价强制执行阶段。事实上,直到骇人听闻的安然、世通事件发生后,美国的监管部门开始反思并重视起了内部控制的建设工作,SOX 法案由此而诞生,它是在 COSO 报告的基础上对公司财务报告更严厉、范围更广的公司法律,首次要求企业必须对财务报告涉及的内部控制进行评价并披露。从整体历程来看,美国的内部控制自我评价制度主要由以下制度组成:

1.SOX 法案的规定

美国国会为了响应民众在发生安然、世通等事件后的改革呼声,于 2002 年 7 月 30 日,颁布了著名的《萨班斯—奥克斯利法案》(简称 SOX 法案),该法案中涉及内部控制的规有:

(1)SOX 法案中的第 302 条款

该条款中主要涉及的是公司的财务报告，要求首席执行官和首席财务官在提交的每份年度报告或季度报告中应做出六项证明，在这六项中，涉及内部控制的条款有：

主管签字。有责任建立并维持内部控制；设计了内部控制，以确保自己能获得与公司及其并表子公司有关的所有实质性信息，尤其是在编制该报告期间；在编制财务报告的 90 天前，评估了公司内部控制的有效性；在报告中披露了评估结果；

签字官员已向公司的审计师和董事会下属的审计委员会披露了：所有可能对公司记录、处理、汇总、和报告财务数据能力产生负面影响的内部控制设计和运行方面的显著缺陷；涉及在内部控制方面起重要作用的管理人员或其他雇员的所有欺诈行为。

签字官员应在报告中表明：在他们对内部控制进行了评估以后，内部控制或可能对内部控制产生重要影响的因素是否发生了重大变化，包括针对内部控制显著或实质性漏洞采取的更正措施。

（2）SOX 法案中的第 404 条款

该条款涉及内部控制的评估问题，也是当时最著名的条款，标志着内部控制实质性管制。它重点强调的是公司管理层在依照《1934 年证券交易法案》第 13（a）或第 15（d）条款编制的年度报告中都要包括一份公司的内部控制评估报告，应说明管理层对建立和维护内部控制系统和相应控制程序的责任，要求管理层在最近一个财政年度的年底对财务报告内部控制系统及程序有效性进行评估。

为了保证内部控制相关制度的有效实施，SOX 法案颁布后美国又颁布了一些其他的规定。

2.SEC 规则

SEC 在出台 SOX 法案后于 2003 年发布了《最终规则：财务报

告内部控制的管理层报告和证券交易法案定期报告中信息披露的确认》(简称《最终规则》),这份规则对财务报告内部控制进行了定义,该定义指出财务报告内部控制是由公司的首席执行官、首席财务官或者行使类似职权的人设计或监督的,受到公司的董事会、管理层其他人员影响的,为财务报告的可靠性和满足外部使用的财务报表的编制符合公认会计原则提供合理保证的控制程序,具体包括:

(1)保持详细合理的会计记录,准确公允地反映公司资产的交易和处置情况;

(2)为下列事项提供合理的保证:公司对发生的交易进行必要的记录,以使财务报表的编制符合公认会计原则的要求,所有的收支活动均得到管理层和董事会的授权;

(3)为防止或及时发现公司资产未经授权的取得、使用和处置提供合理的保证。

除此之外,《最终规则》还规定了财务报告内部控制报告的如下具体内容:

(1)管理层关于建立和维护财务报告内部控制责任的声明;

(2)说明管理层评价财务报告内部控制有效性所依据的规则框架;

(3)管理层对财务报告内部控制有效性进行的评价并出具关于公司财务报告内部控制是否有效的意见;

(4)如果公司财务报告内部控制存在重大缺陷,必须予以描述;

(5)表明负责财务报告年度审计的注册会计师已经对管理层的报告发表了鉴证意见。

考虑到内部控制信息披露制度的实施成本问题,同时为保证内部控制信息披露制度得到稳步执行,SEC 的《最终规则》还规定了不同类型上市公司出具内部控制报告的时间要求，大型公司先于小型公司于 2004 年开始披露管理层内部控制评估报告和注册会计师的审计报告，而小型公司则推迟到 2007 年披露管理层评估报告，2008 年披露审计报告。

关于内部控制评价的标准问题，SEC 由于灵活性的考虑没有规定统一的内部控制评价标准，而是规定了适当的评价标准应具备的条件，同时指出 COSO 的内部控制框架为适当的标准。由于 COSO 报告的权威性，尽管没有 SEC 的强制要求，但是大多数公司都将 COSO 报告作为内部控制评价的框架标准。

为了引导小型公司的内部控制评价行为，COSO 于 2006 年发布了针对《财务报告内部控制——小型上市公司指引》，给予了小型公司内部控制建设和评价工作以更具体的指导。2006 年，SEC 发布了《管理层内部控制评价解释性指南》，该指南要求公司管理层采用自上而下、风险导向的内部控制评价方法。

2007 年，SEC 还发布了《对管理层财务报告内部控制报告规则的修订》，对重大缺陷等相关定义进行了重新修订。SEC 的相关规定为公司管理层对财务报告内部控制报告的编制提供了行动指南，对于引导和规范公司的内部控制评价行为起到了非常重要和积极的作用。

纵观以上美国内部控制自我评价相关制度和规定，SOX 法案从制度上确立了内部控制评价的要求，它给我们的启示如下：

（1）整体上体系完整、核心明确

从以上的表 2-1 可以看出，涉及内部控制评价的有 20 项相关的规定，包括了内部控制相关人员权利和义务、执行规定、报告规定，从行业上看，既有大型企业的规定，也有针对中小企业执行的规定，整个体系完整、规范、深入。从规范体系所涉及的内容上看，体现了财务报表中所体现不出的信息，让投资者等信息使用者能够更深刻理解财务报表数据背后的内容，体现企业的整体经营过程，有助于使用者将财务信息与非财务信息结合起来分析问题，更加准确预测未来发展趋势，这是将简单化的会计信息通过内部控制评价的方式呈现给信息使用者。

（2）强制性要求高

安然、世通事件发生后美国意识到了缺乏强制性的规范作为保障，美国涉及的内部控制规范有联邦层次的立法、行政法层次的规范及行业自律层次的制度。以上所提到的 SOX 法案属于联邦层次的法律，是美国制定的范围广、处罚严、影响力大的法律之一。它严格界定了管理人员的责任和义务，并对违反规定的行为制定了严厉的处罚措施，对于美国内部控制的完善、公司治理的优化起到了非常积极的作用。

（二）英国内部控制自我评价制度体系

英国内部控制的发展离不开公司治理研究的推动。20 世纪八九十年代，英国面临着巨大的财务危机。公司经营失败，丑闻不断，社会公众的不满情绪日益升温。这一阶段是英国公司治理问题研究的一个高峰期，各种专门委员会纷纷成立，并发布了各自的研究报告，其中比较著名的有卡德伯利报告（Cadbury Report, 1992）、拉特曼报告（Rutterman Report, 1994）、格林伯利报告（Creenbury Report, 1995）和哈姆佩尔报告（Hampel Report, 1998）。在吸收这些研究成果的基础上，1998 年最终形成了公司治理委员会综合准则（Combined Code of the committee on Corporate Governance）。综合准则很快就被伦敦证券交易所认可，成为交易所上市规则的补充，要求所有英国上市公司强制性遵守。这些研究成果从理论和实践两个方面，极大地推动了英国公司治理和内部控制的发展，尤其是卡德伯利报告、哈姆佩尔报告,以及作为综合准则指南的特恩布尔报告(Turnbull Report, 1999),堪称英国公司治理和内部控制研究历史上的三大里程碑。

1.卡德伯利报告

卡德伯利报告从财务角度研究公司治理,同时将内部控制置于公司治理的框架之下。其实,1985年"公司法"S.221条款就规定,董事对公司保持充分的会计记录负责,为满足上述要求,在现实中董事必须建立公司财务管理方面的内部控制制度,包括设计程序使舞弊风险最小化。也就是说,1985年的"公司法"已经对董事确保适当的内部控制制度提出了含蓄的要求。

卡德伯利报告进一步认为,有效的内部控制是公司有效管理的一个重要方面。因此建议董事们应发表一个声明,对公司内部控制的有效性进行详细描述,外部审计师对其声明进行复核和报告,同时规定在董事会认可声明之前,审计委员会应对公司的内部控制声明进行复核。该报告还认为,内部审计有助于确保内部控制的有效性,内部审计的日常监督是内部控制的整体组成部分,会计师职业应在以下方面起到领导作用:①开发用于评估有效性的一整套标准;②开发董事会报告形式的具体指南;③开发审计师用于相关审计程序和报告格式的具体指南。

卡德伯利报告在许多方面开创了英国公司治理历史的先河,它明确要求建立审计委员会,实行独立董事制度,同时将内部控制作为公司治理的组成部分。尽管报告尚存在许多局限性,但它所确认的公司治理的许多原则一直沿用至今。

2.哈姆佩尔报告

哈姆佩尔报告将内部控制的目的定位于保护资产的安全、保持正确的财务会计记录、保证公司内部使用和向外部提供的财务信息的可靠性,同时鼓励董事对内部控制的各个方面进行复核,包括确保高效经营、遵守法律法规方面的控制。哈姆佩尔报告认为,很难将财务控制与其他控制区分开来,并坚信董事及管理人员对控制的各个方面进行复核具有重要意义,内部控制不应仅局限于公司治理的财务方面。该报告全面赞同卡德伯利报告将内部控制视为有效管理的重要方面的观点,并认为董事会应该对内部控制进行复核以强调相关控制目标,这些目标包括对企业风险评估和反映、财务管理、遵守法律法规、保护资产安全以及使舞弊风险最小化等方面。

尽管哈姆佩尔报告所提出的准则,将公司治理向前推进了一步,但并未满足普遍的要求,其主要的批评意见集中于该报告的内容缺乏新意、委员会主要由既得利益者组成、有关原则难以付诸实施、责任不够明确等。当时贸易与工业部的负责人玛格丽特·贝凯特就认为,报告在受托责任与透明度方面仍有不足。

3.特恩布尔报告

卡德伯利报告和哈姆佩尔报告都程度不同地对公司内部控制提出了要求,作为综合准则在"最佳实务准则(Best Practice Code)"中对内部控制提出了综合性和原则性的规定。尽管综合准则要求公司董事会应建立健全内部控制,但是该准则并未就如何构建"健全的内部控制"提供详细的指南。因此,英格兰和威尔士特许会计师协会(ICAEW)与伦敦证券交易所达成一致,为上市公司执行准则中与内部控制相关的要求提供具体指南。1999年ICAEW组成的以尼格尔·特恩布尔(Nigel Turnbull)为主席的十人工作小组公布了《内部控制:综合准则董事指南》,即特恩布尔报告。作为指导企业构建内部控制的指南,该报告的意义在于,它为公司及董事会提供了具体的、颇具可行性的内部控制指引。其主要内容是:

董事会对公司的内部控制负责,应制定正确的内部控制政策,并寻求日常的保证,使内部控制系统有效发挥作用,还应进一步确认内部控制在风险管理方面是有效的。在决定内部控制政策,并在此基础上评估特定环境下内部控制的构成时,董事会应对以下问题进行深入思考:公司面临风险的性质和程度;公司可承受风险的程度和类型;风险发生的可能性;公司减少事故的能力及对已发生风险的影响;实施特殊风险控制的成本,以及从相关风险管理中获取的利益。

执行风险控制政策是管理层的职责,在履行其职责的过程中,管理层应确认、评价公司所面临的风险,并执行董事会所设计、运行的内部控制政策。公司员工有义务将内部控制作为实现其责任目标的组成部分,他们应集体具备必要的知识、技能、信息和授权,以建立、运行和监督公司内部控制系统。这要求对公司及其目标,所处的产业和市场以及面临的风险有深入的理解。

合理的内部控制要素包括政策、程序、任务、行为以及公司的其他方面,这些要素结合在一起,对影响公司目标实现的重大的商业性、业务性、财务性和遵循性风险做出正确反应,以提高公司经营的效率和效果。其中包括避免资产的不当使用、损失或舞弊,并保证已对负债进行了确认和管理。

公司的内部控制应反映组织结构在内的控制环境,包括控制活动、信息和沟通程序、持续性监督程序。特恩布尔报告指出了健全的内部控制所应具备的基本特征:它根植于公司的经营之中,形成公司文化的一部分。换言之,它不仅仅是为了取悦监管者而进行的年度例行检查;针对公司面临的不断变化的风险,具有快速反应的能力;具有对管理中存在的缺陷或失败进行快速报告的能力,并且能及时地采取纠正措施。

对内部控制有效性进行复核是董事会职责的必备部分。董事会应在谨慎、仔细地了解信息的基础上形成对内部控制是否有效的正确判断。董事会应限定对内部控制复核的过程,包括一年中复核的范围、收到报告的频率以及年度评估的程序等,这也将为公司年报和记录中的内部控制声明提供适当的支持。

纵观以上英国内部控制自我评价相关制度和规定,对英国内部控制的发展起到了非常重要的推动作用,主要给予我们以下启示:

(1)内部控制研究的定位问题

英国内部控制和内部审计研究均置于公司治理的框架之内,内部控制的发展离不开公司治理的推动,公司治理的优化也离不开有效的内部控制作为保障,重视从公司治理的角度研究内部控制,把内部控制看作公司治理的有机组成部分。致力于对内部控制理论的研究,如内部控制是否对公司治理产生影响、这种影响机制如何发生作用以及公司董事会和管理层如何设计、运行公司内部控制机制等基本理论问题。

(2)对内部控制有效性是否适合强制性报告

由于内部控制的涵盖范围很大,涉及财务会计、经营管理、合法合规等诸多方面,使得任何一起证券市场民事诉讼都有可能牵扯到内部控制。发起人、负有责任的董事、监事以及注册会计师均有可能因对内部控制的"有效性"做出承诺而面临诉讼,而导致巨额的赔偿。因此,我国要求公司对内部控制的有效性进行报告的做法,是否合理,值得进一步探讨。

(3)以风险导向为核心的制度体系

英国颁布的《特恩布尔报告》提供了一个框架,该框架主要包括公司风险战略管理及其绩效和成绩、持续经营假设基础上的一些前瞻性研究。明确指出:在公司的述职报告中应该最起码披露目

前识别、评价和管理公司所面临的重大风险,并建议在年度报告等
体系中提供相关的信息,以帮助信息使用者更好地理解公司风险
过程和内部控制体系。

(三)加拿大内部控制自我评价制度体系

1992 年,加拿大特许会计师协会成立了 COCO 委员会,该委
员会的使命是发布有关内部控制系统设计、评价和报告的指导性
文件。1995 年 11 月,COCO 委员会正式发布了关于内部控制的框
架性文件,该指南针对内部控制的定义与作用、内部控制的要素、
内部控制的标准、内部控制的参与者等进行了规范,建立了一个比
较完善的内部控制理论体系。在随后的几年中,COCO 委员会又继
续发布了几个指导性的文件,为 COCO 内部控制框架的运用提供
了具体详尽的操作规范,它在一定程度上借鉴了美国 COSO 颁布
的内部控制框架,同时也提出了有别于 COSO 内部控制框架的观
点,所以,COCO 内部控制框架具有一定的前瞻性和适用性。

COCO 内部控制框架中提到的四要素及其标准是内部控制理
论与实务的桥梁,是企业进行内部控制建设及内部控制评价的依据。
该标准共 20 条,按照框架中的四要素归属分为四个组,具体如下:

1.目的

企业应拟定与沟通各种目标,目标包括企业的使命、愿景、战
略、经营计划,甚至较低层次上的具体目标。目标的确立是确定必
须达到的要求以及识别和权衡相关风险和机会的过程,它是一个
连续的过程,有利于企业管理者、员工能够对他们的工作有更好的
理解。COCO 还在 2000 年 4 月发布的《董事指南——应对董事会
的风险》中,指明战略计划审查是董事会的责任。

企业应识别与评估组织在达成目标期间所面临重大性的内部
与外部风险。企业应当基于发展变化的视角来考察企业所面对的

重大外部风险,并在适当的时候以适当的方式对变化做出反应。风险的识别和评估应当基于对内外部环境的了解,同时还要估计风险事件发生的概率和风险事件后果的严重性,以便采取适当的措施或策略应对风险。

企业应制订、沟通与实施为支持组织目标达成与风险管理所设计的政策,使得成员了解组织对自身的期望以及他们能自主行动的范畴。这一标准充分体现了分权思想,每个管理人员和员工都应当在被赋予的权责利范围内进行工作,不得跨越自己的权限。

企业应当制定相关的计划并向企业员工有效地传递关于这些计划的信息。计划包括在企业内部有效地配置各种物质资源和人力资源。

目标和相关的计划应当包括可计量的业绩目标及其评价指标。为了便于准确评价目标和计划的执行状况,必须在制定该目标和计划时将其量化,或转化成相应的评价指标。

2.承诺

企业应当确定包括诚信正直等在内的共同道德标准,同时要通过沟通让企业的所有成员理解并遵循这些道德标准。道德标准是企业文化的组成部分,也是维系良好内部环境的基础。

企业的人力资源政策与实务应与组织道德价值观以及目标达成一致性。人力资源政策包括新员工招聘、员工晋升、员工离职、员工奖励政策等,这些都必须同企业的道德价值观保持一致。

企业应清楚界定权力、职责与其应负责任并与组织目标一致,并能由适当的人完成决策。企业内的任何团体和个人必须拥有与其工作相应的职权和职责,并对工作的结果承担相应的责任。

应当在企业内部培养一种相互信任的氛围,以促进企业员工之间的信息交流并使他们为达成企业目标而作出努力。

3.能力

企业员工应当拥有必要的知识和技能以帮助企业实现其目标,或在特定情况下利用外部服务来满足企业需求。

信息沟通过程应能支持组织的价值观并能促其达成企业目标。这一原则适用于企业内部传达命令、协商资源分配、协调行动、搜寻信息以及关于风险和机会的信息紧急传递等情况。

企业应当充分、及时地识别并向企业员工传递相关的信息资讯,以便企业员工能够执行其职责。

企业内部不同部门之间的决策和行动应当相互协调,不同部门的决策必须以企业整体目标为导向,尽量避免小团体主义的利益争夺。

控制作业的设计应为组织不可分割的一部分,并考虑到组织目标、达成这些目标所面临的风险以及控制元素之间的关联性。其中控制活动是指为保证企业的运作按计划进行并且符合企业相关政策的要求而确立的例行程序。控制活动及其相关的政策和程序可以通过非正式的方式传达给企业员工,或者在工作手册中正式加以说明。

4.监督与学习

企业应监督外部与内部环境以获得资讯,这些资讯可能发出需要重新评估组织目标或控制的信号。

对企业的经营业绩进行监控并和企业战略计划中确定的业绩目标及相关的指标进行比较。再根据比较结果对企业的组织目标和相关指标进行修正。

应定期对确立企业目标所依赖的假设重新进行审视。

当企业目标发生变化或发现内部控制缺陷时,应对企业的信息需求以及相关的信息系统实行重新评估。

　　企业应当建立并切实执行追踪调查制度以确保发生的偏差得到纠正或对偏差采取了适当的行动。

　　管理层应当定期对内部控制的有效性进行评估，并把评估的结果反馈给对各项控制负责的人员。

　　从以上的标准中可以看出，COCO指南提出了许多新的观点，认为风险评估是控制的组成要素，认为对风险和机遇的反应和适应能力，尤其是发现和利用机遇的能力对企业是至关重要的。展现了会计师对其法律责任无甚考虑时所能达到的境界。企业在对内部控制进行评价时，其内部控制的有效性评价要与企业业绩评价相结合，不仅要关注对内部控制主体的评价，更要关注企业的未来和战略，具有前瞻性和全局性，但执行起来有一定的难度。

　　(四)日本内部控制自我评价制度体系

　　2006年6月7日，日本国会通过了"日本版萨班斯—奥克斯利法案"——《金融商品交易法》，该法律主要针对上市公司进行了规范，将企业内部控制自我评价及审计的要求列入法律当中。此后，日本审计准则制定机构企业会计审议会于2007年2月15日正式发布了《财务报告内部控制的管理层评价与审计准则》以及《财务报告控制的管理层评价与审计准则实施指引》。该准则自2008年4月1日起施行，要求公司管理层有责任建立、实施内部控制，并要求对与财务报告相关内部控制的有效性进行自我评价。该自我评价主要在可能对财务报告的可靠性产生重要影响的范围内进行。可以是对公司层面的整体评价，也可以是对业务层面的局部评价。管理层要记录和保存评价的步骤，确定内部控制重大缺陷的判断原则，重点关注可能导致财务报告产生重大错报信息的相关内部控制重大缺陷，管理层要编制并对外报告《内部控制报告》，反映对财务报告内部控制有效性的评价结果。

（五）主要国际组织对内部控制评价的规定

除了以上介绍的发达国家颁布的内部控制自我评价制度外，各国际组织也制定过一些与内部控制评价相关的制度，主要有最高审计机关国际组织、国际内部审计师协会和巴塞尔银行监管委员会等，以下逐一进行简要分析。

1.最高审计机关国际组织的内部控制评价规定

最高审计机关国际组织（简称 INTOSAI）发表了《公共部门内部控制准则指南》，该指南主要提供了一个内部控制的框架，各企业可以据此制定详细的控制，为内部控制自我评价提供依据。

该组织发布的《内部控制有效性报告指南：最高审计机关执行和评价内部控制的经验》中指出：最高审计机关国际组织在建立和保持有效的内部控制框架方面的一般经验包括：（1）拥有为保持有效内部控制提供整体基础的宪法或立法条款；（2）在设计内部控制结构时按照最高审计机关国际组织的准则规定应遵循的内部控制准则；（3）管理层关注其执行有效内部控制和持续保持积极的内部控制环境的责任；（4）通过要求管理层定期对内部控制的运行定期自我评价，强调预防内部控制的缺陷，而并非强调检查和纠正内部控制缺陷；（5）强调内部审计师在内部控制结构中起关键作用；（6）确保最高审计机关在建立内部控制准则、建立可靠的内部控制结构、与内部控制审计师一起工作以及将内部控制评价作为财务审计和业绩审计的有机部分四方面起关键作用。

2.国际内部审计师协会的规定

国际内部审计师协会在 1996 年的研究报告中总结了 CSA（内部控制自我评价）的三个基本特征：由管理和职员共同进行、关注业务的过程和控制的成效、用结构化的方法开展自我评估。具体来讲，CSA 将维持和运行内部控制的主要责任赋予公司管理层，管理层、员工和内部审计人员合作评价控制程序的有效性,使管理层和员工与内部审计人员一同承担对内部控制评估的责任。CSA 以岗位职责和业务操作规程为中心来自我调节和自我完善,涉及所有员工对控制制度本身及其效果和效率进行的评价以及对参与控制人员的资格、工作程序和工作表现的评价。

国际内部审计师协会在 2002 年 4 月向纽约证券交易所提出"所有上市公司都应该建立和保持一个独立、资源充足、人员胜任的内部审计部门,向管理层和审计委员会提供组织风险管理程序和相应内部控制制度的持续评价,内部审计正逐步通过对控制的确认和风险控制在上市公司内部治理中发挥作用。"这是内部审计部门应对内部控制自我评价工作负责的要求。

3.巴塞尔银行监管委员会(BCBS)的规定

1998 年 9 月,BCBS 发布的《银行组织内部控制系统框架》要求各级经营层和内部审计人员应当在日常工作中监督评审内部控制的总体效果并定期予以评价;不论是经营层或其他人员发现了内部控制的缺陷,都应当及时地向适当的管理层报告,使其得到果断处理,并且应当将有关的内部控制缺陷报告给高级层和董事会。此外,BCBS 还针对监管当局对内部控制系统的评价指出,银行的监管人员应当要求所有的银行,不论其规模如何,都具有有效的内部控制系统,内部控制制度应当随银行所处环境和条件的改变而得到调整。凡监管者确定某银行的内部控制系统不能充分或有效地应对银行的具体风险内容,监管者应采取适当的措施。

总之,以上我们对美国、英国、加拿大、日本、国际组织内部控制自我评价的制度要求进行了逐一分析,发现各个国家的规定是不尽相同的,有的要求强制进行内部控制自我评价,有的鼓励进行内部控制自我评价,这是由于各国制度和经济等具有一定的差异,导致了对内部控制评价的要求不同。

三、我国内部控制自我评价制度

（一）我国内部控制自我评价制度的历程

与发达国家相比，我国内部控制规范较多，制定部门也较多，但是关于内部控制自我评价制度的相关规定不多，总体上经历了一个由自愿到强制的过程。

1999年新修订的《中华人民共和国会计法》从法律的角度对内部控制做出规定，要求企业应当建立健全本单位内部会计监督制度。

2001年6月，财政部发布了《内部会计控制规范——基本规范（试行）》，要求各单位应当重视内部会计控制的监督检查工作，由专门机构或指定专门人员负责内部会计控制执行情况的监督检查，确保内部控制的贯彻执行。

2002年12月至2004年8月，财政部陆续下达了关于《内部会计控制规范——销售与收款（试行）》、《内部会计控制规范——采购与付款（试行）》、《内部会计控制规范——工程项目（试行）》、《内部会计控制规范——担保（试行）》、《内部会计控制规范——对外投资（试行）》的通知，这些通知都是针对内部会计控制，但是尚未形成一个完整的体系，有关人员责任不太明确，当时内部控制流于形式居多。

2000年，证监会颁布了《公开发行证券的公司信息披露编报规则（第7、8号）》，但该内部控制信息披露要求仅局限于银行、证券公司和保险公司等金融类上市公司，要求其内部控制自我评价报告报送给证监会和证券交易所，但属于非公开披露。

2001年，证监会颁布了《公开发行证券的公司信息披露内容与格式准则第2号——年度报告》，该报告中提及监事会对公司内部控制健全和完善事项发表独立意见，但是公司无违规情况下可以免予披露。

2005年12月发布的国发（2005）34号《国务院批转证监会关于提高上市公司质量意见的通知》中明确指出："上市公司要加强内部控制制度建设，强化内部管理，对内部控制制度的完整性、合理性及其实施的有效性进行定期检查和评价，同时要通过外部审计对公司的内部控制制度以及公司的自我评价报告进行核实评价，并披露相关信息。通过自查和外部审计，及时发现内部控制制度的薄弱环节，认真整改，堵塞漏洞，有效提高风险防范能力。"

2006年6月5日，上海证券交易所发布了《上海证券交易所上市公司内部控制指引》，对上市公司内部控制的自我评价及评价报告的内容和披露做出了规定，还规定会计师事务所对内部控制自我评价报告进行核实评价并出具评价意见。该指引中内部控制评价和报告的规定已经比较全面并具有一定的指导性，但由于上海证券交易所的权威性有限，该规定不能对我国所有上市公司起强制作用。

2006年9月，深圳证券交易所发布了《深圳证券交易所上市公司内部控制指引》，对深圳所上市公司的内部控制评价做出了规定，明确监事会和独立董事应对内部控制自我评价报告发表意见。上海证券交易所和深圳证券交易所的规定多关注内部控制缺陷的报告。2007年修订的《公开发行证券公司信息披露的内容与格式准则第2号——年度报告的内容与格式》鼓励央企控股的、金融类及其他有条件的上市公司披露董事会出具的、经审计机构核实评价的公司内部控制自我评价报告。

2006年7月15日，我国企业内部控制标准委员会由财政部会同有关部门成立,目的是通过几年的努力,建立一套以防范风险和控制舞弊为中心，以控制标准和评价标准为主体的内部控制制度体系,以及以监管部门为主导、各单位具体实施为基础、会计师事务所等中介机构咨询服务为支撑、政府监管和社会评价相结合的内部控制实施体系。

2007年3月2日,财政部联合证监会、审计署、银监会和保监会发布了《企业内部控制规范——基本规范》和17项具体规范(征求意见稿),目的是先向地方财政部门和中央直属管理企业等征求意见。

2008年6月28日,财政部联合证监会、审计署、银监会和保监会发布了《企业内部控制基本规范》(共7章50条),自2009年7月1日起首先在上市公司范围内执行，被大家称为是中国的萨班斯法案,其中第6章第46条对内部控制自我评价方面进行了如下规定:"企业应结合本公司内部监督状况，定期对内部控制的有效性自行进行评价,并出具内部控制自评报告。内部控制自我评价的方式、频率、程序、范围,由企业根据业务发展状况、经营业务调整、经营环境变化、实际风险水平等自行确定。"这一规定为企业实施内部控制自我评价标准的建立指明了方向,奠定了基础,但由于规范体系不够完整、健全,以及企业对基本规范的内容认识及实施需要一定的时间，因此对强制性出具自我评价报告的实施在实务工作中有了一定的迟缓。

2010年4月26日,财政部、证监会、审计署、银监会、保监会根据国家有关法律、法规和《企业内部控制基本规范》,联合发布了《企业内部控制配套指引》,该配套指引包括《企业内部控制应用指引》、《企业内部控制评价指引》和《企业内部控制审计指引》,三大配套指引出台后,考虑到诸多因素,要求分阶段、分层次在上市公司范围内实施,最终达到全面实施内部控制一系列工作的效果。第一步,规定了自 2011 年 1 月 1 日起首先在境内外同时上市的公司施行,起到了试点和带头作用,以发现和解决内部控制执行和评价工作中出现的问题。第二步,自 2012 年 1 月 1 日起扩大到在上海证券交易所、深圳证券交易所主板上市的公司施行,在此基础上,择机在中小板和创业板上市公司施行,同时鼓励非上市大中型企业提前执行。目前,基本规范及配套指引共同构成了我国的内部控制规范体系,对提高我国上市公司经营效率、提升管理水平起到了引领作用,这是一套能适应我国企业的实际情况、又同时借鉴国际先进经验的规范体系,为我国企业实施全面风险管理提供了制度上的保障。

(二)我国现行内部控制自我评价制度的规定

1.内部控制自我评价的总体概况

企业内部控制自我评价的对象是针对内部控制的有效性,即企业建立与实施内部控制能够为控制目标的实现提供合理的保证。

企业实施内部控制评价,应当遵循下列原则:风险导向原则;一致性原则;公允性原则;独立性原则;成本效益原则。

企业董事会及其审计委员会负责领导本企业的内部控制评价工作。监事会对董事会实施内部控制评价进行监督。企业可以授权内部审计部门负责组织和实施内部控制评价工作。具备条件的企业,可以设立专门的内部控制评价机构。

企业内部控制评价的时间一般包括年度评价和专项评价。

2.内部控制自我评价的内容和标准

企业应对与实现整体控制目标相关的内部环境、风险评估、控制活动、信息与沟通、内部监督等内部控制要素进行全面系统、有针对性的评价。企业实施内部控制评价,包括对内部控制设计有效性和运行有效性的评价。内部控制设计有效性是指为实现控制目标所必需的内部控制要素都存在并且设计恰当;内部控制运行有效性是指现有内部控制按照规定程序得到了正确执行。

企业应根据《企业内部控制基本规范》及其应用指引的有关规定,建立与实施内部控制,并以此为依据和标准组织开展内部控制评价工作。

3.内部控制自我评价的程序和方法

企业内部控制自我评价的程序包括制定评价方案、实施评价活动、编制评价报告等程序开展内部控制评价。

内部控制评估和测试的方法主要包括:个别访谈法;调查问卷法;比较分析法;标杆法;穿行测试法;抽样法;实地查验法;重新执行法;专题讨论会法。

4.内部控制有效性的判断及其考虑因素

企业应当根据通过评估和测试获取与内部控制有效性相关的证据,并合理保证证据的充分性和适当性。证据的充分性是指获取证据的数量应当能合理保证相关控制的有效;证据的适当性是指获取的证据应当与相关控制的设计与运行有关,并能可靠地反映控制的实际运行状况。

企业在判断内部控制设计与运行有效性时,应当充分考虑下列因素:是否针对风险设置了合理的细化控制目标;是否针对细化控制目标设置了对应的控制活动;相关控制活动是如何运行的;相关控制活动是否得到了持续一致的运行;实施相关控制活动的人员是否具备必需的权限和能力。此外,要充分评估下列因素导致内部控制失效的风险:控制活动的类型;控制活动的复杂性;管理层逾越内部控制的风险;实施控制活动所需要的职业判断的程度;控制活动所针对风险事项的性质及其重要性；一项控制活动对其他控制活动有效性的依赖程度。

5.内部控制缺陷认定

内部控制缺陷一般可分为设计缺陷和运行缺陷。

企业应从定量和定性等方面进行衡量，判断是否构成内部控制缺陷。存在下列情况之一，企业应当认定内部控制存在设计或运行缺陷：未实现规定的控制目标；未执行规定的控制活动；突破规定的权限；不能及时提供控制运行有效的相关证据。

企业应根据内部控制缺陷影响整体控制目标实现的严重程度，将内部控制缺陷分为一般缺陷、重要缺陷和重大缺陷。企业判断和认定内部控制缺陷是否构成重大缺陷，应当考虑下列因素：影响整体控制目标实现的多个一般缺陷的组合是否构成重大缺陷；针对同一细化控制目标所采取的不同控制活动之间的相互作用；针对同一细化控制目标是否存在其他补偿性控制活动。

6.内部控制自我评价报告

企业应定期对内部控制整体有效性进行评价、出具评价报告，并向董事会、监事会和管理层报告内部控制设计与运行环节存在的主要问题以及将要采取的整改措施。内部控制评价报告至少应当包括下列内容：内部控制评价的目的和责任主体；内部控制评价的内容和所依据的标准；内部控制评价的程序和所采用的方法；衡量重大缺陷严重偏离的定义，以及确定严重偏离的方法；被评估的内部控制整体目标是否有效的结论；被评估的内部控制整体目标如果无效，存在的重大缺陷及其可能的影响；造成重大缺陷的原因及相关责任人；所有在评估过程中发现的控制缺陷，以及针对这些缺陷的补救措施及补救措施的实施计划等。企业可以根据被评估的整体控制目标的不同，适当调整评价报告的内容。

第三节　内部控制审计理论

内部控制审计是指会计师事务所接受委托，对特定基准日内部控制设计与运用的有效性进行审计。其目的主要是对财务报告内部控制的有效性发表审计意见，并对内部控制审计过程中注意到的非财务报告内部控制的重大缺陷进行相关披露。该制度安排是促进企业尤其是上市公司扎实贯彻相关内部控制规定的重要举措，也是注册会计师行业近年来的新型业务，是开拓执业领域，使事务所进一步做强的增长点。

一、内部控制审计的理论基础

内部控制审计与内部控制自我评价类似，除国家的相关规定外，还需要有经济学、管理学等理论作为支持。一般情况下，不同的观点对内部控制审计的认识和态度有所差异，其依据的理论基础也是不同的。为了深入分析山西省煤炭企业内部控制，本部分特从有效市场理论、委托代理理论、信息不对称理论、信号传递理论等角度来研究内部控制审计理论基础，以形成特有的理论和方法体系。

（一）有效市场理论

前已述及，有效市场是一个证券价格能够及时充分完全反映所有可获得信息的市场。在有效市场中，投资者可以通过对相关信息的分析，从而判断得出该证券的真实价值。在理想状态下，市场中的价格为资源分配提供了精确的信号，充分反映了所有可以获得的信息，使投资者可以正确地决策。目前，大家公认将有效市场分为强式有效市场、半强式有效市场、弱式有效市场三种类型。在资本市场中,股价是一个极具综合性的指标,它的大小不仅能体现企业的经营状况,而且有很强的可靠性,财务报表上的数据变动并不一定引起股票价格的变化,从这一点上,可以推断出股票价格是多种因素共同作用的结果,它是全部信息的反映,一切与股票相关的信息,都会被投资者所权衡,进而做出是否买卖股票的决定。对于我国的证券市场,学者们开展了多方面的研究,大多数认为我国资本市场处于或正趋于弱式有效市场,即证券价格的变动是相互独立的,价格已充分反映与证券价值相关的所有历史信息。所以,对于内部控制审计发挥作用的机理,必须具体分析,其一,内部控制审计的执行主体是会计师事务所,是属于第三方的评价方式,评价过程中,通过收集、整理、传递、运用等环节,将了解到的内部控制有效性情况进行评价后以内部控制审计报告的形式进行公开公布,使广大信息使用者获取与财务报告相关的内部控制信息,但披露内部控制审计报告是否会得到股权投资者的关注与认可,在一定程度上增强了披露的其他信息的质量,从而影响股权投资者的投资决策,将会通过股票价格的波动予以反映出来。其二,通过信息使用者对信息的使用、反馈情况,企业管理者会更加重视内部控制建设工作,不断完善内部控制中存在的问题,进一步提高企业的经营效率,实现企业的可持续发展,这也是我国逐渐重视内部控制审计工作并强制披露的原因所在,今后随着资本市场的不断发展,我国对内部控制审计工作的要求也将越来越高。

(二)委托代理理论

委托代理理论主要是基于委托方和代理方目标不一致,通常代理方掌握着更多的信息,即委托方和代理方之间的信息是不对称的,在这种情况下,就需要对委托代理关系进行监督,从理论上讲,这种监督划分为两个层次,一是对委托代理结果的监督,这种监督受托方对委托结果负责，委托方只需要委托外部审计师开展对委托代理结果的审计,如财务报表审计。通过财务丑闻的实践,这种监督无法及时发现委托代理过程中的非理性行为。二是对委托代理过程的监督,受托方除需要向委托方报告经过外部审计师审计的委托代理结果,还需要向委托方报告委托代理的过程。内部控制审计属于对过程的监督,它克服了传统委托代理机制的失灵,既有助于委托方对受托方诚实经营过程的一个全盘掌握,而不仅仅是看到结果;也有助于委托方获得知情权,在必要的时候做出决策,收回委托给受托方的某些权限;或参与其中,实现对经营过程中的风险控制,避免出现破产等不利情形。这种代理监督过程的优势有:其一,由委托方或受托方中的任何一方提供内部控制审计报告,都不会使对方满意,所以,由独立的注册会计师实施是一个最好的选择。其二,由于企业规模的扩大,业务日趋复杂化,这种趋势导致无论委托方还是受托方不具备相应的专业胜任能力来对内部控制进行评价。其三,这样的一种监督是一个价值综合判断,需要与律师、监督部门等外部机构进行合作,这样的工作是注册会计师通过实施其他工作已经具备的能力,所以,交由注册会计师来完成会变得更简单。所以,当企业披露内部控制审计报告时,股权投资者会根据其内容进行相关决策,增加了信息的可信性,提高了决策的效率。

（三）信息不对称理论

信息不对称理论是指所有参与到市场中从事经济活动的人,由于各种因素其所了解和掌握的信息是不同的,自然他们所能获得的信息多少和质量高低将决定他们所处的地位。在经济交易中,获得信息越多的一方,越有可能获得更高的利益,反之,很可能遭受损失。在现代企业制度中,管理层负责企业的经营管理,制定企业的内部控制政策,拥有绝对的信息优势,而所有者只能间接获得需要的信息,处于劣势地位。此时,管理层可能利用自身优势地位,为了满足利益最大化的目标而偏离正常的方向,近年来,国际国内发生的舞弊案例很多都是例证,公司内部控制逐渐被大家所关注。这种信息不对称具体至内部控制上,一方面,管理层是内部控制的制定者,同时也是内部控制的自我评价者;另一方面,所有者仅通过管理层提供的内部控制报告来获取信息,此时,管理层提供的自我评价报告是否是真实可靠的,要画上一个问号。在这种非对称信息环境下,所有者只能通过合理设计一套激励机制来使管理者显示其真实的信息,从而达到协调双方利益的目的。那么什么样的制度安排可以解决信息不对称问题呢?内部控制审计作为会计师事务所为主体的一种监督机制,其作为独立的第三方,即独立于委托方,又独立于信息使用者,其所出具的内部控制审计报告更加真实、可靠,值得双方依赖,是解决信息不对称中存在矛盾的有效途径,也是投资者及其他信息使用者的客观要求。

(四)信号传递理论

信号传递理论指的是具有优势信息一方,为了规避逆向选择,而采取一些行动发送信号,弥补市场信息弱势一方,提高企业经营效率和市场运行状态的行为。所以,信息的传递分为两个步骤,一是信号的发送,这一步必须保证信息是可信的、有效的。二是信号的甄别,是通过一些方案来诱导出发出的信号是真实的,当然这样的方案应是行之有效的方案。在以上所谈到的管理者与所有者之间信息不对称问题中,要想解决必须使这两个步骤顺利进行,在信号的发送中,内部控制审计以独立第三方的身份对管理层出具的内部控制自我评价报告进行再认定,这个过程中他们拥有过硬的专业技能,运用科学完整的审计程序,最终确定内部控制是否存在重大缺陷，这在客观上保证了发出的内部控制有效性方面的信号是真实可靠的。在信号的甄别中，通过管理层发出的内部控制自我评价报告通常是弱信号，因为管理层既是内部控制的制定者，又是内部控制的评价者，会掩盖内部控制有效性。而内部控制审计能够将这样的弱信号转变为强信号，因为内部控制审计是注册会计师通过严谨的审计程序来对内部控制有效性发表意见的。总之，内部控制审计制度从根本上解决了内部控制方面信号传递中的主要问题，防止管理层利用内部控制信息优势欺骗所有者，实现了信息的顺利传递。

二、国外内部控制审计制度

内部控制审计制度是随着审计环境、审计理论和审计实务不断发展的结果，上一部分从不同的理论出发，运用有效市场理论、委托代理理论、信息不对称理论、信号传递理论等多种理论，为理解内部控制审计奠定了坚实的理论基础，本部分对国外主要国家内部控制审计制度进行系统的分析和梳理，通过分析，形成对内部控制审计工作的系统认识。

（一）美国内部控制审计制度

美国很早就开始了内部控制审计的关注，如 1936 年美国国会颁布独立公共会计师对会计报表的审查，首次提出审计师在制定审计程序时，应考虑的一个重要因素就是审查企业的内部牵制和控制。而且美国相关的具体规定很多，表 2-2 中进行了列示，总体看来，美国的内部控制审计制度经历时间长，是世界各国中最具代表性的国家，分析美国内部控制审计的历史渊源，对把握内部控制审计发展的规律有着重要的意义。从重要规范的整体情况来看，我们人为地将整个历程分为讨论观望期、鼓励披露期、强制披露期三个阶段,并就其中有代表性的制度进行分析。

表2-2　美国内部控制审计相关规范

序号	相关法规、准则等	颁布机关	颁布日期
1	会计报表的验证	AICPA 和 FRB	1929 年
2	独立公共会计师对会计报表的审查	美国国会	1936 年
3	审计程序公告第 29 号:独立审计人员评价内部控制的范围	CAP	1958 年
4	第 1 号审计准则公告:审计准则和程序汇编	CAP	1972 年
5	管理层内部会计控制的报告	SEC	1979 年
6	审计准则公告第 30 号:内部会计控制报告	AICPA	1980 年
7	审计准则公告第 43 号:审计准则综合公告	AICPA	1982 年
8	审计准则公告第 48 号:计算机处理对财务报告审查的影响	AICPA	1984 年
9	1984 年单一审计法案	美国国会	1984 年
10	审计准则公告第 55 号:财务报表审计中对内部控制的考虑	AICPA	1988 年
11	《第 34—25925》号提案:报告管理层的责任	SEC	1988 年
12	联邦储蓄保险公司改进法案	美国国会	1991 年
13	鉴证业务准则第 2 号:与企业财务报告相关内部控制的报告鉴证业务准则第 3 号:符合性鉴证	审计准则委员会(ASB)	1993 年
14	审计准则公告第 78 号:财务报表审计中对内部控制的考虑:对 55 号的修正	AICPA	1995 年
15	财务报告内部控制审计(征求意见稿)	AICPA	2003 年
16	审计准则第 2 号:与财务报表审计一起实施的财务报告内部控制审计	PCAOB	2004 年
17	审计准则第 5 号:与财务报表审计一起实施的财务报告内部控制审计	PCAOB	2007 年

1.讨论观望期(1974—1991)

1974 年美国注册会计师协会成立了注册会计师责任委员会,

也称科恩委员会,专门用来研究注册会计师的职责问题。科恩委员会在 1978 年提交的报告中建议:由公司管理层出具内部控制报告披露公司内部控制的状况, 同时聘任注册会计师对管理层出具的内部控制报告进行审核评价并向外界报告。

1979 年 4 月, 美国证监会发布《管理层内部会计控制的报告》,要求上市公司管理层在年度报告和提交给美国证券交易委员会的文件中包括一份声明, 以说明内部会计控制系统是否能够保证《反海外贿赂行为法》(FCPA1977)所列内部控制目标的实现,并要求注册会计师对该声明进行检查,提出报告(主要检查管理报告是否和公司内部会计控制一致、报告中对交易和资产数量的表述是否合理两个方面)。

美国证监会(SEC)于 1988 年发布了《第 34—25925》号提案:《报告管理层的责任》提案。该提案提议由管理层向投资者报告财务数据和内部控制的情况, 并由外部审计师对内部控制的有效性进行评价。由于该制度运行成本过大,该提案未能付诸施行。

2.鼓励披露期(1991—2001)

20 世纪 80 年代美国金融机构的治理开始被关注, 美国国会于 1991 年颁布了联邦储蓄保险公司改进法案,该法案对会计职业产生重大影响的内容体现在第 36 节,该部分要求资产总额在 5 亿美元以上的大银行准备、评估并报告其内部控制的有效性,同时要求独立注册会计师对管理层有关内部控制的声明进行验证。该法案的其中一条具体要求是: 独立注册会计师对管理层就银行内部控制及财务编报程序声明的验证报告。随后,美国注册会计师协会(AICPA)发布了《财务报告内部控制的审核准则》(SSAE No.2),以规范内部控制审核业务

3.强制披露期(2002 年至今)

《萨班斯—奥克斯利法案》中的部分条款:

2002 年 7 月颁布的《萨班斯—奥克斯利法案》第 103 条款:对管理层财务报告内部控制评估的审计师报告,需要评价公司的内部控制政策和程序是否包括详细程度合理的记录,以准确公允地反映公司的资产交易和处置情况;内部控制是否合理保证公司对发生的交易活动进行了必要的记录,以满足财务报告编制符合公认会计原则的要求;是否合理保证公司的管理层和董事会对公司的收支活动进行了合理授权。

2002 年 7 月颁布的《萨班斯—奥克斯利法案》第 302 条款:公司首席执行官和首席财务官应当对所提交的年度或季度报告签署书面证明,证明中涉及内部控制审计的内容包括:将关于内部控制有效性的结论反映在财务报告中,向外部审计师和公司董事会下属的审计委员会报告。

2002 年 7 月颁布的《萨班斯—奥克斯利法案》第 404 条款:对公司财务报告进行审核评估的注册公共会计公司应对公司管理层内部控制评估进行鉴证,并出具鉴证报告。鉴证应遵循上市公司会计监督委员会发布或认可的准则。这种鉴证不应成为一项单独的任务。

2004 年 3 月,PCAOB 发布审计准则第 2 号——《与财务报表审计结合进行的财务报告内部控制审计》。该准则要求由同一家会计师事务所对同一公司的财务报表审计业务和财务报告内部控制审计业务进行整合审计。

2007 年,PCAOB 发布审计准则第 5 号——《与财务报表审计整合的财务报告内部控制审计》取代 AS2,其主要变化是:提出了自上而下、风险导向的方法论,增加了对舞弊控制的审计,并更加强调穿行测试的重要性。这些变化使得审计师能够将有限的审计资源投向高风险领域,减少不必要的审计程序,并力争在内部控制重大缺陷导致报表重大错报前被发现。

可以看出,美国以法律形式强制要求对企业财务报告内部控制进行审计,而且要求同一家事务所将内部控制审计和财务报告审计整合进行。

(二)英国内部控制审计制度

1985年卡德伯利报告认为,有效的内部控制是公司有效管理的一个重要方面,因此建议董事们应发表一个声明,对公司内部控制的有效性进行详细描述,外部审计师对其声明进行复核和报告,但随后却对内部控制有效性进行报告的要求日趋减弱。

哈姆佩尔的报告认为,审计师不必向社会公众公布其对董事会报告的审查结果,这样做会在董事会和审计师之间建立更为有效的沟通渠道,使得最佳实务在报告的范围和性质方面不断进步。

特恩布尔报告则认为,董事会应对公司内部控制的有效性进行复核,总结进行复核所使用的程序,并在年度报告或记录中披露用于解决内部控制重大问题的方法和过程,董事会至少还应披露用于确认、评估和管理重要风险的持续性监督程序。

可以看出,英国对内部控制自我评估的重视程序是日益加强的,但并未强制要求上市公司的内部控制须经注册会计师审计。

(三)日本内部控制审计制度

2004年曝光的西武铁道事件及随后发生的 Kanebo 化妆品等不符合证券交易法事件,当年12月,日本金融厅发布了《关于确保企业决算公开制度可行性的措施》(第二版),要求企业会计审议会对与财务报告有关的内部控制评价标准明确化,以及对评价、验证义务化进行研讨,正式将企业内部控制审计相关文件与规定的制订提上日程,企业会计审议会接受此要求后,于2005年1月成立了内部控制研究学会,并于 2005 年 1 月发布了《关于与财务报告有关的内部控制评价及审计基准的制定方法》。

2005 年 7 月,日本内部控制专业委员会对于财务报告内部控制评价与审计准则公布了公开征求意见稿,归纳整理为《财务报告内部控制评价与审计准则(案)》,要求"管理层对财务报告内部控制有效性进行评价,其评价结果是否合理,应当通过承担该企业财务报告审计的注册会计师等进行的审计予以保证",该准则于 2005 年 12 月 8 日对外公布。

2006 年 6 月,日本国会发布了《金融商品交易法》,其中第 24 条规定:"上市公司及店头登录公司必须在每个事业年度提出评价内部控制制度有效性的内部控制报告书。另外,该内部控制制度报告书,原则必须经会计师或监察法人签证,且经公司代表人签名确认。而非上述两类公司则可由公司自行决定是否提出内部控制报告书。"该规定要求自 2008 年 4 月 1 日开始执行,明确要求针对上市公司,将管理层对财务报告内部控制进行评价并由注册会计师对其进行审计作为法定义务。

2007 年 2 月,企业会计审议会正式发布了《关于与财务报告有关的内部控制评价和审计准则与财务报告有关的内部控制评价和审计相关实施基准的制定》,其中《财务报告内部控制评价和审计准则》和《财务报告内部控制评价和审计实施准则》由"内部控制的基本框架"、"财务报告内部控制的评价与报告"和"财务报告内部控制的审计"三个部分内容组成,"财务报告内部控制的审计"明确了注册会计师审计的思路,要求注册会计师在审计时要首先充分了解环境,了解管理层对内部控制的构建、实施及其评价的状况,判断审计重点并确定审计计划。而且要对经营者内部控制评价结果进行审计,进一步讨论经营者所确定评价范围的适当性,讨论经营者基于公司层面以及具体业务层面的内部控制评价。

2007年10月,日本注册会计师协会发表了审计、保证实务委员会报告第82号《与财务报告有关的内部控制审计实务的处理》,该报告将审计人员实施的具体审计程序、应注意的事项和审计报告例文等与内部控制审计实务结合起来,并征求了相关多数意见后的基础上经过修正后公布。

可以看出,日本以法律形式强制要求对企业财务报告内部控制进行审计,还要求由同一个注册会计师执行从计划审计工作、实施审计程序以获取审计证据、评价审计证据的充分性和适当性、发表审计意见的整个过程。

(四)韩国内部控制审计制度

2005年6月,韩国上市公司协会、科斯达克注册法人协会、韩国注册会计师协会共同制定出《企业内部会计管理制度规范》,它是以《萨班斯—奥克斯利法案》第404条款为原型制定的,要求企业恰当采用这一规范,以提高财务报告的可靠性,确保内部控制系统的有效性。该规范规定,内部会计管理者每半年向董事会和审计董事或审计委员会报告内部会计管理制度的运行情况,审计董事或审计委员会应评价内部会计管理制度的运行情况,并在每一会计年度末向董事会报告评价结果。外部审计人员应审查内部会计管理者对内部会计管理规定的遵守情况及其提交的内部会计管理制度运行情况报告,并将其综合意见反映到审查报告中。

可以看出,该规范虽然提到了审计师要将对内部会计管理制度的运行情况反映到审查报告中,但是强制程度还不高。

三、我国内部控制审计制度

(一)我国内部控制审计制度的历程

20 世纪 80 年代末,我国政府开始制定一系列企业内部控制文件,加大对企业内部控制及相关制度的建设力度。1988 年 12 月,财政部颁布的《注册会计师检查验证会计报表规则(试行)》第 26 条规定,注册会计师应对委托人包括会计制定、财政收支管理制度、财产管理制度、内部审计制度、其他管理制度、各管理机构的内部报告和相互牵制制度等在内的内部管理制度完善程度和有效性进行检查。

1996 年,根据《独立审计基本准则》,中国注册会计师协会发布《独立审计具体准则第 9 号——内部控制与审计风险》,以规范注册会计师在会计报表审计中研究与评价被审计单位内部控制的相关执业活动。

2000 年,证监会颁布了《公开发行证券的公司信息披露编报规则》,要求金融类上市公司在年度报告的董事会报告中专门披露注册会计师对内部控制完整性、合理性和有效性的审计意见、内部控制缺陷和改进措施,监事会对所披露的内部控制信息发表意见。

2001 年,证监会颁布了《公开发行证券公司信息披露内容与格式准则》,要求非金融类上市公司在其监事会报告中披露监事会对公司内部控制完整性、合理性和有效性的评价。注册会计师指出以上"三性"存在重大缺陷的,应予披露并说明改进措施。

2002 年 3 月,中注协发布《内部控制审核指导意见》,对注册会计师执行内部控制审核业务提供了规范,并要求自 2002 年 5 月 1 日起执行。本规范主要是为了对注册会计师执行的内部控制审核业务进行规范,明确工作的要求,提高执业的质量。

2003 年 12 月,审计署发布《审计机关内部控制测评准则》,共 24 条,自 2004 年 2 月 1 日起施行。该准则主要是为了规范审计人员在审计过程中对被审计单位内部控制的测评行为,保证审计的工作质量。

2005 年 12 月发布的国发(2005)34 号《国务院批转证监会关于提高上市公司质量意见的通知》中明确指出:"上市公司要加强内部控制制度建设,强化内部管理,对内部控制制度的完整性、合理性及其实施的有效性进行定期检查和评价,同时要通过外部审计对公司的内部控制制度以及公司的自我评价报告进行核实评价,并披露相关信息。通过自查和外部审计,及时发现内部控制制度的薄弱环节,认真整改,堵塞漏洞,有效提高风险防范能力。"

2006 年 6 月 5 日,上海证券交易所发布了《上海证券交易所上市公司内部控制指引》,自 2006 年 7 月 1 日起在上海证券交易所上市公司开始实施。其中规定会计师事务所对内部控制自我评价报告进行核实评价并出具评价意见,并要求上市公司年度报告中要披露会计师事务所对自我评估报告的核实评价意见。

2006 年 9 月,深圳证券交易所发布了《深圳证券交易所上市公司内部控制指引》,自 2007 年 7 月 1 日起在深圳证券交易所上市公司开始实施。其中要求:"注册会计师在对公司进行年度审计时,应参照有关主管部门的规定,就公司财务报告内部控制情况出具评价意见"。

2008 年 6 月 28 日,财政部联合证监会、审计署、银监会和保监会发布了《企业内部控制基本规范》(共 7 章 50 条),自 2009 年 7 月 1 日起首先在上市公司范围内执行,要求上市公司应当对本公司内部控制的有效性进行自我评价,披露年度自我评价报告,并可聘请具有证券、期货业务资格的会计师事务所对内部控制有效性进行审计。接受企业委托从事内部控制审计的会计师事务所，应当根据本规范及其配套办法和相关执业准则，对企业内部控制的有效性进行审计，出具审计报告。会计师事务所及其签字的从业人员应当对发表的内部控制审计意见负责。

2010 年 4 月 26 日，财政部、证监会、审计署、银监会、保监会根据国家有关法律、法规和《企业内部控制基本规范》，联合发布了《企业内部控制配套指引》，该配套指引包括《企业内部控制应用指引》、《企业内部控制评价指引》和《企业内部控制审计指引》，其中《企业内部控制审计指引》第 2 条规定，注册会计师执行内部控制审计工作，应当获取充分、适当的证据，为发表内部控制审计意见提供合理保证。注册会计师应当对财务报告内部控制的有效性发表审计意见，并对内部控制审计过程中注意到的非财务报告内部控制的重大缺陷予以披露。

从我国近年来的一系列举措来看，将有助于保证财务报告的质量，为投资者提供更可靠、更透明的财务信息，其做出正确的投资决策，同时有利于加强和规范企业内部控制，有利于企业完善公司治理和正确贯彻实施发展战略，有利于提高企业经营管理水平和风险防范能力，促进企业的可持续发展。

(二)我国现行内部控制审计制度的规定

1.总体要求

内部控制审计，是指会计师事务所接受委托，对特定基准日内部控制设计与运行的有效性进行审计。

注册会计师执行内部控制审计工作，应当获取充分、适当的证据，为发表内部控制审计意见提供合理保证。其责任是在实施审计工作的基础上对内部控制的有效性发表审计意见，并对内部控制审计过程中注意到的非财务报告内部控制的重大缺陷，在内部控制审计报告中增加"非财务报告内部控制重大缺陷描述段"予以披露。

注册会计师可以单独进行内部控制审计，也可以将内部控制审计与财务报表审计整合进行(简称整合审计)。

2.计划审计工作

注册会计师应当恰当地计划内部控制审计工作，配备具有专业胜任能力的项目组，并对助理人员进行适当的督导。

在计划审计工作时，注册会计师应当评价下列事项对内部控制、财务报表以及审计工作的影响：与企业相关的风险；相关法律法规和行业概况；企业组织结构、经营特点和资本结构等相关重要事项；企业内部控制最近发生变化的程度；与企业沟通过的内部控制缺陷；重要性、风险等与确定内部控制重大缺陷相关的因素；对内部控制有效性的初步判断；可获取的、与内部控制有效性相关的证据的类型和范围。

注册会计师应当以风险评估为基础，选择拟测试的控制，确定测试所需收集的证据。

注册会计师应当对企业内部控制自我评价工作进行评估，判断是否利用企业内部审计人员、内部控制评价人员和其他相关人员的工作以及可利用的程度，相应减少可能本应由注册会计师执行的工作。

注册会计师应当对发表的审计意见独立承担责任，其责任不因为利用企业内部审计人员、内部控制评价人员和其他相关人员的工作而减轻。

3.实施审计工作

注册会计师应当按照自上而下的方法实施审计工作，并可以将企业层面控制和业务层面控制的测试结合进行。

注册会计师测试企业层面控制和业务层面控制时，都应当把握重要性原则，且应当关注信息系统对内部控制及风险评估的影响，评价内部控制是否足以应对舞弊风险。

注册会计师应当测试内部控制设计与运行的有效性。如果某项控制由拥有必要授权和专业胜任能力的人员按照规定的程序与要求执行，能够实现控制目标，表明该项控制的设计是有效的。

注册会计师应当根据与内部控制相关的风险，确定拟实施审计程序的性质、时间安排和范围，获取充分、适当的证据。

注册会计师在测试控制设计与运行的有效性时，应当综合运用询问适当人员、观察经营活动、检查相关文件、穿行测试和重新执行等方法。

注册会计师在确定测试的时间安排时，应当在下列两个因素之间做出平衡，以获取充分、适当的证据：尽量在接近企业内部控制自我评价基准日实施测试；实施的测试需要涵盖足够长的期间。

4.评价控制缺陷

内部控制缺陷按其成因分为设计缺陷和运行缺陷，按其影响程度分为重大缺陷、重要缺陷和一般缺陷。

表明内部控制可能存在重大缺陷的迹象，主要包括：注册会计师发现董事、监事和高级管理人员舞弊；企业更正已经公布的财务报表；注册会计师发现当期财务报表存在重大错报，而内部控制在运行过程中未能发现该错报；企业审计委员会和内部审计机构对内部控制的监督无效。

5.完成审计工作

注册会计师完成审计工作后，应当取得经企业签署的书面声明。企业如果拒绝提供或以其他不当理由回避书面声明，注册会计师应当将其视为审计范围受到限制，解除业务约定或出具无法表示意见的内部控制审计报告。

注册会计师应当于企业沟通审计过程中识别的所有控制缺陷。对于其中的重大缺陷和重要缺陷,应当以书面形式与董事会和经理层沟通。注册会计师认为审计委员会和内部审计机构对内部控制的监督无效的, 应当就此以书面形式直接与董事会和经理层沟通。

注册会计师应当对获取的证据进行评价, 形成对内部控制有效性的意见。

6.出具审计报告

注册会计师在完成内部控制审计工作后, 应当出具内部控制审计报告。标准内部控制审计报告应当包括下列要素:标题,收件人,引言段,企业对内部控制的责任段,注册会计师的责任段,内部控制固有局限性的说明段,财务报告内部控制审计意见段,非财务报告内部控制重大缺陷描述段,注册会计师的签名和盖章,会计师事务所的名称、地址及盖章,报告日期。

符合条件的, 注册会计师应当对财务报告内部控制出具无保留意见的内部控制审计报告。如果注册会计师认为财务报告内部控制虽不存在重大缺陷, 但仍有一项或者多项重大事项需要提请内部控制审计报告使用者注意的, 应当在内部控制审计报告中增加强调事项段予以说明。注册会计师应当在强调事项段中指明,该段内容仅用于提醒内部控制审计报告使用者关注, 并不影响对财务报告内部控制发表的审计意见。注册会计师认为财务报告内部控制存在一项或多项重大缺陷的,除非审计范围受到限制,应当对财务报告内部控制发表否定意见。注册会计师审计范围受到限制的,应当解除业务约定或出具无法表示意见的内部控制审计报告,并就审计范围受到限制的情况,以书面形式与董事会进行沟通。注册会计师在出具无法表示意见的内部控制审计报告时，应当在内部控制审计报告中指明审计范围受到限制，无法对内部控制的有效性发表意见。注册会计师在已执行的有限程序中发现财务报告内部控制存在重大缺陷的，应当在内部控制审计报告中对重大缺陷做出详细说明。

注册会计师对在审计过程中注意到的非财务报告内部控制缺陷，应当区别具体情况予以处理：如果注册会计师认为非财务报告内部控制缺陷为一般缺陷的，应当与企业进行沟通，提醒企业加以改进，但无须在内部控制审计报告中说明；如果注册会计师认为非财务报告内部控制缺陷为重要缺陷的，应当以书面形式与企业董事会和经理层沟通，提醒企业加以改进，但无须在内部控制审计报告中说明；如果注册会计师认为非财务报告内部控制缺陷为重大缺陷的，应当以书面形式与企业董事会和经理层沟通，提醒企业加以改进；同时应当在内部控制审计报告中增加非财务报告内部控制重大缺陷描述段，对重大缺陷的性质及其对实现相关控制目标的影响程度进行披露，提示内部控制审计报告使用者注意相关风险。

在企业内部控制自我评价基准日并不存在，但在该基准日之后至审计报告日之前（以下简称期后期间）内部控制可能发生变化，或出现其他可能对内部控制产生重要影响的因素。注册会计师应当询问是否存在这类变化或影响因素，并获取企业关于这些情况的书面声明。如果知悉对企业内部控制自我评价基准日内部控制有效性有重大负面影响的期后事项的，应当对财务报告内部控制发表否定意见。如果不能确定期后事项对内部控制有效性的影响程度的，应当出具无法表示意见的内部控制审计报告。

7.记录审计工作

注册会计师应当编制内部控制审计工作底稿，完整记录审计工作中的下列情况:内部控制审计计划及重大修改情况;相关风险评估和选择拟测试的内部控制的主要过程及结果;测试内部控制设计与运行有效性的程序及结果;对识别的控制缺陷的评价;形成的审计结论和意见;其他重要事项。

第四节　内部控制自我评价与内部控制审计的关系

一、内部控制自我评价与内部控制审计的相同点

(一)二者均遵守《企业内部控制基本规范》

为了加强和规范企业内部控制,提高企业经营管理水平和风险防范能力,促进企业可持续发展,维护社会主义市场经济秩序和社会公众利益,根据国家有关法律法规,财政部会同证监会、审计署、银监会、保监会于 2008 年 6 月发布了《企业内部控制基本规范》,作为企业内部控制评价的两种途径——内部控制自我评价与内部控制审计,均需按照《企业内部控制基本规范》中的要求,衡量企业是否在内部环境、风险评估、控制活动、信息与沟通、内部监督五个方面达到了基本规范的标准。

(二)二者的实施范围相同

不论是内部控制自我评价还是内部控制审计,评价的对象均为企业内部控制设计的合理性和运行的有效性,涵盖企业及其所属单位的各种业务和事项,在全面评价的基础上,关注重要业务单位、重大业务事项和高风险领域。只是内部控制审计更关注与财务报告有关的内部控制和重要程度高、风险较大的领域和环节。

（三）二者出具报告的报送对象相同

报告按照编报主体、致送对象和时间分为对内报告和对外报告，内部控制自我评价报告既需要满足董事会和经理层的需要，又需要按照规定的格式和要求对外报送。内部控制审计报告既需要与企业沟通内部控制的缺陷，也需要在公开媒体披露。所以二者在报送对象是基本一致的，均有对内报告和对外报告。

（四）二者的最终目标相同

不论是内部控制自我评价还是内部控制审计，最终目标均需达到以下几点：

经营合法合规：这是企业经营时遵循性目标中的最低要求，否则会导致违反法律法规、丧失道德底线、声名狼藉。

资产安全：既要保障自然物质形态的安全完整，也要确保财产价值形态的安全完整，这是企业实现未来经营效益的经济保障。

财务报告和相关信息真实完整：这是企业获得自有资本和债权资本的前提，是投资者、债权人和其他信息使用者评估管理层业绩的根据。

提高经营效率和效果：这是企业董事会和管理层追求的目标，较高的经营效率和效果，有利于资源的有效配置，有利于企业的可持续发展。

促进企业实现发展战略：这是企业内部控制目标管理的重心，也是企业构建完善、有效内部控制体系的关键。

二、内部控制自我评价与内部控制审计的不同点

（一）二者的实施根据具有不同点

内部控制自我评价工作是企业董事会或类似权力机构实施的，评价时除遵守《企业内部控制基本规范》外，还需要按照《企业

内部控制评价指引》及企业的各项管理制度的要求展开工作。

内部控制审计是会计师事务所实施的,审计时除遵守《企业内部控制基本规范》外,还需要按照《企业内部控制审计指引》、《中国注册会计师鉴证业务基本准则》、《中国注册会计师审计准则》等进行鉴证。

(二)二者的实施频率不同

内部控制自我评价需按照《企业内部控制评价指引》的要求,至少每年以 12 月 31 日为基准日进行一次评价,并由董事会对外发布内部控制评价报告,这是最低要求,也是一般的频率。特殊情况下,企业如发生控制政策大的改变,也可以根据实际情况开展多于一次的评价工作。

内部控制审计需按照《企业内部控制审计指引》的要求,由注册会计师实施,对特定基准日内部控制设计与运行有效性进行审计,每年只需要进行一次,由会计师事务所出具内部控制审计报告后对外报出。

(三)运用的方法不同

内部控制自我评价主要运用个别访谈、调查问卷、专题讨论、穿行测试、实地查验、抽样和比较分析等。

内部控制审计通常运用询问适当人员、观察经营活动、检查相关文件、穿行测试和重新执行等方法,可以看出内部控制审计中运用的方法与财务报表审计中对于内部控制测试的方法类似,遵循审计的一般规律,更加强调客观性。其中的询问程序,与自我评价中的访谈法类似,但配套指引明确指出询问本身并不足以提供充分适当的证据。

(四)二者工作结果的相互利用

根据《内部控制审计指引》的规定,注册会计师可以对内部控制自我评价工作的专业胜任能力和客观性进行评估，判断其是否可利用内部控制评价工作及可利用的程度，以相应减少可能本应由注册会计师执行的工作，但是注册会计师应对发表的意见独立承担责任，其责任并不因利用内部控制评价人员的工作而减轻。

在内部控制审计工作中，可能发现内部控制自我评价未被发现的内部控制缺陷，此时应当及时与企业沟通，告知其整改落实，此时，内部控制自我评价部门应正确对待内部控制审计指出的问题，认真审视存在的问题，以使内部控制不断完善。

总之，内部控制评价可作为内部控制审计工作的基础，内部控制审计可适当利用内部控制评价的结果，内部控制评价部门也可以根据内部控制审计结果不断完善企业的内部控制，对自己未发现的缺陷进行整改，提升内部控制的有效性。

（五）缺陷认定不同

虽然内部控制自我评价和内部控制审计对于缺陷的分类是相同的，都按照成因或来源分为设计缺陷和运行缺陷，按照重要程度分为重大缺陷、重要缺陷和一般缺陷。对于其中具体标准的确定，根据《企业内部控制评价指引》的规定，企业可根据指导标准的要求按照具体情况自行确定，根据《企业内部控制审计指引》的规定，内部控制审计时可按照财务报表审计确定的重要性水平，考虑各种定性和定量因素，支持对于内部控制缺陷的评价。由于两个制度的规定不同，实施的主体不同，立场不同，所以对于缺陷认定的标准也不大相同。

（六）报告格式不同

内部控制自我评价报告的格式根据《内部控制评价指引》等规定的固定格式的基础上进行详尽设计。内部控制审计报告的格式因报告意见类型不同而不同，报告意见分为标准的内部控制审计报告、带强调事项段的无保留意见内部控制审计报告、否定意见内部控制审计报告和无法表示意见内部控制审计报告，每种类型在《内部控制审计指引》中都有规定的格式，所以内部控制自我评价报告和内部控制审计报告的格式是不同的。

（七）报告的内容不同

内部控制自我评价报告的内容至少应包括董事会对内部控制报告真实性的声明、内部控制评价工作的总体情况、内部控制评价的依据、内部控制评价的范围、内部控制评价的程序和方法、内部控制缺陷及其认定情况、内部控制缺陷的整改情况及重大缺陷拟采取的整改措施、内部控制有效性的结论等八项内容，对内报告的内容在以上基础上根据需要进一步详尽表达。

内部控制审计报告至少应包括标题、收件人、引言段、企业对内部控制的责任段、注册会计师的责任段、内部控制固有局限性的说明段、内部控制审计意见段、非财务报告内部控制重大缺陷描述段、注册会计师的签名和盖章、会计师事务所的名称、地址及盖章、报告日期等内容，另外因报告意见类型可能有其他段落。

可见，内部控制自我评价报告与内部控制审计报告的内容是不同的。

（八）报告的权威性

内部控制自我评价报告是董事会对本企业内部控制有效性的自我评价，主观性较强，披露的报告可以作为有关信息使用者了解企业内部控制设计和运行情况的途径。内部控制审计报告由注册会计师实施，独立性强，有更高的专业胜任能力，所以，相对而言内部控制审计报告有更高的权威性，二者结合可起到全面分析、综合判断的效果。

综上所述，内部控制自我评价报告和内部控制审计报告在实施范围、报告报送对象及最终目标等方面是相同的,但是二者在促进企业内部控制目标实现过程中的角度不同,内部控制评价强调通过自我查找问题,以达到不断改进和完善的目的。而内部控制审计则在于提供一个内部控制更加客观的信息,促进财务信息安全可靠。

第三章　山西省煤炭企业概况

煤炭是我国储量最为丰富的资源,位居世界第三,产量居世界第一,在我国的一次能源生产和消费中所占比重一直保持在70%以上。虽然国家在大力发展新型能源产业,但是在短时间内,煤炭在能源中的主体地位难以改变,推动着我国经济快速增长和社会进步。山西省作为产煤大省,煤炭自然成为经济的支柱,并在可预见的很长时间内仍将是该省能源基础产业,其管理和经营状况直接关系到区域经济的发展。

第一节　山西省煤炭资源分布情况

我国是一个产煤大国,同时也是一个严重依赖能源的国家,煤炭无论是在一次能源的生产或消费结构中均占到75%,自20世纪八九十年代以来,国家在煤炭开发方面实行"强化东部,战略西移"的战略决策,从而确立了以山西为中心的全国能源基地的战略地位,山西成为新时期以来向全国发达省份、经济快速发展地区实施"西煤东运,北煤南调"最便捷的煤炭产地,也成为重点建设的能源重化工基地。这些成就来源于国家的政策支持,也源于其煤炭资源极其丰富。全省面积15.7万平方千米,含煤面积5.7万平方千米,

97

地下近 40% 的面积有煤层分布，素以"煤炭之乡"著称。全省有 94 个县地下有煤，91 个县有煤矿，主要分布在大同、宁武、河东、西山、沁水、霍西六大煤田和浑源、繁峙、五台、垣曲、芮城、平陆等地。山西年产原煤占全国的四分之一以上，外调全国26 个省、市、区，外调量占全国省际煤炭外调总量的 80%，供应煤炭出口 20 多个国家和地区，出口量占全国的 70%，成为山西的主要创汇商品。经过几十年的建设，山西已形成了一大批从事煤炭科研、勘察设计、生产、管理营销队伍，其地理位置适中，同时也是全国最大的电力基地之一，发展煤炭工业有可靠的动力保障。

山西成煤时期主要在古生代，主要含煤地层为石炭、二迭系和侏罗系，部分为第三系。据中国煤炭分类国家标准，山西拥有 14 个牌号的煤种，以烟煤和无烟煤为主，其中焦煤、肥煤、气煤、瘦煤占58%，无烟煤占 25%。目前开发的煤炭平均埋深在 300~500m，地质构造大部分地区较为简单，开采条件好。煤质优良，大部分为低硫、低灰、高发热量，再加上其地理位置适中，交通方便。因而开发山西煤田投资少，见效快，建设周期短。目前山西煤炭工业已形成一定规模，以煤炭开发为主，围绕煤炭及其共伴生资源的综合加工利用发展多种经营，兴办第三产业，煤炭经济的发展已成为山西的龙头产业，山西经济的支柱行业。如果把与煤炭相关联的各项政策性专项基金收入一并计算，煤炭工业收入占到全省可用财力的50% 以上，不仅支援了外省建设，而且带动了兴晋富民的步伐。

第二节 山西省煤炭企业整合重组概况

一、山西省煤炭企业整合重组的背景及原因

(一)山西省煤炭企业整合重组的背景

煤炭是我国的主要能源，煤炭在我国一次能源生产和消费构成中，基本上都是保持在70%左右的比重。而且无论在过去、现在或是未来煤炭都将是我国的主体能源，这个地位将不会动摇。山西作为中国的煤炭大省，是中国的"锅炉房"，其煤炭产量占全国煤炭总产量1/4。中国70%左右外运煤、50%的全球煤炭交易发生额来自山西，山西焦炭市场交易量占据到全国2/3以上，是国民经济发展所需能源的主要提供地。但是由于长期的无序发展，尤其是在20世纪八九十年代，大小煤矿在山西肆意发展，直接导致了山西煤矿规模小、布局散、开采秩序乱、安全事故频发的现象，并同时引发山西生态环境严重破坏、资源浪费等深远的不良后果。"因煤而兴"的山西面临着前所未有的危机。

1.经济发展快，战略地位提高

从我国的能源结构和经济发展状况来看，煤炭产业在我国能源中消费中占70%，由于经济的快速发展，煤炭产业将呈现出高位发展态势。在未来几十年内煤炭依旧是我国的主要能源，因此国家越来越重视煤炭资源。近几年来，国家有关部门对煤炭有一系列的政策支持，国家越来越重视煤炭问题，煤炭工业在经济中的地位也得到了国家和社会的认可，显现出其无法代替的战略地位。

2.人力资源问题制约行业后续发展

山西煤炭企业在国家宏观经济形势的驱动下快速发展，要想

维持该局面,除了煤炭资源和宏观政策支撑外,人力资源问题必须从根源上重视,才能使资源发挥应有的作用。纵观整合重组时的情况,专业相近的很多高校高学历毕业生由于发展前景不乐观、收入待遇低等原因不愿意进入煤炭企业,加上很多原煤炭行业的高校整合或者专业发生变化,所以煤炭相关专业毕业生的数量大量减少。此外,很多管理人员和技术人员源于不满企业的用人机制、抱怨工资待遇等人才外流,如果不及时扭转这种局面,今后越来越严重的现象将会使人力资源与煤炭资源不能匹配,影响山西经济的可持续发展。

3.煤矿安全问题引起社会高度关注

现代化的企业是多种元素组成的,在经济方面追求利润最大化,在法律方面要承担相应的社会责任,但社会责任的基础必须有安全生产作为保证。山西省部分煤炭企业在快速发展的同时忽略了它的社会责任,对矿工的安全不够重视,缺乏长期的规划和打算,盲目追求利润。众多的教训告诉我们,安全生产是第一重要的。为此,国家曾派出若干煤矿安全调查小组,进行调查并提出一系列整改意见,国务院召开办公会专门做出加强煤矿安全管理的"特别规定",这是党中央、国务院坚持以人为本科学发展观的具体体现。只有大家齐心协力,才能真正贯彻落实中央以人为本的精神。

4.急需构建煤炭循环经济体系

经过几十年的发展,山西煤炭企业在注重利润的同时,不免出现了污染生态环境、严重浪费的现象。国务院在"关于推进煤炭工业健康发展的若干意见"中,明确提出了"加强综合利用与环境治理,构建煤炭循环经济体系"的要求。这些充分体现了国家对山西开展循环经济建设的要求,今后,这样的要求会越来越高,相应的处罚也会越来越严厉。贯彻这些要求的目标是在发展经济的同时不破坏环境,以最小的环境消耗实现最大的经济发展,注重资源的减量、再用、循环。如何贯彻执行这个新的战略,是山西经济发展的关键,是并购的背景之一。

(二)山西省煤炭企业整合重组的原因

1.解决煤炭企业中存在的历史问题

自20世纪80年代以来,伴随着改革开放的步伐,煤炭需求量激增,国家开始允许私人从事煤炭开采,加上债转股、煤价放开等体制改革,已解决资源短缺问题,煤炭市场坚挺直上,煤炭企业大多走出了低谷,行业经营开始全面复兴。但面对国际竞争,以及国家能源结构的调整,仍然存在许多关键问题有待解决。

(1)产品质量有待提高。山西大型煤炭产量占总产量的比重低,加上技术手段不太先进,安全生产不能保障,面对国际竞争,整体质量提升的空间很大,缺乏国际竞争力。

(2)煤炭资源浪费、污染严重。山西省煤炭工业在最大限度地获取经济价值的同时,严重破坏了生态环境,其特征是过度开采、过度消耗、利用率低、污染严重,走的是先污染、后治理的道路,在为国家经济发展做出贡献的同时,使山西的资源、环境付出了巨大的代价,主要体现在生态环境严重破坏、人的生命安全受到威胁、煤资源开采率较低、伴生资源利用率低。

(3)山西煤炭企业包伏沉重。由于许多历史原因,山西省许多煤炭企业地理位置不在城区,国有煤炭企业不良资产多,难以变现,所以导致企业的改革成本高,再加上国家对其投入资金不足造成了国有煤炭企业的负债经营,本息负担沉重,难以在短时间内偿还,财务风险高;这些包伏造成了煤炭企业的持续发展能力不足。

(4)煤炭产品附加值较低。很多山西国有重点煤炭企业发展了非煤业务,但是煤炭利润占到总利润的绝大多数,这些非煤业务利润率不太乐观,煤炭企业产品结构单一。

(5)其他行业的垄断。主要源于煤炭大部分是通过铁路运输,这个垄断行业一定程度上提高了终端客户价格,压低了煤矿出厂价。此外,还受到电力行业的种种影响,导致利润降低。

2.培育大型煤炭企业集团

随着经济全球化的不断深入,众多境外跨国企业的涌入带来了严峻的考验,在一个区域中如果没有大型企业集团,将带来很多的问题,如管理混乱、矿权分散、无序开采、资源浪费等问题。如果山西的煤炭企业进行重组,那么可以形成一个比较规模的大型煤炭企业,从而发挥并购后企业的规模优势,提高边际效益。这有利于环境的保护和生产的安全。有利于引进先进的设备和生产工艺,促进煤炭企业的可持续发展。

3.全球性金融危机的影响

从 2008 年开始,金融危机席卷全球,我国先后出台了"4 万亿投资"、"十大产业调整和振兴规划"等政策来驱使国内经济好转。其中鼓励大型企业在行业中并购重组是"十大产业调整和振兴规划"中体现出的重点政策导向之一。在政策的导向下,山西省也提出了"八大产业振兴规划",目的在于通过加快小煤矿的整合淘汰,以减少过剩产能,帮助行业复苏,这同时也为山西省煤炭资源整合提供了机会。

4.促进山西经济发展

煤炭企业作为基础性能源企业,为山西经济的发展发挥了非常重要的作用。但是,在行业结构分散的情况下,出现了资源浪费、污染严重、安全危机等问题,只有规模化的大型企业集团才能承担起解决这些问题的重任,从而保证产品的质量、数量、供给、价格能力,进而实现规模经济,提高经济效益。

二、山西省煤炭企业整合重组的历程及问题

(一)山西省煤炭企业整合重组的历程

山西煤炭资源整合始于 2003 年,之后在 2004 年到 2006 年相继关停较小规模的煤矿,2007 年出台相应的政策鼓励煤企重组合并。但是真正大规模有力的整改始于 2008 年 9 月,当时,山西省为从根本上解决煤矿企业"多、小、散、乱、差"的格局及安全基础薄弱的现状,提升煤炭产业集中度和产业水平,提高安全生产水平,山西省政府和山西省煤炭工业厅等先后颁布了《山西省人民政府关于加快推进煤矿企业兼并重组的实施意见》《关于加快兼并重组整合煤矿改造建设工作的安排意见》《关于进一步加快推进煤矿企业兼并重组整合有关问题的通知》,出台了《关于煤矿企业兼并重组整合所涉及资源采矿权价款处置办法的通知》等一系列相关配套规定,吹响了煤炭资源和企业兼并重组攻坚战的号角。2009、2010 年两年中,山西省大力推进煤炭资源整合工作。经整合后,山西省煤矿矿井数由 2005 年的 4278 处减少到 1053 处,压减比例 75%;矿井平均规模由 2005 年的 16.8 万吨 / 年提高到 120 万吨 / 年,提升了 7 倍;煤矿资源回收率由平均 15% 提高到 80% 以上;30 万吨 / 年以下的矿井全部淘汰,办矿企业由 2200 多个减少到 130 个左右;全省形成 4 个亿吨级、3 个 5000 万吨级的大型煤炭企业集团;煤矿企业名称预核准全部完成;采矿许可证变更率达 96.83%;全省重组整合煤矿企业正式协议签订率为 98.27%;主体到位接管率为 96.24%;资金补偿到位率按进度为 101%,按总额为 76%。至此,历时多年的煤炭资源整合和煤炭企业兼并重组宣告结束。通过以上重组整合,山西省煤矿"多、小、散、乱、差"的产业格局正在发生根本性转变。煤矿安全保障能力明显增强,安全生产形势

明显好转。全省煤矿累计发生事故率、死亡人数、煤炭生产百万吨死亡率均有所下降。与此同时,煤炭产业集中度明显提高,产业结构得到优化,煤炭工业的规模化、机械化、现代化水平明显提高,对山西省经济结构调整、转型跨越发展起到了主导带动作用、示范带头作用和基础支撑作用。

总之,山西省煤炭企业并购重组的成功可以说是国家政策支持和企业自身努力的成果。通过并购重组后的集团化经营,有利于提高企业的市场竞争力,有利于保护重要煤炭资源,有利于在国内外竞争中发挥资金、人才、资源等各方优势,提高了开采水平,减少了安全隐患,为发展山西循环经济提供保障,最终实现煤炭经济的高效率发展及可持续发展。

(二)山西省煤炭企业整合重组后带来的问题

1.煤炭资源整合过程较快,全方位、高速度的改革产生新的矛盾。例如,整合标准中对产量的要求每年都有一定幅度的提升,致使煤炭企业为了迎合标准不断地改进,导致人力物力资源的浪费。以及县乡级小煤矿产权状况不清晰,政府的行政手段在一定程度上造成了政府与民营矿主之间的利益冲突,引发了一系列矛盾。

2.煤矿价格评估和对煤矿主的赔偿较低损伤了投资者情绪和利益。在整合过程中,出现了个别煤矿主要求补偿数亿元,政府却估价几千万的现象,投资者信心散失。另外,曾有数家私营企业合并起来达到规模较大的企业来规避国企的收购,但是这种做法被政府否认,结果导致矿主被罚款甚至没收煤矿等资产,这也进一步打击了投资者信心。

3.从煤炭行业中推出的数额庞大的民间资本的转移问题。煤炭资源整合促使大量民间资本从中退出,据非官方统计约有近万亿民资退出,而煤老板的去向不一。很多的人不愿意放弃煤炭旧业,奔赴新疆、内蒙古等地寻找新的资源,另外一部分流向房地产或金融投资领域。但是对山西而言这种情况是十分不合情理的,因为山西致力于产业转型正在积极地招商引资的同时,省内的资金却大量外流。

第三节　山西省重点煤炭企业及其加强内部控制的必要性

一、山西省十大重点煤炭企业概况

（一）大同煤业股份有限公司

大同煤业股份有限公司(以下简称大同煤业),是经山西省人民政府以晋政函(2001)194号文批准,由大同煤矿集团有限公司控股,中国中煤能源集团公司、秦皇岛港务集团公司、中国华能集团公司、上海宝钢国际经济贸易公司、大同同铁实业发展集团有限责任公司、煤炭科学研究总院、大同市地方煤炭集团公司等7家参股,发起设立的一个集煤炭生产、洗选、加工和销售一体化的股份有限公司。公司于2001年7月25日取得了由山西省工商行政管理局核发的企业法人营业执照。2006年6月1日经证监发行字(2006)1号文件《关于核准大同煤业股份有限公司公开发行股票的通知》核准,公司公开发行人民币普通股股票28000万股,每股面值1元,每股发行价格6.76元,公司股票经上海证券交易所以上证上字(2006)462号文核准于2006年6月23日在上海交易所上市交易,是沪市全流通上市的第一股,股票简称大同煤业,股票代码601001。

公司位于大同市西南约12公司,地理位置优越,交通便利。京包、同蒲两大铁路干线交汇于此,年运量 4.5 亿吨的大秦铁路直达全国最大的现代化煤码头秦皇岛港,为公司煤炭产品外销提供了十分便利的运输条件。

公司作为优质动力煤炭生产企业,可采煤层为低灰、特低硫、挥发分适中、高发热量煤种,已形成"大友"、"大沫"、"口泉"、"大有"、"塔末"等知名品牌,产品畅销全国电力、冶金等多个行业,并远销海外多个国家,现已形成拥有三个直属矿(分别是煤峪口矿、忻州窑矿、燕子山矿)、两个控股子公司(同煤大唐塔山煤矿有限公司、同煤鄂尔多斯矿业投资有限公司)、三个全资子公司(大同煤业金宇高岭土化工有限公司、大同煤业金鼎活性炭有限公司、大同煤业国际贸易有限责任公司)、两个二级控股子公司(大同煤矿同塔建材有限责任公司、同煤秦发(珠海)控股有限公司)、两个参股公司(大同煤矿集团财务公司、准朔铁路有限责任公司)、一个分公司(塔山铁路分公司)的大型煤炭企业。

公司先后荣获"2007 年度中国主板上市公司价值百强"、"2008 年度中国上市公司价值百强"、"2008 年度上市公司100 强绩优公司榜前 10 强"、"第十届中国上市公司百强高峰论坛"中国上市公司百强奖、第七届"大众证券杯"中国上市公司竞争力公信力调查最佳股东回报奖、山西省资本市场投资者回报优秀单位、山西省资本市场投资者关系管理优秀单位、山西省资本市场社会责任优秀单位等多项荣誉。

公司总体发展目标是:围绕"两新"战略愿景,抓住煤炭行业发展机遇,利用自身资源、品牌、技术、人才、管理等方面的优势,依托或借助同煤集团强大资源平台及其在我国能源开发战略中的特殊地位,加速推进资源储备、产业整合、规模化经营及产业深化战略,致力于巩固并不断加强在煤炭采选领域的竞争优势和整体实力,力争将公司建设成为国内一流的煤炭采选及深加工企业和具有国际竞争优势的大型现代化煤炭企业。

（二）阳泉煤业（集团）股份有限公司

阳泉煤业（集团）股份有限公司（以下简称阳泉煤业），原名"山西国阳新能股份有限公司"，成立于 1999 年 12 月 30 日，是由阳泉煤业（集团）有限责任公司作为主发起人，联合其他四家企业共同发起设立的股份有限公司。2011 年 7 月 5 日，经山西省工商行政管理局核准，正式更名为阳泉煤业（集团）股份有限公司。山西国阳新能股份有限公司是经山西省人民政府晋政函（1999）163 号文批准，以阳泉煤业（集团）有限责任公司为主发起人，联合阳泉煤业（集团）实业开发总公司（现更名为阳泉市新派新型建材总公司）、山西宏厦建筑工程有限公司、安庆大酒店有限责任公司、阳泉煤业集团多种经营总公司共同发起设立的股份公司，于 1999 年 12 月 30 日在山西省工商局登记注册。公司总股本 33 100 万元，2003 年 7 月 23 日公司经中国证券监督管理委员会（以下简称中国证监会）以证监发行字（2003）84 号文批准，首次向社会公众发行人民币普通股 15000 万股，并于 2003 年 8 月 21 日在上海证券交易所上市（股票代码为 600348）。

公司的经营范围是：煤炭生产、洗选加工、销售；电力生产、销售；热力生产、销售；道路普通货物运输和通勤运输；设备租赁；经销汽车及施工机械配件及材料；汽车修理；煤层气开发利用、管道燃气（仅限分支机构）。

公司对传统的"从严、务实、进取、奉献、求知、创新、严谨、忠诚"的企业文化，进行整合提升，确立了"诚信创新"的企业精神，"驰骋大市场，运营大资本，成就大事业"的企业目标，"路在脚下，事在人为"的企业经营理念，以此为精髓，形成公司员工奉行的价值观:"利润是客户给企业的报酬,美誉是社会给企业的奖赏,竞争是同行共存共荣的激励,岗位是实现自我价值的舞台"。

公司管理基础扎实,科学严谨。先后获得首届"中国煤炭工业优秀企业奖"、"煤炭工业优秀奖——金石奖"等荣誉。所属两个矿连续多年被评为全国"高产高效矿井"和"特级质量标准化、现代化矿井"。一矿被山西省委、省政府记"集体特等功",荣获全国"五一劳动奖状"。瓦斯治理技术达到国际先进、国内领先水平,技术研究曾获国家三等奖和原煤炭部特等奖。连续 24 年杜绝了瓦斯、煤尘事故,被树为全国瓦斯治理的一面旗帜。公司一贯注重内练硬功,外塑形象,驰骋市场,追求卓越。2004—2005 年国阳新能分别入选上证 180 指数和沪深 300 指数样本股。2005—2007 年连续三年获得"中国 A 股公司最佳投资者关系管理百强"称号。公司荣获 2007年度中国质量协会授予的"全国实施卓越绩效模式先进企业"2007—2009 年度连续多年被评为"全国用户满意企业"称号和"重合同守信用企业"、"AAA 级信用度企业"称号。

(三)山西兰花科技创业股份有限公司

山西兰花科技创业股份有限公司(以下简称兰花科创)成立于1998 年 12 月,公司股票 1998 年 12 月 17 日在上交所上市,股票名称兰花科创,证券代码 600123。兰花科创现注册资本 114 240 万元,其中国有股占 45.11%,社会公众股占 54.89%。兰花科创现有煤炭生产矿井 4 座,年核定总产能 660 万吨,参股华润大宁矿年产能 400 万吨;新建 240 万吨/年玉溪煤矿和总产能 720 万吨/年 8座收购与资源整合矿在建,未来两至三年内陆续建成投产,煤炭总产能将超过 2000 万吨/年。现有化肥生产企业 4 家,年总产能合成氨 62 万吨、尿素 120 万吨,化肥分公司"18 万吨合成氨 30 万吨尿素"装置实施搬迁易地重建;现有化工企业 3 家,两套甲醇转化二甲醚装置,年总产能甲醇40万吨、二甲醚20万吨,年产20万吨己内酰胺项目一期工程在建。

兰花科创地处全国最大无烟煤产区沁水煤田腹地。在晋城、临汾、朔州三地拥有煤炭资源面积177.8平方公里,煤炭保有储量16.9亿吨,其中无烟煤13.77亿吨、动力煤2.49亿吨、焦煤0.64亿吨。"兰花"牌煤炭为山西省标志性名牌产品,备受国内外化工、电力、冶金、建材等行业用户青睐,"兰花"牌尿素畅销国内十几个省市并出口北美、东南亚等多个国家。

兰花科创是中国上市公司500强企业,股票先后入选上证50指数、上证180指数、沪深300指数样本股。2013年,荣获"中国制造业企业500强"、"中国500强利润率最高40强企业"、"第一批国家级知识产权优势企业"、"中国上市公司内控百强企业"、"煤炭行业中联十强"、"山西省功勋企业"、"山西省第一批创新型企业"等荣誉称号。展望未来,兰花科创将继续发挥资源、机制、管理和市场运作优势,大力实施"强煤、调肥、上化、发展新能源新材料"发展战略,为股东创造财富,为员工创造价值,以业绩回报股东。

(四)山西潞安环保能源开发股份有限公司

山西潞安环保能源开发股份有限公司(以下简称潞安环能)成立于2001年7月19日,系经山西省人民政府以晋政函(2001)202号文件批准,山西潞安矿业(集团)有限责任公司作为主发起人,联合郑州铁路局、日照港(集团)有限公司、上海宝钢国际经济贸易有限公司、天脊煤化工集团有限公司和山西潞安工程有限公司五家单位共同发起设立的股份有限公司。公司注册地址为山西省长治市高新技术产业开发区城北街2号,注册资本为230 108.4万元人民币,法人代表为李晋平先生。公司位于山西省东南部上党盆地北缘,所辖煤田属沁水煤田东部边缘中段,总面积约为1334平方公里,地质总储量 98.15 亿吨,可采储量 56.65 亿吨。矿区地理位置优越,交通便利。公司开采煤层的主要煤种为瘦煤、贫瘦煤、贫煤。

山西潞安环保能源开发股份有限公司于 2006 年 9 月 22 日在上海证券交易所正式挂牌上市,证券代码 601699,共发行新股 1.8 亿股,每股发行价 11 元,融资额度 19.8 亿元,广发证券股份有限公司为公司所发行股票的保荐人和主承销商。当时为全国煤炭行业和山西省 A 股上市公司中首发价位最高,融资额度最大的一只股票。在资本市场上树立了煤炭企业高价值、高成长的良好形象,成为山西板块和煤炭类 A 股上市公司的第一绩优股。2009 年度、2010 年度、2011 年度、2012 年度、2013 年度的每股收益分别是 1.83 元,2.99 元,1.67 元,1.12 元,0.66 元。

公司主营业务包括原煤开采、煤炭洗选、煤焦冶炼,洁净煤技术的开发与利用,煤层气开发,煤炭的综合利用,地质勘探等。现有五阳煤矿、漳村煤矿、王庄煤矿、常村煤矿四对生产矿井,五座洗煤厂和余吾煤业有限责任公司、潞宁煤业有限责任公司、五阳弘峰有限责任公司、潞安天脊化工有限公司、潞安鸿州物资贸易开发有限公司、潞安温庄煤业有限责任公司、元丰矿产有限公司、潞安潞欣投资咨询有限公司、襄五煤炭经销有限公司、上庄煤业公司、东能煤业公司、黑龙强肥煤业公司、伊田肥煤业公司、常兴煤业公司、黑龙关煤业公司、新良友煤业公司、隰东煤业公司、后堡煤业公司、开拓煤业公司等 19 个控股子公司,参股潞安环能煤焦化工有限责任公司、山西潞安集团财务有限公司、山西天脊潞安化工有限公司,资产总额 293 亿元。

公司所属各矿均为行业特级高产高效矿井,综合机械化程度达到 100%,原煤核定生产能力为 1860 万吨。煤炭产品属特低硫、低磷、低灰、高发热量的优质动力煤和炼焦配煤,主要有混煤、洗精煤、喷吹煤、洗混块等 4 大类煤炭产品以及焦炭产品,主要应用于发电、动力、炼焦、钢铁行业。2013 年生产煤炭突破 3700 万吨,营业总收入 192.00 亿元,归属于上市公司股东净利润 15.29 亿元,每股收益达到 0.66 元。

展望未来,煤炭行业面临外部经济环境、行业下滑局势和成本价格压力等困难还很大,所以公司"挑战与机遇并存,困难与希望同在"。

(五)山西焦化集团有限公司

山西焦化集团有限公司(以下简称山西焦化)是一家集煤炭洗选、炼焦生产、煤焦油及粗苯加工、化肥、甲醇、精细化工、电子科技、化工设计、建筑安装、物流贸易、对外参股等为一体的煤炭综合利用企业,是全国首批 82 家循环经济试点企业和首批"两型"(资源节约型、环境友好型)示范企业之一,是山西焦煤集团的子公司和煤焦化一体化发展的示范基地。

公司筹建于 1969 年,现有职工 8600 余人,占地面积325 公顷,总资产 86 亿元,主要生产装置 38 套,年产焦炭 360 万吨、尿素13 万吨、硫酸铵 2.5 万吨、甲醇 20 万吨、炭黑 8 万吨,加工煤焦油30 万吨 / 年,加工粗苯 10 万吨 / 年,生产 51 种产品。公司下设 7个子公司,其中山西焦化股份有限公司于 1996 年 8 月在上海证券交易所上市,是全国焦化行业第一家上市公司。

多年来,山西焦化认真贯彻落实科学发展观,坚持"以人为本、安全发展、和谐发展、转型跨越"的工作思路,持续强化基础管理,超前谋划抢抓机遇,优化资源配置、发挥装置效率、发展循环经济、促进产业转型,先后获得"全国'五一'劳动奖状"、"全国环境保护先进企业"、"全国煤炭综合利用与多种经营先进企业"、"中国AAA 级重质量守信誉企业"、"全国思想政治工作优秀企业"、"全国模范职工之家"和"山西省最佳企业"等荣誉称号。

近年来,山西焦化抓住山西省"以煤为基,以煤兴产,以煤兴业,多元发展"的战略机遇,以加快转变经济发展方式为主线,以经济效益为中心,以科技创新和重点项目为支撑,依托母公司山西焦煤集团的优势和平台,以"煤、焦、化"为重点,围绕"煤炭、焦炭、化工、物流贸易、新产业、投融资"六大板块,努力建设资源节约型、环境友好型企业,实现煤化工产业的转型和升级,将山西焦化打造成山西焦煤"煤—焦—化"产业链示范基地、山西省现代煤化工企业、中国新型煤焦化循环经济一体化园区。

目前公司已形成以煤、焦、化为主体,集物流贸易、投融资、电子科技、工程设计、对外服务等为一体的新型煤化工基地。煤炭生产及洗选能力达到 2800 万吨 / 年,年产焦炭 1500 万吨、甲醇180 万吨、聚乙烯 30 万吨、聚丙烯 30 万吨、炭黑 8 万吨、煤系针状焦10 万吨、年加工煤焦油 60 万吨、粗苯 15 万吨、工业萘 10 万吨、洗油 8 万吨、蒽油 30 万吨。预计到 2015 年公司资产规模达到 700 亿元以上,销售收入达到 508 亿元以上,利润 41 亿元。

(六)山西安泰集团股份有限公司

山西安泰集团股份有限公司(以下简称公司)是经山西省经济体制改革委员会晋经改(1993)140 号文批准,以发起方式设立的,并于 1993 年 7 月 29 日在山西省工商行政管理局登记注册。经中国证券监督管理委员会证监发行字(2003)5 号文核准,公司在2003年 1 月 20 日向境内投资者发行 A 股股票 7000 万股,于2003 年 2月 12 日在上海证券交易所上市交易(证券代码为600408)。经过派送红股、资本公积金转股以及非公开发行等方式的股本扩张,目前,公司股本总额为 100 680 万股。

自创业以来,公司对内秉承"爱我安泰,以诚相待"的人本管理原则,全面规范企业管理;对外奉行"诚信为本,互惠互利,广交朋友,共同发展"的经营宗旨,积极开拓公司经营。经过十几年的发展,外托山西的资源优势,内靠严格的科学管理,逐步发展成为集科工贸、产供销于一体,跨洗煤、焦化、冶炼、建材、发电、国际贸易等多种行业的国家级乡镇企业集团。主要从事煤炭洗选、焦炭、生铁及其制品、电力的生产销售。

山西安泰集团股份有限公司是山西省委省政府高度关注、重点发展的大集团企业第一方阵中的唯一民营上市集团企业。自成立以来,安泰集团先后获得全国最佳效益乡镇企业、中国行业(焦化)最大经营规模乡镇企业第一名、"九五"期间全国出口创汇二十强乡镇企业、全国出口创汇先进单位、山西省高新技术企业、全国文明乡镇企业、全国民办科技突出单位、山西省科技示范企业、全国诚信纳税先进企业等荣誉称号。2006年,经国家环境保护总局复函同意,以公司为主体建设的安泰生态工业园区将规划建设成为我国第一个炼焦行业国家级生态工业示范园区。在山西省推动焦化产业结构调整实施蓝天碧水工程中,公司被山西省经济委员会和省焦炭行业协会共同评选为"首届山西省焦化行业'十佳'企业"与"首届山西省焦化行业'五十强'企业"。2007年,经国家发展和改革委员会、国家环保总局、科学技术部、财政部、商务部和国家统计局联合以发改环资(2007)3420号文核准,公司被列入第二批国家循环经济试点单位。

公司将坚持以富民强国为理想,以焦化行业为核心,做强做大主业的同时积极向精细化工领域发展,进一步完善和延伸循环经济产业链;在清洁生产、综合利用的基础上,注重可持续发展,成为行业内循环经济的典范。

安泰集团的奋斗历程创造了安泰文化,安泰文化浓缩了安泰的光荣历史。安泰集团坚持"和政府同心、跟乡亲一心、对职工关心"的办企宗旨。形成了"同心协力、开拓奋进、多创财富、为国争荣"的企业精神。安泰集团秉承"广交朋友、互惠互利、信誉至上"的经营理念,坚持"人本管理、爱我安泰、以诚相待"的管理思想,实现了科技与人文、企业与社会、员工与企业的价值融合。安泰文化与时俱进,在创新中发展、传播。

（七）永泰能源股份有限公司

永泰能源股份有限公司（以下简称永泰能源）是一家在上海证券交易所上市的能源类企业,股票简称:永泰能源,股票代码:600157,英文简称:WTECL。公司的前身为泰安鲁润股份有限公司,成立于1992年7月30日,于1998年5月13日在上海证券交易所上市。2010年10月22日,经工商行政管理部门核准,公司名称由原"泰安鲁润股份有限公司"变更为"永泰能源股份有限公司"。2010年12月29日公司由山东省泰安市迁址至山西省灵石县,公司住所变更为:山西省灵石县翠峰镇新建街南110号。公司注册号:140000110109740。公司总部办公地址:山西省太原市小店区亲贤北街9号双喜广场26-27F。公司注册资本:3 535 119 060元。法定代表人:徐培忠。公司经营范围为:煤矿及其他矿山投资,电厂投资,洗选精煤,新能源开发与投资,自有资金投资管理,技术开发与转让,货物及技术进出口业务,房屋出租,煤炭、煤制品、煤矸石的销售,煤矿机械设备、电气设备、工矿配件制造、修理、销售、租赁、安装及技术咨询服务,矿山支护产品生产、销售。

公司控股股东为永泰控股集团有限公司,是一家综合型的企业集团公司,现持有公司股份1 445 309 348股,占公司总股份的40.88%。永泰控股集团有限公司成立于2002年4月15日。现注册资本:154 000万元。公司住所:北京市西城区宣武门西大街127

号、太平湖东里 14 号。经营范围:项目投资。目前主要产业有能源、地产、药业和金融等板块。业务范围遍及北京、山西、山东、江苏、陕蒙、新疆等地。2013 年末,永泰控股集团总资产 563 亿元,净资产 117 亿元,2013 年实现营业收入 114 亿元。

近年来,公司紧紧抓住山西省煤炭资源整合这一重大历史机遇,充分利用资本市场的融资功能和放大效力,成功实现了公司的战略转型和煤炭主业的快速发展。目前,公司所属煤矿总产能规模已达 1695 万吨 / 年,资源储量已达 22.03 亿吨。2013 年,公司原煤产量首次突破千万吨级,实现销售收入 98.43 亿元,公司总资产 476.15 亿元,归属母公司的净资产 98.31 亿元,产能规模和资源储量已跨入山西煤炭骨干企业行列。

为了积极应对煤炭市场的变化,公司重新制定了企业发展战略,将产业结构由原有单一的煤炭产业为主,逐步向"煤电一体化、能源物流仓储、新能源"并举之多元化产业转型,以提升公司市场竞争力和抗风险力,实现公司的可持续性发展。在做好经营与发展的同时,公司严格按照国家法律法规和证券监管部门对上市公司的要求,不断完善公司法人治理结构、提升公司规范运作水平。公司本着"以发展促规范,以规范保发展"的原则,认真建章立制,依法科学决策,不断加强内控体系建设,提升公司治理水平,促进公司持续健康发展。同时,公司认真履行社会责任和各项承诺,积极回报股东,大力支持地方经济建设,努力为地方经济发展和社会稳定做出贡献。公司的发展,得到了资本市场和社会各界的广泛认可,并先后获得了"山西省资本市场先进单位"、"山西省社会责任先进单位"等荣誉称号。展望未来,公司将充分利用国家鼓励煤炭资源重组整合、煤电联动发展以及页岩气新能源开发的战略机遇和优惠政策,加快实施公司战略转型。

（八）山煤国际能源集团股份有限公司

山煤国际能源集团股份有限公司（以下简称山煤国际）由山西煤炭进出口集团有限公司（"山煤集团"）独家发起，于 2009 年 12 月 16 日在山西太原注册成立。2009 年 12 月 25 日，山煤集团以借壳方式在国内同行业率先实现了煤炭主营业务的整体上市，成为山西省第 28 家 A 股上市公司、第 10 家煤焦能源类上市公司。

山煤国际能源集团股份有限公司同时拥有国内和山西省内煤炭销售的合法资质，并在山西省内拥有铁路运输单列计划。集团现拥有全资及控股子公司 38 家，煤矿 14 座（保有资源储量约 18.31 亿吨），年生产能力约 2040 万吨。开通煤炭发运站 80 个，年发运能力逾亿吨，在秦皇岛、京唐港等六个主要港口设立了公司，年港口中转量逾 4000 万吨。并且已在华东、华中、华南地区建立三个配煤中心，形成了覆盖煤炭主产区、遍布重要运输线、占据主要出海口的独立完善的煤炭内外贸运销体系。

集团在国内除了和五大电厂以及大型钢厂有多年的合作外，与世界 20 多个国家（地区）的煤炭用户及众多国内用户建立了长期稳定的贸易合作关系。多元化的销售方式和广阔的销售对象为公司未来的发展奠定了良好的基础。

今后山煤国际将按照山煤集团既定的战略定位和方针，认真贯彻"强基固本、开疆拓土"战略思想，依靠山煤集团多年来形成的煤炭贸易网络和铁路运输优势，以及丰富的市场营销经验和稳定的客户关系，创新经营理念，提升资源储备规模，大力开拓市场，增强山煤国际的整体竞争力和影响力。

为确保战略目标的实现，山煤国际将不辱使命，以崭新的形象、强大的竞争实力展现于国内外市场，为将山煤集团打造成为"省内一流、国内知名、跨国经营的特大型优秀煤炭企业集团"做出突出的贡献。

(九)山西西山煤电股份有限公司

山西西山煤电股份有限公司(以下简称西山煤电)作为中国焦煤资源第一股,经山西省人民政府晋政函(1999)第 12 号文批准,由西山煤电(集团)有限责任公司、太原西山劳动服务公司、山西庆恒建筑(集团)有限公司、太原杰森木业有限公司、太原佳美彩印包装有限公司等五家股东共同发起,于 1999 年 4 月 26 日注册成立。2000 年 7 月 26 日,西山煤电股票在深圳交易所挂牌交易,股票简称西山煤电,证券代码:000983,融资 18.69 亿元,创当时山西省上市公司首次融资之最。近年来曾获得"2006 年中国十佳最具投资价值公司"、"2006 年中国十佳最重分红回报公司"、"2006 年综合、市值、主营百强企业"、"2007 年蓝筹公司高成长金鼎奖"、"2008 年大众证券杯金奖"、"2008 年金牛奖"、"2008 年证券时报价值百强"、"2009 年最佳董事会"、"2010 年 CBT100 第 67 名"、"2010 最佳诚信经营"、"2010 最佳董事会"、"2011 年中国能源煤炭行业最具影响力上市"、"2011 中国上市公司最受尊敬 10 大功"、"2011 最佳持续投资价值上市公司"、"全国煤炭工业优秀企业"等荣誉称号。

西山煤电股份公司总部位于山西省太原市西矿街 318 号西山大厦,地理位置优越,交通便利,距太原市中心 11.5 公里。矿区内公路主干道与太旧、大运高速路相连,各矿铁路专用线与石太、京原等大动脉相接。煤炭资源品种齐全,煤质优良,其中焦煤、肥煤为世界稀缺资源,具有粘结性强、结焦性高等多种优点。主要煤炭产品有焦精煤、肥精煤、瘦精煤、喷吹煤、电精煤、焦炭等,是冶金、电力、化工行业的首选原料,畅销全国 20 多个省、市、自治区,并出口到日本、韩国、德国、印度、巴西、西班牙等国家。

公司的经营目标是努力把公司建设成为主业突出、核心竞争力强、具有持续发展能力的现代化企业。加快对兴县矿区斜沟井田的改扩建,同时要加强对老厂进一步改造和新厂建设,优化产品结构,采用新技术装备,简化工艺,配合在线检测自控系统,实现选煤厂集控及信息化管理,提高原煤入洗率,全面提高精煤质量和产率。开发煤基产业链及其下游产品的深加工,促进煤炭主业、支柱产业、支持产业的循环经济,优势互补,良性循环,实现效益最大化,夯实公司可持续发展坚实的基础。

（十）太原煤气化（集团）有限责任公司

太原煤炭气化（集团）有限责任公司（以下简称"公司"）是1981年经国务院批准,由原煤炭部和山西省合营建设的国内首家煤炭综合利用大型联合企业。2000年,公司集中优质资产发起设立的太原煤气化股份有限公司（简称："煤气化",股票代码：000968）在深交所挂牌上市。

三十多年来,公司始终坚持初创时国务院赋予的"实现太原城市煤气化和建成煤炭综合利用示范性企业"两条办企宗旨,致力于发展煤炭综合利用和城市燃气事业,经过不懈努力,形成了年生产原煤1230万吨、煤炭洗选1240万吨、冶金焦炭500万吨、燃气输配20亿立方米、煤化工产品30万吨、发电1.8亿度、供热40万吨的综合生产能力,煤—焦—气—化—电产业链条初具规模。城市燃气事业得到长足发展,在太原、晋中、临汾建成运营高中低压燃气管网3800多公里,共有居民用户120余万户,工业、营业和福利用户4870多家,供气规模占"三市"供气总量的90%以上,省城太原城市气化率达到95%以上,位居全国大中城市前列。截至2013年底,公司总资产为201亿元,共有职工16000余人。

二、山西省煤炭企业加强内部控制的必要性

内部控制是为了保证企业经营目标的实现，在组织内建立的相互制约、相互协调的制度、程序和措施，以明确各岗位或部门的职责及权限。山西省煤炭企业在近年来快速发展的同时，也面临各种各样的风险，加上现行的内部控制存在或多或少的问题，加强山西省煤炭企业内部控制的管理，是目前经营管理的当务之急。

（一）山西省煤炭企业存在的风险

煤炭是山西省的主要能源，自然煤炭企业成为山西省经济发展的支柱产业。在现代企业制度下，行业高速发展，其面临的风险是来自各个方面的多种风险的组合：

1.宏观经济风险

在特殊的时期，国际金融危机的阴影、国家政策的调整会从宏观上影响山西省煤炭企业的发展。此外，房地产行业所出现的投资回落也给山西省煤炭企业的发展形成了一定的障碍。

2.煤炭市场风险

市场的波动是山西省煤炭企业面临的直接的风险之一，主要表现在：煤炭的生产成本逐渐提高；运输风险仍将存在；下游行业如火电、钢材、水泥、甲醇、合成氨、尿素等主要产品需求面临波动风险、煤炭销售价格不稳定。

3.资源风险

山西省作为产煤大省，只有充足的资源才能保证煤炭企业的正常发展。但是多年的开采等导致储量减少、采储比例较低、新增储量不足，最终导致山西省煤炭企业资源枯竭问题比较严重。

4.安全生产风险

煤炭行业由于其行业特点属于高危行业，山西省煤炭管理部

门非常重视安全问题,安全生产水平在逐年提高,但是,不容忽视的是,近年来也发生过很多安全生产事故,导致不小的经济损失,如同煤集团一煤矿发生的溃煤事故、山西洪洞煤矿发生的安全事故等。所以,安全生产意识要长抓不懈,要遵循"安全第一、预防为主、综合治理"的方针。

5.人力资源风险

从山西省煤炭企业目前的人才结构来看,普遍存在着人才结构不合理、高学历人才欠缺、技术人才流失等问题,这些人力资源问题会导致企业技术和管理人才稀缺,进一步影响企业的可持续发展。

6.战略风险

山西省煤炭企业可能对宏观经济、行业特点、竞争优势等定位不准确,导致一些决策与目标之间产生差异,尤其是在并购重组的过程中,被并购企业是否符合公司的发展战略在很大程度上影响到并购的结果,如果两个企业战略不一致,可能导致在并购后很难进行管理整合,从而增大并购成本,产生风险。

7.融资风险

财务风险主要是由于融资造成的,源于山西省煤炭企业能否及时从内部和外部足额地筹集到所需资金,以及是否有能力按期还本付息所带来的风险。

8.财务风险

源于山西省煤炭企业在生产经营过程中,由于内部或外部各种不确定因素的影响,使得煤炭企业财务状况、经营成果和现金流量具有不确定性,从而不能实现预期的收益所带来的损失。

9.技术风险

山西省煤炭企业机械化程度与发达国家相比还有一定的差

距,加上煤炭综合利用率较低,很多煤炭能源直接作为燃料使用,今后需要加大深加工力度,开发多种煤炭相关产品,提高附加值,这些都离不开技术的提升。

10.并购风险

山西省煤炭大规模重组并购始于 2008 年 9 月,在并购过程中,会产生相关的风险问题:整合政策风险、目标企业产权不清、信息不对称风险、目标价值风险、承担债务风险、劳动用工风险、土地房产风险、决策风险等,这些风险的存在可能使得并购达不到预期的效果。

随着市场经济制度的不断完善,相应的以上各种风险在山西省各煤炭企业中不同程度地存在着,虽然风险管理已被重视,但仍存在一些需要解决的问题。如对个别风险管理意识不强、缺乏全面系统的风险管理部门、欠缺统一有效的组织协调、风险管理专门人才短缺等现象,尚需今后进一步更加重视和完善。

(二)山西省煤炭企业内部控制的现状

内部控制是社会主义市场经济发展到一定阶段的产物,其产生与发展是伴随着现代企业制度而来的,我国财政部于1986年发布的《会计基础工作规范》中首先提出内部控制的内部会计控制,煤炭工业部也颁布了部分重视对内部控制建设的文件。自 20 世纪90 年代起,山西省煤炭企业开始重视对内部控制的实施。尤其是大型煤炭企业,在制度建设、经营管理等方面逐步建立起了较为系统和完善的现代企业制度,一定程度上促进了企业经营活动的有序进行,保护了企业资产的安全完整,防范了错误和舞弊的发生,实现了煤炭资源的有效利用。但是,由于内部控制本身的局限性、执行过程中受到各种因素的干扰、人员素质欠缺等问题,导致山西省煤炭企业内部控制有的仍处于薄弱环节,对照 COSO 内部控制

框架的体系内容,总结山西省煤炭企业内部控制的不足,有以下几点:

1.内部控制环境建设薄弱

内部控制环境指对建立、加强或削弱特定政策、程序及其效益产生影响的各种因素,具体包括企业董事会及管理人员品行、操守、价值观、品质与能力,管理人员的管理哲学与经营理念,企业文化等。内部控制环境在内部控制五要素中占基础性地位,是其他内部控制要素发挥作用的强有力载体和保证。山西省部分煤炭企业还没有真正实现所有权和经营权的分离,实质上的所有权缺位,经营权也得不到应有的管理和控制,由此导致控制环境不容乐观,会计信息舞弊现象存在,内部审计不被重视。

2.内部控制制度设计欠完善,执行不得力

虽然从整体上来看山西省大部分煤炭企业对建立健全内部控制比较重视,但仍存在内部控制制度设计不符合企业的实际情况、部分制度缺失、设计合理的制度执行得不够有效、有章不循、遇到问题更多得体现为灵活性,使得总体看来不够完善,导致部分企业的质量和安全出现问题,这些都源于内部控制制度流于形式。

3.内部控制监督体系薄弱

内部控制是一个有机的体系,它是通过一系列的制度组成的。要确保内部控制有效实施,必须有一个良好的监督体系。目前山西省煤炭企业很多已经建立了相应的制度,但是监督工作做得不到位,使得在执行过程中导致员工不重视,内部控制流于形式、职责不清、责任不明,成为管理的隐患。

4.风险评估意识不强,评估结果失真

风险评估是提高企业内部控制效率和效果的关键。从山西省煤炭企业的现状来看,大部分企业的管理人员缺乏风险管理的理念,缺少风险管理机制,遇到风险没有很好的应对措施,还有的企业有风险评估的程序,但是流于形式,导致评估结果失真,不切合实际情况。

5.信息失真现象严重

山西省煤炭企业中大型企业基本上建立了严格的核算体系,能够按照会计准则的要求如实进行会计核算,但也有的中小型企业会计工作秩序混乱、核算不实,会计制度不得到有效实施,特殊事项的核算方法不符合制度的规定,随意性强,企业内外部沟通信息不通畅,背离了内部控制的要求,甚至出现财务人员违规挪用货币资金、人为夸大收入降低成本费用、实物资产核算不实等现象,最终导致整体财务信息失真。

(三)山西省煤炭企业加强内部控制的必要性

煤炭是我国最主要的一次性能源,是我国的主要能源和重要的战略物资,煤炭产业在我国能源产业中处于核心地位,而且这种地位的历史使命仍将在很长一段时间内延续。山西省部分煤炭企业具有生产条件欠佳、安全问题得不到强有力的保障、重组后的组织结构更为复杂、管理水平有待提高、人员素质较低等特点,严重威胁着山西省煤炭企业的健康发展。所以,山西省煤炭企业着力开展内部控制体系建设,对于规范管理、防范风险、实现健康发展具有重要的意义。

1.提高管理水平

2008 年 9 月开始山西省煤炭企业开始大规模煤炭资源整合和重组并购,企业集团规模迅速扩大,管理层级增多,产权结构变得复杂,业务范围拓宽,这些现象都造成山西省煤炭企业管理难度增加。通过加强内部控制管理工作,可以帮助各大企业加强内部管理,明确责权利分配问题,理顺管理信息流程,加强监督机制,进一步促进社会的经济发展,提高科学管理水平。

2.促进可持续发展

山西省作为产煤大省,其煤炭企业担负着为国家提供充足、高效、清洁能源的重大战略任务,研究内部控制、加强风险管理是山西省煤炭企业做大做强的需求,对于提高企业的核心竞争力、加强综合实力、做精主要业务、抢占主要市场等具体重要的现实意义。

3.提高抵御风险能力

伴随着经济全球化和现代企业制度的不断深入,山西省煤炭企业的经营风险不断增加,煤矿安全事故的发生导致社会对煤炭企业的关注,安全风险依然存在,企业成本不断加大,安全问题受到普遍重视。此外,山西省煤炭市场向国际化发展,市场竞争越来越激烈,加上大型煤炭企业的快速扩张,煤炭企业的市场风险不容乐观。还有政府的宏观调控、通货膨胀问题等,煤炭企业的资金风险也存在。所以,山西省煤炭企业通过内部控制的有效管理,主动评估企业风险,制定应对策略,对于帮助企业建立具有风险意识的企业文化,促进企业风险管理水平的提高,员工风险管理素质的提升,保障企业风险管理目标的实现具有重要的现实意义。

4.贯彻落实《企业内部控制基本规范》及其配套指引的需求

我国于 2008 年 6 月 28 日创建了我国第一部《企业内部控制基本规范》,该规范自 2009 年 7 月 1 日起在上市公司范围内施行,同时鼓励非上市的大中型企业执行。2010 年 4 月 26 日,五部委发布了配套指引,包括《企业内部控制应用指引》、《企业内部控制评价指引》、和《企业内部控制审计指引》,标志着我国企业内部控制规范体系基本建成。配套指引要求自 2011 年 1 月 1 日起首先在境内外同时上市的公司施行,自 2012 年 1 月 1 日起扩大到在上海证券交易所、深圳证券交易所主板上市的公司施行,在此基础上,择机在中小板和创业板上市公司施行。山西省煤炭企业是全省的支柱性产业之一，在可预见的相当长一段时间内仍将是全省经济发展的基础产业。山西省煤炭企业内部控制体系的建设是贯彻落实《企业内部控制基本规范》及其配套指引的要求，意味着山西省煤炭企业内部控制规范体系的建设正在向国家的要求靠拢，也为建设成为现代化管理的企业创造条件。

总之，山西省煤炭企业经过重组整合后，面临各种各样的风险，加强风险管理，重视内部控制建设，将是一项长期的战略任务，必须从事前、事中、事后各个环节抵御宏观经济风险、市场风险、人力资源风险、财务风险等，才能保证煤炭企业健康、长足发展，进一步增强对地方经济的贡献作用，保证地方经济健康、持续、稳定发展。

第四章 煤炭企业内部控制自我评价研究

——以山西省为例

第一节 山西省煤炭企业内部控制自我评价的现状分析

近年来,随着经济的发展,资本市场的繁荣,舞弊事件的发生,内部控制逐渐从几千年的历史沉迹中被唤醒,成为投资者关注的焦点,引起了相关监管部门的重视。2008年,五部委联合发布了《企业内部控制基本规范》,两年后,又发布《企业内部控制配套指引》,包括《企业内部控制应用指引》、《企业内部控制评价指引》和《企业内部控制审计指引》三个指引,二者都要求上市公司必须披露内部控制自我评价报告。

对于山西省而言,煤炭是全省经济发展的能源基础产业和支柱产业,该行业的管理和经济情况直接关系到经济转型发展,所以研究山西省煤炭企业内部控制势在必行。对照监管部门对内部控制自我评价披露信息的要求:"上市公司应当对本公司内部控制的有效性进行自我评价,披露年度自我评价报告,同时应当聘请具有证券、期货业务资格的中介机构对内部控制的有效性进行审计。"可以看出,目前对内部控制自我评价工作对上市公司是有强制性要求的,所以,本书选择山西省上市煤炭企业作为研究对象,包括沪市主板上市的 8 家上市公司(含大同煤业、阳泉煤业、兰花科创、潞安环能、山西焦化、安泰集团、永泰能源、山煤国际),以及深市主板上市的 2 家上市公司(含西山煤电、煤气化),它们其对外披露的内部控制自我评价报告体现了评价工作的情况,期望从其评价报告中发现山西省上市煤炭企业自我评价的总体情况。我们以2011—2013 年三年的报告为重点,着重从报告名称、主导部门、评价依据、评价程序及方法、评价缺陷及整改意见等方面进行了描述性统计,报告数据及相关信息来自巨潮资讯平台,为了保证数据和信息的准确无误,笔者将巨潮资讯平台的信息与上海证券交易所和深圳证券交易所发布的公司对外披露信息进行了对比,以下是对信息的统计总结情况:

一、山西省煤炭企业内部控制自我评价总体情况

随着我国内部控制规范体系的不断健全和完善,企业加强内部控制的观念不断上升,具备内部控制自评评价条件且愿意进行内部控制自我评价的公司数量在不断增加,从上市公司总体情况来看是呈上升趋势。截至目前,山西省共有 10 家上市煤炭企业,且这些公司均不是近三年上市,从披露情况看,2011 年只有 3 家公司正式对外披露了内部控制评价报告,占到总数的 30%,2012 年上升到 9 家,占总数的 90%,2013 年与 2012 年持平,可见,除一家上市公司近年来从未对外披露内部控制评价报告外,大多数公司已经将披露内部控制作为一项常规工作。从制度原因分析,《企业内部控制基本规范》和《企业内部控制配套指引》要求境内外同时上市的公司自 2011 年 1 月 1 日起首先执行,一年后才扩大到上交所和深交所主板上市的公司,所以 2012 年及 2013 年两年披露比例上升。

表 4-1　2011—2013 年内部控制自我评价披露总体信息

上市板块	项　　目	2011 年	2012 年	2013 年
沪深两市	内部控制自我评价报告数量	3	9	9
	山西省上市煤炭企业数量	10	10	10
	自我评价报告披露所占比例	30%	90%	90%

二、山西省煤炭企业内部控制自我评价描述性统计

2006 年 6 月 5 日,上海证券交易所发布了《上海证券交易所上市公司内部控制指引》,对上市公司内部控制的自我评价报告的内容和披露要求做出了规定。2006 年 9 月,深圳证券交易所发布了《深圳证券交易所上市公司内部控制指引》,对深圳所上市公司的内部控制评价做出了规定,明确监事会和独立董事应对内部控制自我评价报告发表意见。2008 年 6 月 28 日,财政部联合证监会、审计署、银监会和保监会发布了《企业内部控制基本规范》,其中第六章第四十六条对内部控制自我评价方面进行了如下规定:"企业应结合本公司内部监督状况,定期对内部控制的有效性自行进行评价,并出具内部控制自评报告。内部控制自我评价的方式、频率、程序、范围,由企业根据业务发展状况、经营业务调整、经营环境变化、实际风险水平等自行确定。"2010 年 4 月 26 日,五部委联合发布了《企业内部控制配套指引》,其中包括《企业内部控制评价指引》,对照以上关于内部控制自我评价的相关规定,从以下几个方面对样本公司的评价报告进行查阅和整理,统计结果如下:

(一)内部控制自我评价报告名称统计

关于内部控制自我评价报告名称,由于《企业内部控制基本规范》和《企业内部控制配套指引》均未对内部控制评价报告的名称做出强制性要求,所以整体来看未完全统一,有的缺乏严谨,具有

一定的随意性。在 10 家山西省上市煤炭公司中,2011 年有两种报告名称,分别是"内部控制评价报告"、"内部控制自我评价报告",2012 年和 2013 年均有三种报告名称,比 2011 年多一种,名称为"内部控制自我评估报告",且所占比例不一,虽然用"内部控制评价报告"的最为集中,且呈逐年上升趋势,在 2013 年达到66.67%,但仍不太统一,今后随着内部控制工作的规范,对报告名称也许会有统一的规定。

表 4-2　2011—2013 年内部控制自我评价报告名称统计信息

自我评价报告名称	2011 年		2012 年		2013 年	
	公司数量	比例	公司数量	比例	公司数量	比例
内部控制评价报告	1	33.33%	5	55.56%	6	66.67%
内部控制自我评价报告	2	66.67%	3	33.33%	2	22.22%
内部控制自我评估报告	0	0%	1	11.11%	1	11.11%

（二）内部控制自我评价主导部门统计

内部控制自我评价应该是一个自上而下全员参与的评价体系,在评价的过程中,处在不同层次的内部控制自我评价主体,其评价的内容与主要职责都是不同的,因此,只有确定好企业的评价主体,并明确其最终责任,自我评价报告才能有效发挥作用。《企业内部控制基本规范》中虽然没有明确提到自我评价报告的负责部门,但在第二章第十三条明确了公司董事会对内部控制建设、评价和披露的责任。《企业内部控制评价指引》明确指出:"企业董事会及其审计委员会负责领导本企业的内部控制评价工作。监事会对董事会实施内部控制评价进行监督。企业可以授权内部审计部门负责组织和实施内部控制评价工作。具备条件的企业,可以设立专门的内部控制评价机构。"再加上其他相关规范中不同程度提到了别的评价主体,总体来看共有董事会及其下属的审计委员会、内部审计机构、管理层、监事会、独立董事、公司员工等。可见,董事会为内部控制评价的主导部门。经统计,2011—2013 年山西省上市煤炭企业中所有形成的评价报告均由董事会负责,该主导部门符合相关内部控制规定,执行力值得肯定,增强了评价报告的权威性、可靠性。

表 4-3 2011—2013 年内部控制自我评价主导部门统计信息

自我评价主导部门	2011 年		2012 年		2013 年	
	公司数量	比例	公司数量	比例	公司数量	比例
董事会	3	100%	9	100%	9	100%

（三）内部控制自我评价依据统计

按照什么去判断一个企业的内部控制是否有效,在关键控制点是否存在重大风险或者控制缺陷,是内部控制自我评价依据应该解决的事情。内部控制的内容本身就是很复杂的,而且随着企业自身与外部环境的改变其内容与范围会不断扩展,那么如何合理、准确、全面地去判断一个企业的内部控制是否健全有效呢?这就需要一个依据。内部控制自我评价的标准应具备的特点包含:涵盖面广、操作性强和可靠性高等等。按照这一基本的原则,内部控制自我评价报告依据最基本的应该包括政府或相关部门制定的规范等。在统计过程中,凡是提到依据"公司建立的内部控制制度"、"公司内部控制管理手册"、"公司内部控制评价手册"这样的表述,均不在统计范围。多数公司的表述为"根据××规定,在内部控制日常监督和专项监督的基础上,我们对公司×年×月×日的内部控制有效性进行了评价",大多公司的依据不止一项,最多的是前两项,说明《企业内部控制基本规范》和《企业内部控制应用指引》是评价的主要依据,其他的因各个公司表述详尽程度不同,明确列示的依据也不尽相同。表中所列示的百分比为使用各报告依据的公司数量占当年披露内部控制自我评价报告公司数量的百分比来计算。

表4-4　2011—2013年内部控制自我评价依据统计信息

自我评价报告依据	2011 年		2012 年		2013 年	
	公司数量	比例	公司数量	比例	公司数量	比例
《企业内部控制基本规范》	3	100.00%	9	100.00%	9	100.00%
《企业内部控制应用指引》	0	0.00%	8	88.89%	9	100.00%
《上市公司内控指引》	1	33.33%	3	33.33%	1	11.11%
《上市公司规范运作指引》	1	33.33%	0	0.00%	0	0.00%
《公司法》	1	33.33%	1	11.11%	1	11.11%
《证券法》	1	33.33%	1	11.11%	1	11.11%
山西省证监局《关于做好上市公司内部控制规范试点有关工作的通知》	0	0.00%	2	22.22%	0	0.00%

（四）内部控制自我评价程序及方法统计

评价指引明确规定，内控评价报告中至少应包括的其中一项为评价程序及方法。在2011年三家有评价报告的公司中，仅有一家写到了程序及方法，占33.33%，2012年，九家公司中有八家对此进行了披露，比例大幅增加至88.89%，但是，2013年又出现了下降，仅有22.22%的公司对程序和方法进行了说明。说明2012年是各大公司披露最为全面的一年。从内部控制自我评价程序的表述上看，大部分公司运用了类似的程序：组成评价工作组、编制内部控制评价工作计划或制定评价工作方案、实施现场测试评价、汇总评价结果、控制缺陷认定、编制评价报告。每个公司的表述略有不同，有的较详细，有的较简略。从内部控制自我评价的方法上看，大部分使用了个别访谈、穿行测试、抽样、比较分析、实地查验、专题讨论会等方法，也有的运用了财务报表审计中对于内部控制测试的方法，包括询问、观察、检查、重新执行等。

表4-5 2011—2013年内部控制自我评价程序及方法统计信息

自我评价程序及方法	2011年	2012年	2013年
"有"	1	8	2
"无"	2	1	7
评价公司总数	3	9	9
"有"所占比例	33.33%	88.89%	22.22%
"无"所占比例	66.67%	11.11%	77.78%

（五）内部控制自我评价内容体系统计

随着经济的发展，内部控制的理论也日益完善，相应的其内容也是日渐复杂，涵盖范围日渐扩大，且处于不断的变化当中。内部控制作为一个系统全面的整体，因此企业对其进行的自我评价也应该是全面而系统的。《企业内部控制基本规范》及《企业内部控制评价指引》等国家发布的规范性文件中，对内部控制自我评价报告的具体披露内容进行了规范，如《企业内部控制基本规范》第二章至第六章对内部控制五要素进行了解释说明，《企业内部控制评价指引》中规定："企业应当根据《企业内部控制基本规范》，围绕五要素对内部控制设计与运行情况进行全面评价。"同时，内部控制目标指引内控的方向，同时衡量执行的效果。所以，笔者认为内部控制目标及五要素都应纳入到自我评价报告的披露范围内。统计过程中，凡是明确提到或分析到的标示为"有"，否则为"无"。经过统计，凡是披露了内部控制自我评价报告的企业，均说明了内部控制的目标。对于五要素，能够详尽按照要求的框架进行说明的很少，三年都能做到的只有一家，后两年能做到的有两家。有的企业将这些要素渗透在其他内容中,而且有的泛泛而谈,无实质内容。从单个来分析,"控制活动"和"风险评估"的内容列示最多,尤其是控制活动,前两年所有披露报告的公司均包括这一要素,最后一年只有一家未涉及。究其原因,由于控制活动可来源于企业制订的内部控制,具有很强的执行力,风险评估是近几年国家的导向要求,说明公司对政策已深入把控。从执行年份分析,2012 年对于五要素总计披露最多,执行最为满意。

表 4-6   2011—2013 年内部控制自我评价报告内容体系统计信息

年度	比例	目标	内部环境	风险评估	内部监督	信息与沟通	控制活动
2011年度	"有"	3	1	2	1	1	3
	结果为"有"所占比例	100.00%	33.33%	66.67%	33.33%	33.33%	100.00%
	"无"	0	2	1	2	2	0
	结果为"无"所占比例	0.00%	66.67%	33.33%	66.67%	66.67%	0.00%
2012年度	"有"	9	6	9	7	6	9
	结果为"有"所占比例	100.00%	66.67%	100.00%	77.78%	66.67%	100.00%
	"无"	0	3	0	2	3	0
	结果为"无"所占比例	0.00%	33.33%	0.00%	22.22%	33.33%	0.00%
2013年度	"有"	9	3	7	3	3	8
	结果为"有"所占比例	100.00%	33.33%	77.78%	33.33%	33.33%	88.89%
	"无"	0	6	2	6	6	1
	结果为"无"所占比例	0.00%	66.67%	22.22%	66.67%	66.67%	11.11%

(六)内部控制自我评价缺陷统计

内部控制缺陷信息是内部控制自我评价报告内容的重要构成部分,在当前会计信息失真现象屡见不鲜,且会计业务日益复杂的情况下，披露内部控制缺陷这一非财务信息是非常必要的，《企业内部控制基本规范》中的第六章第四十五条明确指出："企业应当制定内部控制缺陷认定标准"。《企业内部控制评价指引》中的第四章第二十六条指出："企业应当根据内部控制缺陷影响整体控制目标实现的严重程度，将内部控制缺陷分为一般缺陷、重要缺陷和重大缺陷"。对于每种缺陷的具体界定，指引中给出了各自的概念，并明确了重大缺陷应当考虑下列因素："影响整体控制目标实现的多个一般缺陷的组合是否构成重大缺陷；针对同一细化控制目标所采取的不同控制活动之间的相互作用；针对同一细化控制目标是否存在其他补偿性控制活动"。这样的表述具体到企业的实务环境中，如何来界定，还需要企业根据实际情况来进行确定。大部分公司在进行缺陷认定前，对标准进行了披露。从缺陷的表述来看，绝大多数公司都定性为"无重大缺陷和重要缺陷"，对于这样的表述，笔者在统计过程中都认为存在一般缺陷。个别公司只提到内部控制是有效的，统计时将其归入到无缺陷中。从三年的比较情况看，无缺陷所占的比例在逐年降低，一般缺陷所占的比例在逐年上涨，这种现象并不表明公司的内部控制越来越差，只能说明公司内部控制的目标和要求越来越高，对其局限性理解更加深刻，未来需要提升的空间还很大。

表4-7 2011—2013年内部控制自我评价缺陷统计信息

种类	2011 年		2012 年		2013 年	
	公司数量	所占比例	公司数量	所占比例	公司数量	所占比例
重大缺陷	0	0.00%	0	0.00%	0	0.00%
重要缺陷	0	0.00%	0	0.00%	0	0.00%
一般缺陷	1	33.33%	8	88.89%	9	100.00%
无缺陷	2	66.67%	1	11.11%	0	0.00%

（七）内部控制自我评价整改意见统计

《企业内部控制基本规范》中的第六章第四十五条明确指出："对监督过程中发现的内部控制缺陷,应当分析缺陷的性质和产生的原因,提出整改方案,采取适当的形式及时向董事会、监事会或者经理层报告"。《企业内部控制评价指引》中的第四章第二十八条指出："企业应当根据内部控制评价过程中发现的内部控制缺陷,督促相关单位或部门进行整改,并对整改结果进行核查和确认。"第四章第三十一条指出;"企业应当结合年末控制缺陷的整改结果,编制年度内部控制评价报告。"本部分在统计时发现,有的公司评价时认定为无缺陷,但是却提出了下一步的整改办法和措施,有的企业认为存在一般缺陷,同时也提到了整改意见,还有的企业未谈及如何整改。可以看出有的企业对缺陷的描述及相应的整改意见比较随意,并且为了避免类似"诉讼"等的风险,大多数公司的评价较为保守。所以,本部分的统计工作不受上一内容中有无缺陷的影响,三年总体情况看,有整改意见的前两年持平,均为66.67%,最后一年下降至44.44%。同时需要关注的是,意见的实用性和可操作性有的比较详尽,有说服力,有的达不到理想的效果。

表 4-8　2011—2013 年内部控制自我评价整改意见统计

整改意见	2011 年	2012 年	2013 年
"有"	2	6	4
"无"	1	3	5
评价公司总数	3	9	9
"有"所占比例	66.67%	66.67%	44.44%
"无"所占比例	33.33%	33.33%	55.56%

以上我们从报告名称、主导部门、评价依据、评价程序及方法、内容体系、评价缺陷及整改意见等方面对山西省上市的10家煤炭

企业内部控制自我评价工作进行了分类整理，整体上基本能够按照《企业内部控制基本规范》和《企业内部控制评价指引》的要求进行内部控制的评价,具体体现在:

第一,报告的格式有一定的进步,逐步在靠近规范的要求,尤其是评价指引中提到的要素在评价报告中基本上能够得到体现,如评价的目标、评价的范围、程序及方法、内部控制五要素、缺陷认定,有的公司结合自己的情况对缺陷界定表述清楚,还有的公司介绍了风险控制的方法和手段。虽然非常完美的评价报告较少,但是可以看出国家对内部控制监管要求的提高直接促进了内部控制评价工作的进步。

第二,更加重视缺陷的界定。以大同煤业为例,在其2012年的评价报告中,提到了"公司根据基本规范、评价指引对重大缺陷、重要缺陷和一般缺陷的认定要求,结合公司规模、行业特征、风险水平等因素, 研究确定了适用公司的内部控制缺陷具体认定标准",并在报告中对各种缺陷的概念进行了界定, 基本和评价指引中的一致,但是所提到的"具体认定标准"并没有在报告中明确,只是一带而过。我们再来看其2013年的评价报告,一个最大的变化是对缺陷认定的具体标准予以表格列示,主要从定性标准和定量标准、财务报告内部控制缺陷和非财务报告内部控制缺陷进行了界定,并设置了对应的指标,如"资产总额、营业收入、资产安全、法律法规、发展战略、经营目标",这无疑是一个很大的进步。还有的公司在确定财务报告内部控制缺陷时结合了财务报表审计的重要性水平, 在确定非财务报告内部控制缺陷时结合企业安全事故造成的死亡人数和经济损失来进行界定,如兰花科技。此外,还有的企业对缺陷界定比较模糊,不太具体到位,所以,仍有一些问题有待提高。

三、山西省煤炭企业内部控制自我评价存在的问题

随着我国内部控制规范体系的建成,尤其是配套指引的发布,上市公司对内部控制重要性的认识不断深化,积极回应监管部门的要求,设立内部审计委员会、内部审计部门,越来越多的上市公司编制并对外披露内部控制评价报告。以上从几个方面分析了近三年山西省上市的 10 家煤炭企业内部控制自我评价的现状,得知整体披露质量在近几年有了较大的进步,但是仔细对照要求,整个市场还是存在着一些问题需要进一步完善。

(一)如实披露的动力不足

根据《企业内部控制评价指引》的规定,企业应该积极主动出具符合规定的内部控制评价报告,并如实描述存在的相关内部控制缺陷,同时提出切实可行的整改措施,但是山西省上市煤炭企业近三年出具的内部控制自我评价报告来看,当前各企业都尽可能选择对其有利的信息进行披露,普遍得出了其内部控制设计和运行有效的结论,那么是否各企业的内部控制做得如此满意呢?内部控制建设是一个不断优化、不断提升的过程,达到如此满意的程度似乎不太符合正常发展规律,所以报告一定程度上缺乏实质性价值。而且,有的企业担心如实披露会给企业造成一定的损失,所以带着种种顾虑,缺乏自愿性和主动性,内部控制评价报告有的流于形式,缺乏实际执行效用。

(二)评价格式不规范

2009 年 7 月 1 日开始在上市公司中实施的《企业内部控制基本规范》以及沪深两市证券交易所发布的《企业内部控制指引》,为内部控制的信息披露迈出了决定性的一步,但由于这些规范之间有不统一的现象,我国于 2010 年发布了《企业内部控制评价指

引》,其中明确规定:评价报告至少应当披露董事会对内部控制评价报告真实性的声明、内部控制评价工作的总体情况、评价的依据、范围、程序、方法、缺陷及认定情况、缺陷整改措施、内部控制有效性的结论,但是从统计分析的评价报告中可以看出,报告名称不统一,格式千差万别,有参照评价指引体系进行的说明,也有按照自创风格进行的披露,而且内容详略程度不一,有的篇幅很长,有的轻描淡写,有的描述详尽,有的却简洁明了,有的部分内容描述笼统,如缺陷认定、评价范围,这些现象导致了报告缺乏可比性,不利于报告使用者详细了解评价的过程。

(三)评价内容不统一

《企业内部控制评价指引》的内容中明确要求:企业应当对于实现整体控制目标相关的内部环境、风险评估、控制活动、信息与沟通、内部监督等内部控制要素进行全面系统、有针对性的评价。但是,在实际执行中,各企业却表现出了一定的差异,从统计结果看,明确按照五要素进行全面评价的企业很少,有的只是用一句话一笔带过,如"公司层面控制的各项要素",有的是针对其中的某几个要素或渗透在别的内容中进行分析,尤其是控制活动各个报告中基本上都有涉及,对控制的监督、信息与沟通容易被忽视。有的按照公司自己的意愿设计了评价内容,这种内容不统一的现象会使得报告使用者很难判断内部控制的运行情况。

(四)评价依据、程序和方法不统一

内部控制评价依据是判断一个企业内部控制是否健全有效的标准,从上一部分的分析中可以看出,山西省上市煤炭企业的内部控制评价标准各企业使用不一,提到最多的是《企业内部控制基本规范》和《企业内部控制评价指引》,其他标准各公司使用存在差异,缺乏统一性,分别有《上市公司内控指引》《上市公司规范运作指引》、《公司法》、《证券法》被不同程度的提到,此外,2012 年的评价报告中有两家公司用到了山西省证监局《关于做好上市公司内部控制规范试点有关工作的通知》,这样的依据不统一的现象,可能是由于各企业评价时依据的侧重点不同,也可能是由于表述中未注意这个问题。此外,内部控制评价程序和方法在规范中已经明确提出了要求,从以上统计结果可以看出,在山西省上市煤炭企业 2011—2013 三年中 2012 年披露比例最高,未披露的企业投资者和使用者无法了解使用的程序和方法,这种信息披露不统一、不全面、不完整的现象是目前存在的待解决问题。

(五)报告实用信息不多

内部控制自我评价的目的之一是信息使用者可以从评价报告中了解企业内部控制的运行情况、内部控制存在的缺陷以及改进建议等具体信息。对于披露了自我评价报告的上市公司,其信息价值又有多少呢?从以上对 10 家上市煤炭企业内部控制缺陷及改进意见情况的披露情况的分析可以看出,2012 年和 2013 年的评价报告中大多都有比较详细的缺陷认定,包括财务和非财务报告的认定标准,有的还做到了量化,这是近几年做得较好的方面,但是,对照企业的具体情况后,对评价结论的表述,大多数企业都用到了"已建立了比较完善的内部控制制度"、"无重大缺陷和重要缺陷",这样的表述信息含量少,是否具有一般缺陷,有多少一般缺陷,这些使用者非常关注的实用信息却无从了解。

(六)自我评价的有效性缺乏实质性关注

《企业内部控制评价指引》要求各企业及时准确地对内部控制情况进行评价,其目的之一是为了根据已发现的缺陷进行持续改进,提高企业管理效率和效果;目的之二是为外部信息使用者投资决策等提供可靠相关的依据。那么,山西省上市煤炭企业的内部控制评价内外部关注程度如何呢？从内部来看，大多数企业选择为了迎合监管部门的要求而进行形式上的披露，极少或不披露其缺陷，且整改措施基本上都缺乏实践意义，导致内部控制自我评价与整改措施脱节，缺乏整改与完善的长效机制，一定程度上降低了内部控制自我评价的有效性。从外部市场来看，包括投资者、债权人、其他信息使用者等在内的各方利益相关者由于受其自身知识结构与周围大环境的影响，对内部控制评价信息是否真实有效的需求远远小于对财务指标业绩的需求。所以，通过以上的比较分析可以发现，内部控制自我评价的有效性即评价结果的利用效率缺乏内外部的持续关注。

（七）报告无定量分析

以上的样本公司对内部控制的评价主要凭分析者的直觉、经验，凭其过去和现在的延续状况及最新的信息资料，通过文字的形式对内部控制运行情况进行描述，以此来判断企业内部控制的有效性。这是定性分析的角度，有的公司对缺陷认定的标准运用了定量的标准，但是在得出有效性的结论时，没有具体对照标准的过程。此外，对于整个的评价过程也可以借鉴数学中的模型进行定量分析，这是学术界研究的热点问题。

第二节　山西省煤炭企业内部控制自我评价有效性的影响因素实证分析

本部分内容主要从公司内部治理的角度研究山西省煤炭企业内部控制自我评价有效性的影响因素。公司内部治理机制是指所有者对经营者的一种监督与制衡机制，主要特点是通过股东大会、董事会、监事会及管理层所构成的公司治理机构开展内部治理，因此,本部分内容的主要目的是从董事会、审计委员会、监事会等公司治理的内部机制入手,通过实证研究分析其对内部控制自我评价有效性的影响。

一、理论分析与研究假设

(一)公司盈利能力

盈利能力是管理层有效实施公司治理,有效运用资金,为企业和投资者获取利润能力的一个重要指标,是反映企业运营质量高低的重要依据之一,同时也是企业管理人员最重要的业绩衡量标准和发现问题、改进企业管理的突破口。根据信息理论的分析,高质量的上市公司更倾向于将公司的信息对外公布,以便将自己与那些相对低质量的上市公司有所区别,展现自身的优势,从而吸引投资者进行投资或其他财务活动。在对外传递的信息中,盈利能力是投资者关注的非常重要的指标,由于盈利能力是指企业获取利润的能力,企业的盈利能力越强,则暗示着其给予股东的回报越高,企业价值越大。同时盈利能力越强,带来的现金流量越多,企业的偿债能力得到加强,债权人收取本息的资金来源得到保障。而内部控制的目标之一是提高企业运营的效率和效果,因此建立健全公司内部控制体系可以为企业的盈利能力提供合理保障。研究表明,盈利能力水平较高的公司有动机及时详细地将内部控制有效性的信息情况公开对外披露,以传递给投资者等需要信息的使用者。这样的研究结果与我们对此问题的预期想法也是一致的。因此,本书特提出研究假设1:

假设1:在其他条件相同的情况下,公司盈利能力与其内部控制自我评价的有效性水平呈正相关。

(二)公司财务风险

随着社会主义市场经济体制的不断完善,企业风险也由传统的风险向战略风险、产品生产风险、运营风险、法律风险、财务风险等多领域发展。其中的财务风险指在各项财务活动中,由于各种难以预料和控制因素的作用,使企业实际收益与目标收益发生背离,因而蒙受损失的可能性。财务风险涵义有狭义和广义之分。决策理论学家把财务风险定义为损失的不确定性,具体来说指在筹资决策时,由于负债性资本占全部资本比例过高,使得企业不能按期还本付息所造成的风险,也称为负债风险或筹资风险,这是财务风险的狭义定义。日本学者龟井利明认为,风险不只是指损失的不确定性,而且还包括盈利的不确定性。这种观点认为风险就是不确定性,它既可能给活动主体带来威胁,也可能带来机会,这是广义财务风险的概念,它泛指企业全部财务活动过程中所存在的风险,不仅包括在筹资活动、投资活动、利润分配及日常资金营运过程中产生的风险,还包括企业其他各项关联活动的失败而诱发的财务损失和危机。本书的研究主要指狭义的财务风险。如何加强财务风险的管理,是公司加强管理,实现有效公司治理必须考虑的问题,同时也是内部控制管理的一部分。相关研究表明,具有较高的财务风险的公司,必须更加注重相关内部控制的管理。同时,当公司财务风险水平较高时,管理层对外详细披露内部控制的动机不会特别强,因此,本书特提出研究假设2:

假设2:在其他条件相同的情况下,企业财务风险水平与其内部控制自我评价有效性水平呈负相关。

(三)董事会特征

董事会是公司治理中的重要因素,是由股东选举的董事组成的重要机构,目的是确保股东的权益。公司董事执行的功能主要有决策管理和决策控制,前者包括决定薪酬体制和雇佣高层管理者,后者包括制定公司投融资决策及长期战略计划。董事会特征包括董事会规模、董事会构成、领导结构、董事会活动等。本书选取董事会规模和董事会活动两个特征进行内部控制评价的有效性分析。

我国公司法对股份有限公司董事会人数规定为 5 ~ 19 人,上市公司董事会规模如果太小,可能会导致董事会各职能委员会没有足够的人员来参与公司的治理,这样董事会容易被内部人控制而达不到应有的监督作用;相反,如果公司董事会规模太大,就会出现多个意见,导致"众口难调"的局面。已有的研究认为,随着董事会规模的增加,董事会的沟通、协调与制定政策的难度也会加大,从而导致源自所有权与控制权分离的代理成本增加,影响董事会治理效率并导致内部控制失败。也有的研究认为,公司董事会人数越多,公司监督和控管力度就越大,拥有较好的内部控制的上市公司越有动机向外界传递该信号。因此董事会规模的大小对上市公司内部控制自我评价报告的有效性水平有着一定影响。

董事会活动的作用有两个特点:一是董事会会议的召开,是董事勤勉尽责的表现,有利于董事们商事议事,有利于公司重大决策的制定和执行,最终使股东等利益相关者受益。所以,从这个角度来分析,董事会会议越多,企业经营管理越好,内部控制管理水平越高。有的研究显示,一方面,董事会会议频率、独立董事参加董事会的频率与内部控制自愿信息披露水平显著正相关。另一方面,董事会会议次数越多,说明董事会执行效率越低,重大决策往往不能顺利制定,最终影响公司效率。也有的研究显示,董事会会议时间是衡量董事会效率的一项重要指标,但该数值在当前情况下无法进行统计,将其带入实证研究具有一定的难度。

以上的两个因素——董事会规模及董事会活动与内部控制评

价有效性之间的关系有的认为是正相关,也有的认为是负相关,我们暂时提出正相关的假设,待以后实证研究结果得出后再进行具体分析。

假设3:在其他条件相同的条件下,董事会规模与企业内部控制自我评价的有效性水平正相关。

假设4:在其他条件相同的条件下,董事会会议次数越多的企业,内部控制自我评价的有效性水平越高。

(四)独立董事、监事特征

随着市场经济体制的发展,各大企业纷纷发展壮大,尤其是实施股份制之后,企业的所有权和经营权普遍分离。在这样的环境下,如何降低代理成本和代理风险,保证经营管理目标和投资者的目标一致。代理成本理论认为,代理成本的降低,必须通过企业管理层经营效率的提高才能实现,同时为了降低代理风险,内部人控制的问题也是不可忽略的。那么如何才能达到这个目标呢?独立董事制度就是为了减少公司的代理成本,保护中小投资者的一种制度,是公司治理机制中的重要组成部分。该制度的存在提高了董事会的决策能力,促进了内部控制质量的提高。这种促进作用得到了学者们的普遍认同,相关研究表明,董事会中独立董事的比例越大,监控经理层的机会主义行为就越有效,这种监控作用减少了经理层隐瞒信息的可能性,会计信息失真的可能性越小,企业内部控制自我评价工作做得更加到位。还有的研究从信号传递理论的角度出发,通过对美国大型上市公司1950—2005年董事会独立董事比例的增长进行了解释研究,认为独立董事的外部信息传递作用远大于其公司内部价值,同时基于对股价的影响,独立董事有责任保证公司遵循法定要求,利于信息传递,有助于准确披露内部控制信息,遵守法律制度。总之,大部分研究表明,独立董事比例与公司内部控制相关问题之间呈一种正相关关系。

独立董事作为来自公司外部，与企业没有关联关系的独立主体，可以对管理层的决策实施影响，有效监督公司的经营管理活动，保证管理层的目标不背离所有者的目标，促进双方利益的一致，从而提高公司的运营效益。企业的独立董事参加董事会召开的会议，对董事会相关重大事项的决定参与表决，可以降低内部人控制的风险，不让公司被大股东所操控。因此独立董事越勤勉，其对内部控制自我评价的影响将越大。因此独立董事的勤勉程度对公司内部控制自我评价也是存在一定的影响的，呈一种正相关关系。

监事会与董事会是并立存在的，在公司职能部门中执行的是监督职能。它监督的对象包括公司董事会及其全体成员、高层管理人员及公司管理活动等，近年来企业规模越来越大，业务也越来越复杂，因此公司的监事会必须加大其监督力度，才可能发现公司中存在的问题与漏洞，而监事会越勤勉，企业管理层才越有动力和压力去对内部控制的状况进行如实、有效的评价。监事虽然没有表决权，但其参加董事会会议，还是可以对董事会会议的决定进行有效监督的，从而使得董事会会议的决定更加公平与公正。因此监事会的勤勉程度对公司内部控制自我评价是存在一定的影响的。

综上所述，针对独立董事、监事在公司中发挥作用的情况特征做出如下假设：

假设5：在其他条件相同的情况下，独立董事比例越高的上市公司，内部控制自我评价水平越高，呈正相关关系。

假设6：在其他条件相同的情况下，独立董事出席会议次数与公司内部控制自我评价有效性水平正相关。

假设7：在其他条件相同的情况下，监事会会议次数与公司内部控制自我评价有效性水平正相关。

（五）领导结构特征

董事长作为公司股东利益的最高代表,其职责主要是组织、协调、代表股东的利益,它是公司管理层所有权利的来源。而总经理的职责是负责公司的经营,是公司经营活动的最高权利人。由于董事长是董事会的主导角色,而总经理是管理层的主要负责人,如果董事长与总经理这两个职位由同一个人来担任的话,那么这就好似同一场比赛中裁判员与运动员的角色由同一人担任一样,比赛结果将无意义。董事长这个职位将形同虚设,让自己监督自己,他可能会利用总经理的职位来谋取自身利益的最大化,而不再是公司股东权益的代表。相关研究表明,两职合一不利于公司治理,当董事会主席与总经理是同一人时,内部控制系统失效。因此,为了当 CEO 与董事会主席是同一人时,他对董事会的控制力就更大,董事会的独立性将受到影响,CEO 就有更多追求自身利益的权力。两职合一的一元领导结构不利于公司内部控制评价的有效性。也有个别分析认为,董事长与总经理两权合一在一定程度上可能会有利于公司创新度的提高。但总体来说,两职合一将会使得董事会对管理层的监督制衡有效性降低。因此对此做如下假设:

假设 8:在其他条件相同的情况下,董事长总经理两职合一与企业内部控制自我评价有效性水平负相关。

（六）股权集中度

股权集中度是指全部股东因持股比例的不同所表现出来的股权集中还是分散的数量化指标,它是一个公司股权分布状态的指标,也是衡量公司稳定性强弱的重要指标。

关于股权集中度与内部控制评价之间的关系,目前的观点呈现出两种倾向:一种观点认为,持有较高股权集中度的公司,控股股东对公司有较高的持股比例和控制权,一定程度上可以避免和有效缓解控制权争夺等现象的发生,当公司经营面临危机时,控制股东从长期发展的角度考虑会伸出援助之手, 想办法帮公司渡过难关。根据利益协同效应,大股东具有监督经营人的动机,同时基于其持股比较高,也有权力去监督经理人,股权集中度越高,控制权的公共利益所产生的激励效应越高,"挖空"公司的边际成本就越大,控股股东就越有可能利用其权力发挥更加积极的作用,监督经理层加强内部控制管理,减少信息不对称程度,从而获得较低的融资成本、减少诉讼等良好的后果。这个方向的研究观点主要有:有的从股权集中度、机构投资者持股比例、高级管理层持股比例等几个指标来考察我国上市公司股权结构与内部控制信息披露的关系,指出股权集中度与内部控制信息披露水平呈正相关关系,且通过 10%的显著性水平检验。

另一种观点认为, 股权集中度与内部控制水平之间呈反向关系,经济合作与发展组织在 2001 年举办的亚洲公司治理会议中指出,控制股东占用中小股东利益问题,是我国上市公司暴露出的大量问题, 也说明我国公司治理面临的最大问题不是管理者偏离利益最大化的股东目标, 而是控股股东或大股东恶性掠夺中小股东利益问题。其他有的研究表明,国有控股负向影响内部控制,股权集中度也是负向影响内部控制,弱化内部控制质量。还有的认为,自愿披露内部控制随股权集中度的提高而呈先上升后下降的倒"U"型趋势。

基于以上的分析,持第二种观点的比较多,本书暂提出以下假设:

假设 9:在其他条件相同的情况下,股权集中度与内部控制评价信息披露水平负相关。

(七)管理层持股比例

现代企业制度下所有权与经营权分离产生了委托代理问题,

使得委托人与代理人追求的目标是不一致的，管理层持股便是解决二者不一致的途径之一。目前，管理层持股作为一种将管理者利益与公司长远利益相联系的长期激励制度引入我国现代企业中。如何让企业高层管理人员为股东利益最大化的目标运营企业，提高企业的价值，最终降低代理风险，控制代理成本，这是一个值得深入探讨的问题。按照公司代理理论，管理层适当持股现象可以使管理层的切身利益与公司利益有效结合起来，从而减少代理成本，相反，管理层的持股比例下降时，代理成本就会增加，因为他们将希望通过提高自身薪资、福利报酬等方式来弥补减少持股所带来的损失。目前，很多企业建立了通过考察管理人员的业绩来给予相应的激励，以将他们的机会主义最小化，股东利益最大化。而在所有的激励机制中，股权激励是近年来最常见也是最受推崇的一种方式。根据利益趋同效应，公司通过让高层管理人员拥有企业股份，让其与股东拥有一致的利益目标，那么其创造力将得到提升，公司代理成本将会降低，公司的内部控制也将日趋完善，公司业绩提高。根据上述分析，提出以下假设：

假设10：在其他条件相同的情况下，管理层持股比例与公司内部控制自我评价有效性水平呈正相关关系。

（八）审计报告类型

按照相关监管部门的要求，上市公司的年度财务报告必须经过有资质的会计师事务所审计后出具审计意见，注册会计师可以根据年度财务报告是否存在错误或舞弊行为出具不同意见类型的审计报告（包括标准审计报告和非标准审计报告，其中非标准审计报告包括带强调段的无保留意见、保留意见、否定意见和无法表示意见），以增强报表使用者对财务报表的依赖程度，能够对被审计单位股东、债权人及其他利害关系人的利益起到一定程度的保护作用。投资者对上市公司财务信息主要来于年度财务报告信息，他们在投资前通常要查阅被投资企业的财务报表及注册会计师出具的审计报告，了解被投资企业的财务状况、经营成果和现金流量信息，从而进行有选择性的投资决策，如果注册会计师出具了非标意见的审计报告，说明该公司的财务日常核算、披露等环节出现了问题，从问题的本质上来分析，是源于公司治理机制的问题，是公司内部控制管理不善的表现。一般情况下，上市公司不会主动披露对公司不利的信息，因此审计报告类型是影响上市公司内部控制评价质量的重要因素，由此提出以下假设：

假设11：在其他条件相同的情况下，被出具标准无保留意见的公司内部控制自我评价的有效性水平高于非标准审计意见的公司。

结合前文研究及相关假设，本书提出理论模型如图4-1所示：

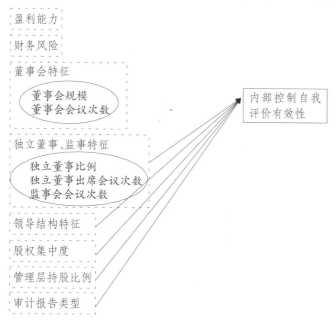

图4-1　山西省煤炭企业内部控制自我评价理论模型

二、数据来源与样本选取

自 2008 年《企业内部控制基本规范》正式颁布后,上市公司陆续加强内部控制建设,同时内部控制自我评价工作也陆续开展,尤其是深市上市的公司已全面开始这一工作,但是,报告的规范性还不是很高。自 2010 年《企业内部控制配套指引》的出台,特别是《企业内部控制评价指引》的进一步规范,上市公司内部控制自我评价报告的质量有了质的飞跃。本书选取山西省上市煤炭企业作为研究对象,含沪市主板上市的 8 家上市公司,包括大同煤业(601001)、阳泉煤业(600348)、兰花科创(600123)、潞安环能(601699)、山西焦化(600740)、安泰集团(600408)、永泰能源(600157)、山煤国际(600546),以及深市主板上市的 2 家上市公司,包括西山煤电(000983)、煤气化(000968)。这些公司中没有被股票特殊处理的企业,但由于其中一家公司近三年均未披露内部控制自我评价报告,所以本书分析的样本为 9 家上市煤炭企业。在评价年度上,我们选择 2013 年的数据进行实证分析,数据处理主要由 SPSS19 软件来完成。

三、研究变量的选择

(一)被解释变量

本部分研究的被解释变量是内部控制自我评价有效性的影响因素,为使本研究的结果更具有普遍意义和可验证性,本项研究结合 2010 年 4 月五部委联合发布的《企业内部控制评价指引》中对内部控制自我评价工作的规定,构建了一个专家评价体系,该评分体系不仅涵盖了内部控制评价工作本身的规范性程度,而且还考虑到了企业内外部监管部门对内部控制的核实评价。具体评分对象包括:董事会声明、评价主体、内部控制自我评价的依据、内部控制自我评价的范围、内部控制固有缺陷、对重点控制活动采取的控制措施、内部控制缺陷及认定情况、内部控制缺陷整改建议、内部控制有效性的结论、独立董事对内部控制自我评价报告有效性的声明、监事会对内部控制自我评价报告有效性的声明、内部控制审计报告,共包括12项。那么,如何才能计量出内部控制自我评价有效性的影响因素呢? 是本部分实证研究要解决的问题。首先,对影响内部控制评价有效性的影响因素进行赋值以将其量化,具体的专家评分内容和评分标准列示在表4-9中。对于数据的来源,以样本公司公开公布的内部控制自我评价报告为基础, 由专家参照评分标准对每家上市公司的内部控制评价有效性水平进行一一打分,最后根据每家的得分综合计算得出总得分:

表4-9　内部控制自我评价有效性水平评分表

评分内容	评分标准
董事会声明	内部控制评价报告有披露得1分,否则得0分
评价主体	内部控制评价报告有披露得1分,否则得0分
内部控制自我评价的依据	内部控制评价报告有披露得1分,否则得0分
内部控制自我评价的范围	内部控制评价报告有披露得1分,否则得0分
内部控制固有缺陷	内部控制评价报告有披露得1分,否则得0分
对重点控制活动采取的控制措施	内部控制评价报告有披露得1分,否则得0分
内部控制缺陷及认定情况	内部控制评价报告有披露得1分,否则得0分
内部控制缺陷整改建议	内部控制评价报告有披露得1分,否则得0分
内部控制有效性的结论	内部控制评价报告有披露得1分,否则得0分
独立董事对内部控制自我评价报告有效性的声明	内部控制评价报告有披露得1分,否则得0分
监事会对内部控制自我评价报告有效性的声明	内部控制评价报告有披露得1分,否则得0分
内部控制审计报告	内部控制评价报告有披露得1分,否则得0分

$$LEV = \sum_{i=1}^{12} SCORE_i$$

（其中 LEV 代表有效性水平，i=1，2，3…12，为表 4-9 中 12 个评分内容，$\sum SCORE_i$ 代表各企业评价之和）

通过分别分析 2013 年度 9 个样本公司公开披露的内部控制自我评价报告，结合表 4-9 中确定的评分内容和评分标准，对样本公司的内部控制自我评价有效性进行了评分，其中有两家公司的有效性水平达到了满分 12 分，其余公司大部分得分是 10 分，具体结果可见图 4-2 来表示。

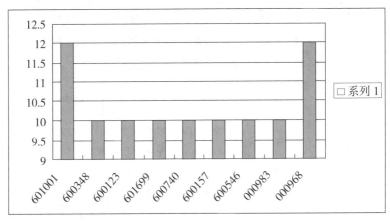

图 4-2　内部控制自我评价有效性评分结果

此外，还利用 SPSS 软件对各个评分内容的具体评价情况进行了描述性统计分析，具体结果见表 4-10：

表 4-10 内部控制自我评价有效性评分情况描述性统计

项目	N	极小值	极大值	均值	标准差	方差
董事会声明	9	1	1	1.00	0.000	0.000
评价主体	9	1	1	1.00	0.000	0.000
内部控制自我评价的依据	9	1	1	1.00	0.000	0.000

续表

项目	N	极小值	极大值	均值	标准差	方差
内部控制自我评价的范围	9	0	1	0.89	0.333	0.111
内部控制固有缺陷	9	1	1	1.00	0.000	0.000
对重点控制活动采取的控制措施	9	0	1	0.33	0.500	0.250
内部控制缺陷及认定情况	9	0	1	0.89	0.333	0.111
内部控制缺陷整改建议	9	0	1	0.33	0.500	0.250
内部控制有效性的结论	9	1	1	1.00	0.000	0.000
独立董事对内部控制自我评价报告有效性的声明	9	1	1	1.00	0.000	0.000
监事会对内部控制自我评价报告有效性的声明	9	1	1	1.00	0.000	0.000
内部控制审计报告	9	1	1	1.00	0.000	0.000

从上表可以看出，"对重点控制活动采取的控制措施"一项得分均值最低，只有3家公司从五要素等方面对各重点的内部控制情况进行了分析，其他公司只是笼统的将纳入评价范围的事项进行了介绍，具体工作也可能做得比较到位，也可能比较粗略，但是没有在评价报告中描述。

"内部控制缺陷整改建议"一项得分均值最低，同样是3家公司披露了针对缺陷的整改建议。从源头上分析，9家公司均对内部控制有效性的评价是未发现财务报告和非财务报告的重大及重要缺陷，但是大部分没有提到是否存在一般缺陷，针对一般缺陷的整改建议只有3家公司进行了披露，其中有的提到"下达了整改通知性文件，要求限期整改，同时还制定了明确的奖罚机制，有效推进了整改工作"。还有的公司针对不同的一般缺陷，分别提出了具体的有针对性的整改措施。对于不同公司披露的详尽程度不同的另一个原因，是来自上海证券交易所和深圳证券交易所对内部控制自我评价的要求不同。

"内部控制缺陷及认定情况"一项除一家公司未明确说明外，其他 8 家公司大部分从定性或定量或二者兼有的角度对财务报告内部控制缺陷和非财务报告内部控制缺陷进行了规定，其中这些缺陷的描述分别对重大缺陷、重要缺陷和一般缺陷，定量评价有具体的指标，定性评价的有评价说明。

"董事会声明"得分均为满分，所有公司都按规定进行了必要的声明，均提到类似这样的表述："按照企业内部控制规范体系的规定，建立健全和有效实施内部控制，评价其有效性，并如实披露内部控制评价报告是公司董事会的责任。监事会对董事会建立和实施内部控制进行监督。经理层负责组织领导企业内部控制的日常运行。公司董事会、监事会及董事、监事、高级管理人员保证本报告内容不存在任何虚假记载、误导性陈述或重大遗漏，并对报告内容的真实性、准确性和完整性承担个别及连带法律责任。"当内部控制出现问题危及公司及股东权益时，董事会、监事会及董事、监事、高级管理人员应按上述声明承担相应的责任，股东无须承担损失。

"评价主体"得分均为满分，所有公司均为董事会牵头，报告末尾有董事长签名。这是符合前述的《企业内部控制评价指引》规定。

"内部控制自我评价的依据"得分均为满分，大部分公司提到依据《企业内部控制基本规范》、《企业内部控制应用指引》、《上市公司内控指引》、《公司法》、《证券法》的规定。具体的分析见表4-4。

"内部控制自我评价的范围"得分均为满分，大部分公司首先界定了纳入评价范围的单位，有的从财务指标量化的角度来披露，也有的按照所属单位名称来披露。其次还界定了纳入评价范围的主要业务和事项,如法人治理、内部组织机构、内部审计、人力资源管理、安全管理、企业文化、风险评估、对子公司控制、投资管理、募集资金管理、关联交易、担保业务、财务报告、全面预算、合同管理、信息披露、信息系统等。此外还有公司披露了重点关注的高风险领域事项。

"内部控制固有缺陷"得分均为满分,所有公司都提到了"由于内部控制存在的固有局限性,故仅能为实现内部控制目标提供合理保证"。

"内部控制有效性的结论"得分均为满分,所有公司均从财务报告和非财务报告两个方面评价了内部控制,均为不存在重大缺陷和重要缺陷,对于一般缺陷,只有个别公司提到了并提出了改进建议,大部分公司未提及是否存在一般缺陷。

"独立董事对内部控制自我评价报告有效性的声明"及"监事会对内部控制自我评价报告有效性的声明"两项得分均为满分,说明山西省上市煤炭企业非常重视内部控制的监管工作,独立董事和监事会均按要求实施了监督职能,并出具了针对内部控制有效性的声明。

"内部控制审计报告"得分均为满分,所有样本公司都按照规定在企业自我评价工作的基础上,聘请会计师事务所对内部控制的有效性进行鉴证。

(二)解释变量与控制变量

根据通过分析已有的实证研究结果,在前述部分已经进行了理论分析与研究假设的设定,将公司盈利能力、财务风险水平、董事会规模、董事会会议次数、独立董事比例、独立董事勤勉程度、监事勤勉程度、董事长总经理两职合一、股权集中度、管理层持股比例、审计报告类型作为公司内部控制有效性影响因素的变量,具体解释变量的定义见表4-11：

表4-11　变量描述说明

变量名称	变量符号	解释说明	预计符号
被解释变量			
内部控制自我评价有效性的影响因素	LEV	$LEV = \sum_{i=1}^{12} SCORE_i$	/
解释变量			
盈利能力	ROE	扣除非经常性损益后的加权平均净资产收益率	+
财务风险水平	DFL	财务杠杆	-
董事会规模	BOARD	董事会人数（取自然对数）	+
董事会会议次数	BM	年度内董事会会议次数（取自然对数）	+
独立董事比例	DR	独立董事人数/董事会总人数	+
独立董事勤勉程度	INDEP	独立董事出席会议次数（取自然对数）	+
监事勤勉程度	JS	监事会召开会议次数（取自然对数）	+
董事长总经理两职合一	DOUBLE	虚拟变量,是为1,否为0	-
股权集中度	OC	前十大股东持股份数/总股份数	-
管理层持股比例	GLCG	高管人员持股比例	+
审计报告类型	Opinion	虚拟变量,标准审计意见=1,非标准审计意见=0	+
控制变量			
企业规模	SIZE	2013末各样本公司总资产（取自然对数）	+

四、回归模型的设计

为了验证前文提出的假设，将内部控制自我评价有效性的影响因素(LEV)作为被解释变量,其余变量作为解释变量建立多元线性回归模型,采用SPSS19软件,选择了描述性统计、相关性分析和多元回归分析三种方法来对假设进行检验,回归模型如下:

$$LEV=\alpha+\beta_1ROE+\beta_2DFL+\beta_3BOARD+\beta_4BM+\beta_5DR+\beta_6INDEP$$
$$+\beta_7JS+\beta_8DOUBLE+\beta_9OC+\beta_{10}GLCG+\beta_{11}Opinion$$
$$+\beta_{12}SIZE+\varepsilon$$

五、实证检验与结果分析

(一)描述性统计说明

表4-12　样本描述性数据统计表

	极小值	极大值	均值	标准差	方差
内部控制自我评价有效性	2.303	2.485	2.343	0.080	0.006
盈利能力	-0.079	0.092	0.022	0.051	0.003
财务风险水平	0.590	8.380	2.504	2.444	5.973
董事会规模	2.200	2.830	2.453	0.217	0.047
董事会会议次数	1.610	2.770	2.063	0.385	0.149
独立董事比例	0.250	0.380	0.322	0.042	0.002
独立董事勤勉程度	1.610	2.770	2.063	0.385	0.149
监事勤勉程度	0.000	2.300	1.312	0.677	0.459
董事长总经理两职合一	0.000	1.000	0.110	0.333	0.111
股权集中度	0.490	0.690	0.592	0.067	0.004
管理层持股比例	0.000	0.040	0.004	0.001	0.000
审计报告类型	1.000	1.000	1.000	0.000	0.000
企业规模	22.870	24.590	23.976	0.646	0.418

表4-12列示了山西省煤炭企业内部控制自我评价相关的描述性统计分析结果,从中可以看出,内部控制自我评价有效性水平

取自然对数(LEV)的均值为 2.343,标准差为 0.080,方差为0.006;盈利能力的均值为 0.022,标准差为 0.051,方差为 0.003;财务风险水平的均值为 2.504,标准差为 2.444,方差为 5.973;董事会规模的均值为 2.453,标准差为 0.217,方差为 0.047;董事会会议次数的均值为 2.063,标准差为 0.385,方差为 0.149;独立董事比例的均值为 0.322,标准差为 0.042,方差为 0.002;独立董事勤勉程度的均值为 2.063,标准差为 0.385,方差为 0.149;监事勤勉程度的均值为 1.312,标准差为 0.677,方差为 0.459;董事长总经理两职合一的均值为 0.110,标准差为 0.333,方差为 0.111;股权集中度的均值为 0.592,标准差为 0.067,方差为 0.004;管理层持股比例的均值为 0.004,标准差为 0.001,方差为 0;审计报告类型的均值为 1,标准差为 0,方差为 0。

(二)相关性检验

由表 4-13 列示的各变量之间的相关系统,可以发现,盈利能力、股权集中度与内部控制自我评价有效性之间的相关系数分别为 0.273、-0.065,在 5%水平显著相关;董事会规模与内部控制自我评价有效性之间的相关系数为 0.370,在 1%水平显著相关;财务风险水平、管理层持股比例与内部控制自我评价有效性之间的相关系数为 -0.031、0.461,在 10%水平显著相关;而董事会会议次数、独立董事比例、独立董事勤勉程度、监事勤勉程度、董事长总经理两职合一、审计报告类型与内部控制自我评价有效性之间的相关性不显著。以上各个解释变量的相关系数均在 -0.261 至0.573 之间,低于 0.8 这个界限,说明本书中所选取的各个解释变量并不存在多重共线性,多元线性回归的结果不会受到影响。

表 4-13 各变量之间的 Pearson 相关系数检验

	有效性水平	盈利能力	财务风险水平	董事会规模	董事会会议次数	独立董事比例	独立董事勤勉程度	监事勤勉程度	董事长总经理两职合一	股权集中度	管理层持股比例	审计报告类型	企业规模
有效性水平	1.000												
盈利能力	0.273**	1.000											
财务风险水平	-0.031*	0.176**	1.000										
董事会规模	0.370***	0.088	0.269	1.000									
董事会会议次数	0.024	0.262	0.535	0.142	1.000								
独立董事比例	0.434	0.180	0.491	-0.232	0.513	1.000							
独立董事勤勉程度	0.024	0.262	-0.135	0.142	0.255	-0.113	1.000						
监事勤勉程度	0.036	0.235	-0.124	0.161	0.356	-0.106	0.456	1.000					
董事长总经理两职合一	-0.261	-0.154	0.252	0.046	0.016	-0.144	0.016	-0.165	1.000				
股权集中度	-0.065**	0.178	-0.169	0.485	-0.170	0.553	-0.170	0.232	-0.187	1.000			
管理层持股比例	0.461*	0.154	-0.252	-0.046	0.016*	-0.144	0.016	-0.165	0.233	-0.187	1.000		
审计报告类型	0.000	0.000	0.000	0.000	0.000	0.000	0.000	0.000	0.000	0.000	0.000	1.000	
企业规模	0.457	0.573	0.486	0.306	0.140	0.540	0.140	0.030	0.462	0.487	0.462	0.433	1.000

注:***、**、* 分别表示在 1%、5%、10%水平上显著。

3.回归分析

表 4-14 模型多元回归结果

变量	B	t	Sig.	VIF
盈利能力	0.412	2.536**	0.036	1.196
财务风险水平	−0.154	−2.081*	0.048	1.346
董事会规模	0.262	1.139***	0.042	2.333
董事会会议次数	0.074	0.535	0.612	2.090
独立董事比例	0.324	1.169	0.287	1.987
独立董事勤勉程度	0.062	2.976	0.366	2.945
董事长总经理两职合一	−0.288	−1.343	0.238	1.909
股权集中度	−0.191	−2.578**	0.025	2.979
管理层持股比例	0.155	1.933*	0.047	1.455
审计报告类型	0.734	2.090	0.289	1.189

从上面的表 4-14 可以看出，各个解释变量的 VIF 值最大为 2.979,远低于 10,说明各个解释变量之间不存在多重共线性,回归的结果是有效的。根据回归分析的结果,可以得出各个假设的检验结果如下:

表 4-15 假设检验结果

解释变量	代码	预期方向	检验结果
盈利能力	假设 1	+	显著(+)
财务风险水平	假设 2	−	显著(−)
董事会规模	假设 3	+	显著(+)
董事会会议次数	假设 4	+	不显著(+)
独立董事比例	假设 5	+	不显著(+)
独立董事勤勉程度	假设 6	+	不显著(+)
监事勤勉程度	假设 7	+	不显著(+)
董事长总经理两职合一	假设 8	−	不显著(−)
股权集中度	假设 9	−	显著(−)
管理层持股比例	假设 10	+	显著(+)
审计报告类型	假设 11	+	不显著(+)

假设 1 认为,在其他条件相同的情况下,公司盈利能力与其内部控制自我评价的有效性水平呈正相关。检验发现二者在5%水平上显著相关,且与假设方向一致。这可能是由于公司盈利能力与内部控制自我评价的有效性之间是一种相互促进的过程。具有较为完善的内部控制的煤炭企业,其战略目标明确、管理制度优化、企业文化创新。促进了公司经营的效率和效果,提高了盈利能力。反过来,盈利能力作为投资者关注的关键指标,作为衡量煤炭企业经营成果的指标,其数值越高说明企业的质量越高,管理层也更加重视内部控制的建设和评价工作, 会从源头上查找内部控制中存在的问题,从而提出完善内部控制的对策。

假设 2 认为,在其他条件相同的情况下,企业财务风险水平与其内部控制自我评价有效性水平呈负相关。检验发现二者在10%的水平上显著相关,且与假设方向一致。可能是由于具有较高的财务风险的公司,其负债水平高,偿债压力大,是投资者所不期望的,同时也最为关注内部控制的情况, 此时管理层加强内部控制建设和自我评价的压力变大, 管理层对外详细披露内部控制的动机不会特别强。此外,也可以说明煤炭企业中债权人参与公司治理的范围和程度较低。但是最终为了帮助企业走出财务困境,缓解危机,必须以战略的高度制定应对财务风险的内部控制, 才能达到应有的效果。

假设 3 认为在其他条件相同的条件下, 董事会规模与企业内部控制自我评价的有效性水平正相关。检验发现二者在1%的水平上显著相关,且与假设方向一致.说明山西省煤炭企业的董事会规模符合规定且适当,在这个规模下,其应有的作用得到了发挥,可以提高企业内部控制评价水平。如果小于这个规模,会由于人员的缺乏导致公司治理失败,起不到应有的监督作用。如果大于这个规模,其沟通、协调与制定政策的难度加大,从而有些岗位不能入手工作,无法实现预期作用,容易出现内部人控制现象。

假设4认为在其他条件相同的条件下,董事会会议次数越多的企业,内部控制自我评价的有效性水平越高。检验发现董事会会议次数虽然也与内部控制自我评价水平呈正相关关系,但并不显著。究其原因,董事会会议虽然是董事勤勉尽责的表现,在这个平台下可以商事议事,制定公司重大决策,但是董事会执行效率低下的话,重大决策不能顺利制定,导致会议次数增加,最终影响公司内部控制有效性。此外,董事会会议时间长短也是影响因素之一,如果每次会议时间短,导致开会次数多,此时不能只凭次数衡量内部控制的有效性。

假设5认为在其他条件相同的情况下,独立董事比例越高的上市公司,内部控制自我评价水平越高,呈正相关关系。检验发现独立董事比例虽然也与内部控制自我评价水平呈正相关关系,但并不显著。究其原因,可能是由于有的煤炭企业董事会中独立董事不能遵循法定要求,未能减少经理层隐瞒信息的情况,会计信息失真现象仍时有存在,不能发挥应有的作用,影响了信息传递,影响了内部控制自我评价的有效性。

假设6认为在其他条件相同的情况下,独立董事出席会议次数与公司内部控制自我评价有效性水平正相关。检验发现独立董事出席会议次数虽然也与内部控制自我评价有效性水平呈正相关关系,但是并不显著。其原因可能是由于有的企业的独立董事参与了董事会会议,对重大事项进行了表决,但是没有真正起到降低内部人控制的风险,公司大股东仍在操控重大事项,没有真正做到独立。还可能是由于相关的法规对独立董事的法律责任规定不够明确,导致独立董事不可能尽责履行对内部控制的自我评价工作。

假设 7 认为在其他条件相同的情况下，监事会会议次数与公司内部控制自我评价有效性水平正相关。检验发现监事勤勉程度的指标监事会会议次数与内部控制自我评价有效性水平呈正相关关系，但并不显著。其原因可能是由于相关的法规没有明确监事会的法律责任，他们没有真正在内部控制自我评价工作中履行职责。也可能是由于监事会形同虚设，未能发现公司中存在的问题，没有真正发挥有效监督作用。

假设 8 认为在其他条件相同的情况下，董事长总经理两职合一与企业内部控制自我评价有效性水平负相关。检验发现二者与预测方向相同，呈负相关，但是显著程度不高。造成这种现象的原因可能是理论上董事长参与到公司经营管理中以行使总经理的职权是违背内部控制管理的，但是山西省煤炭企业中，这种现象很少，存在两职合一的企业由于其对公司的控制力更大，所以从另一个角度讲有利于提高公司的创新度，没有对内部控制自我评价有效性造成不利影响。

假设 9 认为在其他条件相同的情况下，股权集中度与内部控制评价信息披露水平负相关。检验发现二者与预测方向相同，呈负相关，并且在 5% 水平显著相关。其原因为股权集中的控制股东或大股东恶意占用中小股东利益，股权集中度也负向影响内部控制自我评价有效性。

假设 10 认为在其他条件相同的情况下，管理层持股比例与公司内部控制自我评价有效性水平呈正相关关系。检验发现二者与预测方向相同，呈正相关关系，并在 10% 水平上显著。其原因是管理层持股数量较多时，会将其切身利益与公司利益有效结合起来，与股东的利益保持一致，所以管理层更加注重公司业绩，从内部控制做起，相应的代理成本也会减少。

假设 11 认为在其他条件相同的情况下,被出具标准无保留意见的公司内部控制自我评价的有效性水平高于非标准审计意见的公司。检验发现二者与预测方向相同,呈正相关关系,但并不显著,通过检验。表明会计师事务所实施的外部审计的意见类型为无保留意见时,其内部控制自我评价水平不一定高。

总之,从以上的分析可以看出,盈利能力、董事会规模、管理层持股比例与内部控制自我评价有效性正相关且效果显著,财务风险水平、股权集中度与内部控制自我评价有效性负相关且效果显著。均与原假设一致。说明山西省煤炭企业内部控制自我评价有效性的影响因素为盈利能力、董事会规模、管理层持股比例、财务风险水平、股权集中度。

第三节　本章小结

本章主要针对山西省煤炭企业从两个方面进行了研究,其一是通过对山西省煤炭企业内部控制自我评价的现状分析,结果发现整体上基本能够按照《企业内部控制基本规范》和《企业内部控制评价指引》的要求进行内部控制的评价,各方面在逐步靠近规范的要求。但同时也存在一定的问题,如如实披露的动力不足、评价格式不规范、评价内容不统一、评价依据、程序和方法不统一、报告实用信息不多、自我评价的有效性缺乏实质性关注、报告无定量分析等。其二是通过对山西省煤炭企业内部控制自我评价有效性的影响因素进行描述性统计、相关性分析和回归分析,结果得出其影响因素包括盈利能力、董事会规模、管理层持股比例、财务风险水平、股权集中度。

第五章　煤炭企业内部控制审计研究

——以山西省为例

第一节　山西省煤炭企业内部控制审计现状分析

21世纪始,全球范围内一系列财务舞弊导致的上市公司破产事件的发生,使得诸多监管机构意识到仅靠公司内部治理是不足的,于是企业内部控制监督体制的健全被提到了一个空前的位置。继2002年美国颁布《萨班斯—奥克斯利法案》(SOX)后,中国也开始研究新的内部控制监督管理体系,内部控制审计在此如何发挥作用具有重要的研究价值。

随着经济的日益发展,我国各行各业面临的风险逐渐增加,为了使企业持续发展,保证资产保值增值,我国政府陆续出台了一些关于内部控制的规定,但是没有形成一个有机的系统,经过相关部门和专家学者的共同努力,于2008年和2010年分别颁布了《企业内部控制基本规范》和《企业内部控制配套指引》(其中含《审计指引》),首次规定了事务所需要对上市公司内部控制的有效性发表审计意见,这是从内部控制进行专项审核以来的一个质的飞跃,是资本市场上一个新的监管内容。通过三年来的实践,内部控制审计在山西省煤炭企业中的实施现状如何？是否存在一些问题？

一、山西省煤炭企业内部控制审计报告分析

目前，距离我国按要求实施内部控制审计已历时三年，所以，本书选择我省在沪市和深市上市的 10 家上市煤炭企业作为研究对象，包括大同煤业、阳泉煤业、兰花科创、潞安环能、山西焦化、安泰集团、永泰能源、山煤国际、西山煤电、煤气化，对其近三年会计师事务所出具内部控制审计报告的情况进行了统计。各年度实施内部控制审计的情况为：2011 年 4 家、2012 年 9 家、2013 年 9 家。可以看出，按照《企业内部控制审计指引》的要求实施内部控制审计的企业数量在增加，强制措施已得到了体现，但仍有个别公司执行不太到位。

从报告名称上看，2011 年出具内部控制审计报告的山西省上市煤炭企业中，有两家的报告名称为"内部控制鉴证报告"，2012 年，其中一家的报告名称仍为"内部控制鉴证报告"，2013 年，全部统一为"内部控制审计报告"，说明对《企业内部控制审计指引》的认识是需要一个过程的。

从报告的整体框架上，大部分报告名称为"内部控制审计报告"的分为五个部分：引言段、企业对内部控制的责任、注册会计师的责任、内部控制的固有局限性、财务报告内部控制审计意见。个别报告名称为"内部控制鉴证报告"的包含内容多两项：对报告使用者和使用目的的限定、工作概述。

从报告的依据上，大部分提到了依据《企业内部控制基本规范》、《企业内部控制审计指引》及中国注册会计师执业准则的相关要求，这是符合我国内部控制审计报告要求的。

从报告类型上看，凡是出具了内部控制审计报告的公司均为

无保留意见,意见段的表述为:我们认为,贵公司于某年 12 月 31 日按照《企业内部控制基本规范》和相关规定在所有重大方面保持了有效的财务报告内部控制。

二、山西省煤炭企业内部控制审计问卷调查

从以上的情况可以看出,大多数公司已经按照审计指引的要求做了这项工作,但由于审计报告表述简略,仅从其报告中找到存在的问题,信息还远远不够,所以笔者针对审计山西省煤炭企业的会计师事务所发放了调查问卷,希望通过调查能发现注册会计师在执业过程中的一些真实想法。收回问卷后,我们总结归纳各种调查信息,得出如下结果:

(一)被调查对象基本情况

本次调查的对象是审计山西省上市煤炭企业的注册会计师,共发放调查问卷 70 份,收到有效问卷 53 份。从年龄结构上看,其中 41 ~ 45 岁的有 2 人(占比 0.04%),36 ~ 40 岁有 19 人(占比 35.85%),31 ~ 35 岁有 23 人(占比 43.40%),30 岁及以下占 9 人(占比16.70%)。从职务上看,其中 42 人(占比 79.25%)是项目经理以上人员,11 人(占比 20.75%)熟悉内部控制审计业务。从工作经验上看,33 人(占比 62.26%)具有 5 年以上工作经验,11 人(占比 20.75%)具有 3 ~ 5 年工作经验,其余的 9 人(占比 16.98%)具有 1 ~ 3 年工作经验。表明大多数被调查对象是事务所的业务骨干,可以为调查结果的分析提供高质量的信息,这是做好调查工作的第一步。

(二)对内部控制审计的调查情况

1.关于内部控制审计报告意见类型的出具调查

通过汇总,发现 53 名注册会计师中 40 人(占比 75.47%)的表

示出具过内部控制审计报告,且出具的均为无保留意见,其余的13人(占比24.53%)表示没有出具。在出具过内部控制审计报告的40人中,6人(占比15.00%)表示出具过10份以上,21人(占比52.50%)表示出具过5～10份,其余13人(占比32.50%)表示出具过5份以下。

2.关于审计方式的调查

整合审计方式是将财务报表审计与内部控制审计相结合,这是实施内部控制审计以来有些学者赞同采用的方法,同时《企业内部控制审计指引》中也提到可以采用这种方法。在调查中,31人(占比58.49%)的被调查注册会计师认为可以采用整合审计,并分别出具财务报表审计报告和内部控制审计报告,但是实务工作中会遇到一些困难和问题。22人(占比41.51%)的认为单独实施内部控制审计,且单独出具内部控制审计报告。

3.关于财务报表审计和内部控制审计意见关系的调查

在调查时,我们主要针对两个问题,其一是"你是否认可如果财务报表审计意见为非标准审计报告,则内部控制审计意见必然为非标准审计报告。"这个看法有43人(占比81.13%)表示同意。其二是"你是否认可如果内部控制审计意见为非标准报告,则财务报表审计意见不一定为非标准报告。"同意的有10人(占比18.87%)。

4.关于内部审计人员工作利用的调查

通过调查,我们发现有14人(占比26.42%)认为对内部审计工作利用较好,也有16人(占比30.19)认为对内部审计工作利用不好,原因有以下几种:内部审计部门的独立性很难做到,所以大部分公司的内审形同虚设,起不到应有的作用;内审人员的专业素质差,对政策把握不准;内部审计部门在企业中的地位较差。此外,还有 23 人（占比 43.40%）认为是否利用需要根据具体情况判断,如内部审计人员的地位、执业能力、独立性等。

5.关于内部控制自我评价工作的利用调查

调查后通过统计发现,15 人（占比 28.30%）被调查者认为董事会或相关机构对内部控制的评价是能够按照规定有效进行评价,可以有效利用;还有 16 人（占比 30.19%）被调查者认为内部控制评价工作不能全盘否定,有的企业做得比较合法合规,但是有的企业不切合实际情况,没有指出真正的内部控制缺陷,工作时可以选择利用;剩余 22 人（占比 41.51%）认为该项工作实施时间短,一般都是流于形式,没有真正实施,整体看来无效,没有利用价值。

6.关于审计程序使用的调查

针对内部控制审计,一般使用询问、观察、检查、穿行测试和重新执行五大程序。在实务工作中,不一定每个项目都要用以上所有的程序,具体用哪个程序要根据项目情况来定。通过调查,认为以上程序用到的可能性平均分别为 81%、89%、74%、86%、85%,所以,如果排序的话,用到可能性从大到小顺序分别为观察、穿行测试、重新执行、询问、检查。

7.关于内部控制重大缺陷判断的调查

按照影响内部控制目标实现的严重程度通常将内部缺陷分成四个种类,其中《企业内部控制审计指引》中对内部控制最严重的重大缺陷的认定指出了四种迹象:"注册会计师发现董事、监事和高级管理人员舞弊;企业更正已经公布的财务报表;注册会计师发现当期财务报表存在重大错报,而内部控制在运行过程中未能发现该错报;企业审计委员会和内部审计机构对内部控制的监督无效。"统计调查问卷可以看出,39 人（占比 73.58%）的被调查者认为这些现象在工作中能体现出内部控制具有重大缺陷,14 人（占比

26.42%)的人不太同意,认为重大缺陷不仅仅包括这些,比如相关监管部门对公司做出了处罚决定、媒体曝光等,也可能被判断为该公司内部控制属于重大缺陷的范畴。

8.关于加强和完善内部控制审计建议的调查

《企业内部控制审计指引》在近几年来规范了会计师事务所执行内部控制审计业务,但是通过实践,我们发现大多数注册会计师认为需要进行完善,在诸多建议中,通过分类整理,11 人(占比20.75%)认为监管部门应增加政策方面的强制性要求,不执行的给予严厉的处罚;45 人(占比 84.91%)认为审计方法和程序应有更具体和有针对性的规定;17 人(占比 32.08%)认为重大缺陷、重要缺陷、一般缺陷的界定标准实用性差,应提供量化指标;20 人(占比37.74%)认为应删除重要缺陷,保留重大缺陷和一般缺陷,在工作中执行性更强;17 人(占比 32.08%)认为应加强对注册会计师执行内部控制审计的培训;9 人(占比 16.98%)认为应提供一些参考案例,以为注册会计师实务工作和学校的教学工作提供参考。

9.关于事务所从事内部控制审计业务的主要困难的调查

根据注册会计师对从事内部控制审计业务以来遇到的主要困难和障碍,回答主要体现在以下几个方面:25 人(占比 47.17%)认为事务所没有根据内部控制审计业务专门制订审计的流程、标准和程序,导致同一事务所的底稿样式不一;33 人(占比62.26%)认为事务所举行的专业培训与实践工作联系不够紧密,实际操作中有许多把握不准的地方;28 人(占比 52.83%)认为企业和事务所均更加重视年度财务报表审计,对内部控制审计工作的主动性差,意愿不高。

10.关于内部控制审计价值的调查

针对内部控制审计的价值,14 人(占比 26.42%)认为主要是提供了价值增值服务,13人(占比24.53%)认为主要是给企业增加了负担,其余26人(占比49.06%)认为既增加了企业部分成本,又提供了价值增值服务。说明大部分认为增加了价值,针对这部分回答,进一步针对内部控制审计价值能够提供增值服务的实现方式,23人(占比57.50%)认为帮助企业贯彻了风险管理原则,找到了缺陷,提高了企业内部控制管理的意识,提高了经营效率,促进了企业的可持续发展;17人(占比42.50%)认为通过内部控制审计的外部监督机制,帮助企业按照《企业内部控制基本规范》的要求规范了内部控制,增强了遵守法律法规的意识。

11.关于内部控制审计未来的发展方向

针对内部控制审计未来发展方向的调查,结果显示12人(占比22.64%)认为应采取原则导向,规范审计方法、程序、缺陷认定标准、披露格式等;35人(占比66.03%)认为应采取风险导向,企业应注重风险管理,事务所应注意降低审计风险;5人(占比9.43%)认为应采取价值导向,内部控制是为了企业增加价值,实现可持续发展。

三、山西省煤炭企业内部控制审计存在的问题分析

根据以上对山西省煤炭企业内部控制审计报告的分析及调查问卷了解到的信息,总结出以下几点问题:

(一)企业管理当局对内部控制审计的重视程度欠缺

目前,《企业内部控制基本规范》及《企业内部控制配套指引》要求实施的内部控制审计业务,上市煤炭企业对此项工作引起了一定的重视,近三年能够逐渐按照要求聘请会计师事务所进行审计,但是从主观上来看,与财务报表审计的重视程度相比存在一定的差距,企业的管理当局存在主动性不强、应付的态度。对于中小

型煤炭企业,由于政策没有强制执行,所以目前还处于事不关己的状态。

(二)需要正确处理是否运用整合审计

整合审计提倡将财务报表审计与内部控制审计结合,通过调查发现,部分注册会计师认可采用整合审计,审计指引也提出可以采用这种方式。如果煤炭企业聘请了同一家上市公司,将适合采用这种方式,但是整合审计究竟如何开展,对审计程序、审计方法各方面都没有成熟的做法。再者,在出具意见时,二者是否具有矛盾?是否财务报表审计报告与内部控制审计报告的意见类型必须相同?有的学者认为,如果注册会计师针对内部控制审计报告出具了非标准审计报告,则财务报表的审计意见可能是标准审计报告,也可能是非标准审计报告。这是广大注册会计师及学者认可的观点,同时有部分反对观点。实务中如何处理好两种审计方式在实施程序、证据提供、意见出具等方面的关系,缺乏理论的指引,在实务中也需要更多的摸索。

如果企业的内部审计部门选择的内部控制审计的事务所与财务报表审计的事务所不是同一家,则不同的事务所、不同的注册会计师在重要性水平的确定、审计风险的评估、控制测试的性质时间和范围都可能存在差异。如何衔接两家事务所的工作,减少或消除各种可能的差异,并将审计过程中发现的重大事项进行沟通和协调,共享重要的专业资源,则可以尽早发现重大内部控制缺陷,减少审计成本、减少企业成本,具体怎么操作,从理论界到实务界都是一个值得认真探讨的课题。

(三)事务所专业人才的培养欠缺

由于近几年国家才开始对内部控制审计有强制要求,所以审计煤炭企业的事务所还没有来得及设置专门实施内部控制审计的部门,更没有根据行业的实际情况制定相关的审计模板、标准和程序,没有培养或配备专门的内控审计人才,这样就造成了以前执行财务报表审计的人员用一些惯常的做法实施内部控制审计,因为内部控制审计的范围要比财务报表审计中对内部控制测试的范围广泛,不但包括财务报告相关的内部控制,也需适当关注非财务报告相关的内部控制,对内部控制的了解、测试方面的工作用以前的做法显得会欠缺一些。这样是不能应对专门对内部控制发表审计意见。

(四)内部控制自我评价工作利用程度不高

根据了解到的情况,许多注册会计师对煤炭企业开展内部控制自我评价工作不大看好,认为企业管理当局重视程度不高,评价工作流于形式,回避缺陷的披露,有不符合实际的情况,所以,虽然内部控制评价和内部控制审计在工作对象上具有一致性,但是由于前者的工作效果受到注册会计师怀疑,所以实务中利用程度不高。注册会计师对内部控制审计时一般按照审计的要求和思路,用适当的审计程序和审计方法执行工作。

(五)内部控制审计缺陷认定的界定难

在实务工作中,注册会计师通过对被审计单位基本情况的了解、实施审计程序后必须出具报告,内部控制审计报告主要是针对财务报告内部控制是否有重大缺陷,但是套用规定中的依据比较含糊,不是很明确,根据煤炭企业自我评价报告中确定的缺陷认定不一定客观,所以导致是否属于重大缺陷认定难以界定,出具的报告意见类型不一定正确,进而影响到报告使用者对信息的利用。

(六)标准无保留意见出具比例太高

山西省煤炭企业的内部控制审计报告中,凡是出具的都为无保留意见。有的专家研究了近几年上市公司的情况,出具非标准意见的少之又少,象新华制药被出具否定意见的更为罕见。针对我国目前的内部控制建设的现状,这种现象显然是不符合实际情况的,而同期,根据 2008 年林姝的研究"SOX 法案施行的初期,59 家在美国上市的中国公司中的 37 家在其历史年度报告中至少披露了一个重大缺陷或实质性漏洞。"在美国上市的中国上市公司是发现诸多重大缺陷,在公告中也是经过披露的,而且这些上市公司在接下来的时间里普遍进行了一定的改正,加强了内部控制的制度建设。这说明我国境内外上市的公司在披露内部控制审计报告方面与同时期在美国等发达国家上市的中国公司还有很大的差距,这无疑对我们的监管环境,国内会计师事务所,上市公司敲响了警钟。对我们利益相关者利用内部控制审计报告这一信息提了一个醒,我国的内部控制审计报告其真正的效用有多大。

(七)非财务报告重大缺陷发现极少

《企业内部控制审计指引》明确要求:"注册会计师应当对财务报告内部控制的有效性发表审计意见,并对内部控制审计过程中注意到的非财务报告内部控制的重大缺陷,在内部控制审计报告中增加'非财务报告内部控制重大缺陷描述段'予以披露"。"标准内部控制审计报告应当包括下列要素:财务报告内部控制审计意见段;非财务报告内部控制重大缺陷描述段"。

从已经公布的内部控制审计报告发现,大部分报告的引言段中有类似这样的表述;"按照《企业内部控制审计指引》及中国注册会计师执业准则的相关要求,我们审计了某公司某年 12 月 31 日的财务报告内部控制的有效性"。意见段有类似这样的表述:"我们认为,贵公司于某年 12 月 31 日按照《企业内部控制基本规范》和相关规定在所有重大方面保持了有效的财务报告内部控制"。可以看出,审计范围的界定上会计师事务所非常重视财务报告内部控制的有效性,对于非财务报告出现的重大缺陷,规范和指引没有强调发表意见,但是如果注意到有这样的重大缺陷,应该在对此进行描述。总之,说明大家更多关注与财务报告有关的内部控制,而忽视了新体系下企业内部控制审计一个关键的关注点——非财务报告内部控制重大缺陷。

四、山西省煤炭企业内部控制审计存在问题的原因分析

针对山西省煤炭企业内部控制审计的现状,经过以上分析发现了7个问题,为了使解决问题具有针对性、逻辑结构清晰,必须找到产生问题的根源,经过分析,我们将其原因归结为三大块:会计师事务所、企业管理当局、外部监管部门。下面分别进行分析:

(一)会计师事务所的原因

《企业内部控制基本规范》及配套指引规定:企业需要聘请具有证券期货业务资格的会计师事务所对其财务报告内部控制的有效性进行审计,出具审计报告,会计师事务所作为出具内部控制审计报告的主体及执行者,对内部控制审计质量优劣起着极为重要的作用。根据总结发现的问题,从会计师事务所的角度归纳问题的原因如下:

1.注册会计师知识结构存在缺陷

会计师事务所经过近些年的风风雨雨,已经形成了一定的规模,审计业务仍占较高比例,普遍重视会计审计知识的学习培训和相关人才储备。但是,内部控制审计业务出现,使得在专业知识方面,扩大到了金融、贸易、管理学等更广泛的财经层面,有部分注册会计师对专业知识的理解和掌握显得有点欠缺,再加上对非财务报告内部控制缺陷关注度较低。出现了普遍缺乏具有复合知识结构的注册会计师在执行内部控制审计这一新业务时出现诸多问题。

2.对非财务报告内部控制缺陷不太重视

美国 SEC 出于成本效益的考虑，在经过多方博弈折中后决定只对财务报告内部控制进行强制审计，没有要求对全面内部控制进行强制审计。借鉴国外的经验和做法，考虑了我国具体国情和企业的实际情况、注册会计师的专业胜任能力、成本效益等各种因素后，我国审计指引规定注册会计师应对审计过程中注意到的非财务报告内部控制重大缺陷在审计报告中增加描述段予以披露。这样的规定带来的两个问题，其一是由于只对财务报告内部控制强制审计，对于非财务报告的缺陷强制程度不高，所以，造成了实务中对其不太重视的态度；其二究竟什么样的缺陷构成非财务报告重大缺陷，注册会计师在遇到实务工作时难以界定，在此举几个方面的情况，以为非财务报告内部控制缺陷的界定提供思路:行业重大政策变化引致的重大缺陷、重大的市场或革命性的技术变化引致的重大缺陷、关键管理或技术人员离职导致的重大缺陷、供应商欺诈导致的重大缺陷、商品流通企业价格管理方面的重大缺陷。

3.事务所对内部控制审计的制度化建设欠缺

由于近几年国家强制要求上市公司实施内部控制审计，有的事务所停留在过去财务报表审计的思路上，将其中内部控制的了解和测试运用到的方法、程序运用到内部控制审计中，还没有建立专门的行业内部控制审计流程、标准、程序等，而审计指引的指导只具有框架性、通用性，不能满足事务所针对不同行业、不同类型业务的特殊需求，所以，会计师事务所应注重对于行业内部控制审计的制度化建设，设计一套适合本所业务范围所涉及行业的审计流程，为注册会计师执行业务指明方向。设计时应注意整合审计的思路及与财务报表审计意见的关系、缺陷认定标准(包括财务报告和非财务报告)、三级复核制度的落实等。只有建立了规范的业务管理制度,注册会计师执行业务有统一的标准和方式,才可以有效避免执业混乱的问题。

4.内部控制审计业务中独立性缺失

我国的内部控制审计业务曾经经过了内部控制审核,内部控制审阅,内部控制鉴证。内部控制在发展的过程中,会计师事务所对内部控制的保证程度不断增强。目前所要求的内部控制审计,有的事务所和注册会计师的认识还不太清楚,存在着审计人员由长期从事财务报表审计业务转为从事内部控制审计业务;审计人员从事企业内部控制的咨询和体系构建工作,又参与了内部控制审计工作等若干现象。以上种种现象,使得会计师事务所审计人员因自我评价、自身利益和过度推介等原因造成会计师事务所的独立性缺失。独立性缺失一定程度上造成了统计分析中发现会计师事务所将应该是重要或重大缺陷的界定为一般缺陷,出具的审计报告中意见类型基本上为标准无保留意见。所以,注册会计师个人应对影响独立性的情况主动声明并回避,事务所在人员的分配上考虑各种可能影响独立性的因素,只有保持了独立性,才能为客观的出具审计报告提供保障。

5.国内会计师事务所业务多元化战略有待加强

经过有的学者研究发现,国际四大会计师事务所从事内部控制审计业务的比例高于国内会计师事务所。究其原因,国际四大会计师事务所依靠多元化战略,很好就开展了管理咨询业务,而且在整个业务中所占比例大的比例,所以,他们已经积累了大量的人力资源及从事内部控制业务的经验,而国内事务所把很大的业务集中在财务报表审计上,使得对内部控制审计业务的前期资源积累欠缺,所以,业务多元化一定要作为会计师事务所的一项主要的经营策略,这样可以更加有效的利用现有的资源,发挥最大优势。

（二）企业管理当局的原因

公司管理当局作为内部控制的责任主体，需配合会计师事务所的审计工作并对审计报告及时正确披露。从这一角度归纳内部控制审计存在问题的原因，有如下几条：

1.管理层对内部控制审计的认识程度不够

虽然我国的内部控制制度建设进行了较长的时间，但是企业内部控制规范体系的基本建立却是以2008年《企业内部控制基本规范》的发布为标志的。2010年国家出台了《企业内部控制审计指引》，之前，深交所和上交所的上市公司分别适用深市、沪市的内部控制规范。这些规范有的是强制性的，有的不是。所以不同的上市公司做法不同，内部控制建设时间各异，管理层对内部控制的认识也不同。审计指引发布之后，由于前期的认识和管理不同，部分企业存在着内部控制制度建设上做"表面文章"，敷衍了事的行为。管理层不适应这一新变化，对内部控制审计重要性认识不够，间接影响了会计师事务所出具的审计报告的规范程度。

2.内部控制自我评价工作流于形式

按照我国《企业内部控制审计指引》要求，注册会计师应当对企业内部控制评价工作进行评估，判断是否利用企业内部审计人员、内部控制评价人员和其他相关人员的工作以及可利用的程度，相应减少可能本应由注册会计师执行的工作。目前，由于种种原因，山西省煤炭企业内部控制评价工作距离风险导向还有一定的差距，有很多内容局限在表面工作，制度流程难以落到实处。如果注册会计师利用了自我评价的工作，由此就有可能使内部控制重大缺陷难以发现，反映在内部控制审计报告的内容上，就是很少有内部控制审计报告披露内部控制重大缺陷。

3.考虑到非标准审计报告的影响

企业管理当局的考虑有两种情况:第一种,如果企业内部控制设计合理,执行有效,无重大及重要缺陷,管理当局为了给利益相关者传递积极的信息,就会主动聘请会计师事务所进行内部控制审计,出具内部控制审计报告,且重视内部控制审计报告的披露方式方法。此时,投资者会加大投资力度,消费者会更加信任企业的产品和服务,在社会公众中也会留下良好的印象。第二种,如果上市公司内部控制有重大缺陷和不足,管理当局就缺乏聘请会计师事务所进行内部控制审计的动力,或者通过一些其他手段来与注册会计师协调影响正常报告类型的出具,这些不正当的现象会对投资者、消费者、社会公众产生相反的影响。

4.企业股权结构影响内部控制的建设

目前,山西省煤炭企业中存在着两种比较特殊的股权结构:一种是过去家族式民营企业,上市后一般保持了原有的股权结构特点,大股东一家独大,内部人控制现象严重。由于中小股东追求短期利益,内部控制建设存在缺陷且缺乏改进的动力。另外一种是传统的国有企业,保留有计划经济时代的特色,官僚主义比较严重,在现代企业管理中没有及时建立健全良好的股权结构,内部控制制度建设表现为形式主义,执行效果有一定的局限。这两类企业中的股权机构的影响使得所有者管理者界限不太清晰,加上我国的大环境下内部控制建设真正规范较晚,对事务所出具非常客观的内部控制审计报告存在一定的影响。

(三)外部监管部门的原因

目前,在我国市场机制还不完善的情况下,监管机构的监管对政策的执行起到了很重要的引导作用,因此,笔者将从外部监管者角度归纳的原因总结为如下几个方面。

1.政策宣传力度欠缺

内部控制制度建设早期,我国发布过《上海证券交易所内部控制制度指引》《深圳证券交易所内部控制制度指引》,之后,于2008年,发布《企业内部控制基本规范》,2010年,又发布《企业内部控制审计指引》。企业在不同时期遵循不同的政策规定,这些政策规定会对上市公司之后实施其他的规范造成一定的影响。统计分析发现,个别公司的内部控制审计报告中有以前政策的痕迹,所以,监管机构一定要做好政策之间的协调和梳理,并加大公告宣传力度,以更好地指导企业和会计师事务所的行为。

2.缺乏对内部控制审计程序、缺陷认定等的细则

2010年出台的《企业内部控制审计指引》对于指导注册会计师实施审计工作提供了方向性的指导,但是从实用性来看,还是远远不够的,主要体现在:从审计程序上看,未针对企业整体层面和业务流程层面制订一些实用性和操作性强的规定。从缺陷认定上,未针对各种缺陷规定一些量化的指标。尤其是非财务报告缺陷上,没有可以依据的内容。总之,监管机构缺少一个对内部控制审计程序、缺陷认定等的监管细则,监管机构关于内部控制审计的监管细则的缺失,使我国内部控制审计工作的不规范且没有惩罚措施,从而导致企业和会计师事务所违规成本很小。作为出台相关内部控制规范及要求的部门,希望更加重视内部控制审计的实施状况,并不断完善内部控制审计理论,在此基础上推动实务工作更加规范,更加有据可依。

3.监管机构缺乏对内部控制审计报告披露的强制性要求

在研究的过程中发现,内部控制审计信息披露的时间不统一,并且披露的位置多种多样,个别企业在披露内部控制审计报告时把内部控制审计报告与内部控制自我评价报告放在一起。这些现象给投资者、消费者等利益相关者查询报告带来了一定困难,尤其

对于非专业人士。同时,内部控制自我评价报告和内部控制审计报告披露位置的混乱,更容易让不具有专业知识的人士混淆二者本质的区别。各上市公司应普遍形成一个习惯,以单独的文本在定期报告中与年度财务报表审计报告并列披露。

4.监管机构惩罚措施力度不够

研究中发现,有个别公司没有按照规定进行内部控制审计报告的披露,也没有受到应有的处罚,原因是监管机构没有对惩罚体系制度化,监管力度不足,造成企业对违规行为无视。

第二节　山西省煤炭企业内部控制审计风险分析

早在20世纪70年代,理论和实务界已产生了对内部控制进行审计的观点,只是由于种种原因一直没有广泛实施。近年来,为了有效降低经营风险,按照现代企业管理的要求,各企业逐渐重视建立健全内部控制,尤其是2010年4月26日,财政部等五部委共同发布了《企业内部控制配套指引》,包括《内部控制应用指引》、《内部控制评价指引》以及《内部控制审计指引》,要求上市公司以及未上市大中型企业应当对其内部控制的有效性做出自我评价并披露,同时应当聘请会计师事务所对其有效性进行审计并出具审计报告。按照要求,注册会计师会应客户及相关监管部门的要求提供内部控制审计服务,自然与年度财务报表审计类似会产生审计风险,如何对其进行定量评价,目前的研究甚少,本书采用未确知测度作为分析工具,以山西省某煤炭企业为研究对象,希望有助于注册会计师合理制订审计计划,有效实施审计程序,最终将审计风险降低至可接受的低水平。

一、内部控制审计风险模型的确定

我国《内部控制审计指引》第四条指出,注册会计师执行内部控制审计工作,应当获得充分、适当的证据,为发表内部控制审计意见提供合理保证,注册会计师应当对内部控制有效性发表审计意见,并对内部控制审计过程中注意到的非财务报告内部控制重大缺陷予以披露。按照以上内部控制的目标,其对应的审计风险为企业内部控制存在严重缺陷而注册会计师没有发现的可能性。对于内部控制审计风险模型,准则没有明确的规定,有的注册会计师试图将财务报表审计风险模型运用于内部控制审计中,以便进行评价,但由于二者在实施程序方面有所不同,表现在:在内部控制审计中,注册会计师没有必要执行实质性程序,主要实施的是内部控制方面的评价工作,控制测试是常用程序。而在财务报表审计中,只评价内部控制是远远不够的,一般需将控制测试和实质性程序结合起来使用。所以,有必要对内部控制审计建立单独的模型,所以,本书根据目前内部控制审计的要求和特点,并参考各学者观点基础上,初步确立了以下模型:

内部控制审计风险 = 控制设计和执行有效性风险 × 控制评价风险

其中,控制设计和执行有效性风险,是由于被评价单位所导致的,源于内部控制能否有效设计、是否执行以及是否有效执行等因素。如果为了防止重大错报风险的发生,未能合理设计内控,即使执行得很有效,也达不到预期的效果。再者,如果设计合理的内控没有得到执行或执行效果不佳,同样是没有效果的。

控制评价风险,是由于审计人员引起的,类似于财务报表审计中的检查风险,它发生在对企业内部控制设计和执行效果进行专业评价时,实施了控制测试等程序但未能发现相关问题的可能性,取决于内部控制测试程序设计的合理性和执行的有效性。

二、未确知测度综合评价理论基础

在以上确立内部控制审计风险模型的基础上,要想对山西省煤炭企业内部控制审计风险进行计量,首先要选择合适的计量方法,目前审计风险的研究前沿使用层次分析法、模糊评价法居多,本书采用未确知测度的数学方法作为计量工具,其原理为:

在社会科学、自然科学、工程技术等科研和实际应用领域中,往往存在着大量的不确定信息,它们的不确定性归纳为随机性、模糊性和未确知性。对随机性和模糊性信息的研究形成了统计数学、决策论和模糊数学。而未确知信息的研究正在形成和完善成未确知数学这一门新的数学理论。

所谓"未确知信息"就是由于决策者所掌握的信息不足以确定事物的真实状态和数量关系而带来的纯主观认识上的不确定性。在我国,未确知数学是王光远根据建筑工程理论研究的需要而首先引入的。王光远在 1990 年发表了《论未确知信息及其数学处理》揭开了我国未确知性研究的第一页,经有关专家和学者如葛琦、王光远、王丽萍、李惠娟、李雷等人的研究,逐步形成了"未确知数学"理论。未确知测度就是未确知数学的一个部分。

对事物的测量按测量方式可分为直接测量和间接测量,未确知测度是一种间接测量。不论直接测量或间接测量,必须首先建立一个测度空间或可测空间,然后定义度量法则。

设 x_1、x_2 ……x_n 是 n 个对象,以 X 表示对象空间,则

$X = \{x_1, x_2 \cdots\cdots x_n\}$

要评价 x_i 需要测量 m 个指标,I_1、I_2 ……Im 指标空间记作 I,

则 $I=\{I_1,I_2\cdots\cdots I_m\}$，若 x_{ij} 表示第 i 个对象 x_i 关于第 j 个指标 I_j 的测量值，则 x_i 可表示为一个 m 维向量

$$xi=\{I_{i1}、I_{i2}\cdots\cdots I_{im}\}$$

对 x_{ij} 有 p 个评价等级 $c_1、c_2\cdots\cdots c_p$，评价等级空间记作 U，则

$$U=\{c_1,c_2\cdots\cdots c_p\}$$

且 $c_i\cap c_j=\Phi(i\neq j,i,j=1,2\cdots p)$，$\Phi$ 表示空集。用 c_k 表示第 K 个评价等级，若 c_k 比 c_{k+1} "高"，记为 $c_k>c_{k+1}(k=1,2\cdots p-1)$，若 $c_1<c_2<\cdots<c_p$ 或 $c_1>c_2>\cdots>c_p$，则称 $\{c_1,c_2\cdots\cdots c_p\}$ 为评价空间 U 上的一个有序分割类。

显然 U 可表示为：

$$U=\left\{A\middle|A=\bigcup_{i=1}^{k}a_i,a_i\in\{\Phi,1,c_1,c_2\cdots c_k\},1\leq i\leq k\right\}$$

满足对集合并、交、补运算的封闭，U 为一种可测空间。

（一）单指标未确知测度

设 $\mu_{ijk}=\mu(x_{ij}\in c_k)$ 表示测量值 x_{ij} 属于第 k 个评价等级 c_k 的程度，要求 μ 满足：

$$0\leq\mu(x_{ij}\in c_k)\leq1(i=1,2\cdots n,j=1,2\cdots m,k=1,2\cdots p) \qquad (5-1)$$

$$\mu(x_{ij}\in U)=1(i=1,2\cdots n,\ j=1,2\cdots m) \qquad (5-2)$$

$$\mu(x_{ij}\in\bigcup_{k}^{k}c_l)=\sum^{k}\mu(x_{ij}\in c_l)(k=1,2\cdots p) \qquad (5-3)$$

$$\mu(\lambda x_{ij}\in\bigcup^{k}c_l)=\lambda\sum^{k}\mu(x_{ij}\in c_l)(k=1,2\cdots p) \qquad (5-4)$$

式（5-2）称为 μ 对评价空间 U 满足"归一性"，式（5-3）称为 μ 对评价空间 U 满足"可加性"，称满足（5-1），（5-2），（5-3），（5-4）的 μ 为未确知测度，简称测度。称矩阵

$$\left(\mu_{ijk}\right)_{m \times p}= \begin{bmatrix} \mu_{i11} & \mu_{i12} & \cdots & \mu_{i1p} \\ \mu_{i21} & \mu_{i22} & \cdots & \mu_{i2p} \\ \vdots & \vdots & \vdots & \vdots \\ \mu_{im1} & \mu_{im2} & \cdots & \mu_{imp} \end{bmatrix}$$

为单指标评价矩阵。

（二）多指标综合测度

设 w_i 表示 I_j 相对于其他指标的重要性程度，并且满足

$$0 \leqslant w_j \leqslant 1 \qquad \sum_{}^{m} wj=1$$

称 w_j 为指标 $I_j(j=1,2,3\cdots m)$ 权重。

若存在 μ_{ik} 满足：$0 \leqslant \mu \leqslant 1$，

$$\mu_{ik}= \sum^{m} w_j\mu_{ijk}$$

则 μ_i 是未确知测度，称矩阵

$$\left(\mu_{ik}\right)_{n \times p}= \begin{bmatrix} \mu_{11} & \mu_{12} & \cdots & \mu_{1p} \\ \mu_{21} & \mu_{22} & \cdots & \mu_{2p} \\ \vdots & \vdots & \vdots & \vdots \\ \mu_{n1} & \mu_{n2} & \cdots & \mu_{np} \end{bmatrix}$$

为多指标综合测度评价矩阵，矩阵中第 i 行

$(\mu_{i1},\mu_{i2}\cdots u_{ip})$

为 x_i 的多指标综合测度评价向量。

三、山西省某煤炭企业内部控制审计风险计量

要想对山西省某煤炭企业内部控制审计风险进行计量，首先需要做的工作是对每个风险因素的影响因素进行识别，以指导注册会计师实施内部控制审计，并对风险进行合理控制。

以内部控制审计风险二要素(控制设计和执行有效性风险、控制评价风险)作为评价指标,建立指标空间记作 I,则 I 为:

I={I₁,I₂}={控制设计和执行有效性风险,控制评价风险}

再建立评价空间 U

U=(0.1 0.2 0.3 0.4 0.5 0.6 0.7 0.8 0.9 1)

要评价 I_i,需要测量出 m 个指标值 x_1, x_2 …x_m,若 x_{ij} 表示 i 为一个 m 维向量,则

$x_{ij}=(x_{i1}, x_{i2} \cdots x_{im})$

对于控制设计和执行有效性风险 I_1,可将其分解为内控设计的合理性、内控是否执行、内控执行的有效性、管理人员对内控的态度四个二级指标,计算出各二级的单指标测度向量,再根据四个影响因素在控制设计和执行有效性风险中的权重,计算出多指标综合测度向量 I_1。

对于控制评价风险 I_2,可分解为控制测试程序设计的合理性和执行的有效性两个二级评价指标,通过建立各二级指标未确知测度评价模型,计算出单指标测度向量,再根据这两个因素在控制评价风险结构中的比例,转换为权重向量,计算出控制评价风险的多指标综合测度向量 I_2。

根据内部控制审计风险模型,由控制设计和执行有效性风险的多指标综合测度向量 I_1、控制评价风险的多指标综合测度向量 I_2,得出审计风险 μ。

$\mu=I_1 \times A \times U^T$

其中:

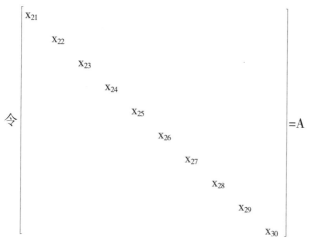

令
$$\begin{bmatrix} x_{21} \\ x_{22} \\ x_{23} \\ x_{24} \\ x_{25} \\ x_{26} \\ x_{27} \\ x_{28} \\ x_{29} \\ x_{30} \end{bmatrix} = A$$

山西省某煤炭企业与同行业相比,属于大中型企业。我们以控制设计和执行有效性风险为例,其影响因素主要有以上提到的四个指标。对于内控设计的合理性,我们以控制活动、控制环境、风险评估过程、信息系统与沟通和对控制的监督为评价指标,设其小型企业控制活动上限值为3,下限为1,中型企业上限值6,下限值为4,大型企业上限值为10,下限值为7。专家对企业控制活动实际打分(采用10分制)如表5−1:

表5−1 山西省某煤炭企业控制活动专家评价值

评价\评分	序号										总分	实得分
	1	2	3	4	5	6	7	8	9	10		
企业控制活动	9	7	7	8	9	7	8				70	55

控制活动的合理性评价值 $TE_{11} = \frac{1}{10}\left[\frac{1}{7} \sum_{k=1}^{7} c_{1k} \right] = \frac{55}{70} = 0.7857$

$E_{11} = [LT_{11} + (UT_{11} - LT_{11})TE_{11}]/9 = 0.1984$

TE_{11} 表示专家对企业所处等级的控制活动评价的得分值,E_{11} 表示控制活动所在等级的评分。UT_{11} 为上限,LT_{11} 为下限。

对控制活动来说,其同等级的完全贡献值

$E_{11}'=[LT_{11}+(UT_{11}-LT_{11})]/9=0.2222$

以 0.2222 的 0.1、0.2、0.3、0.4、0.5、0.6、0.7、0.8、0.9 倍取点,构造控制活动单指标测度函数,见图 5-1

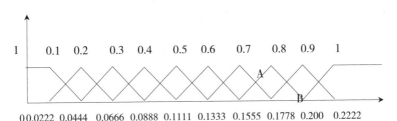

图 5-1　控制活动单指标测度函数

从图中,得出直线 AB 方程:$y=\dfrac{1}{0.1778-0.2}(x-0.2)$

将 $x=0.1984$ 代入方程,得 $y=0.0721$。即控制活动属于风险为 0.2 的隶属度为 0.0721;则由"归一性"可知,其属于控制活动为 0.1 的隶属度为 0.9279,从而得到控制活动单指标测度向量:(0.9279 0.0721 0 0 0 0 0 0 0)

同理,假设通过计算得出:

控制环境的单指标测度向量为（0.2368 0.7632 0 0 0 0 0 0）

风险评估过程的单指标测度向量为（0.5702 0.4298 0 0 0 0 0 0 0）

信息系统与沟通的单指标测度向量为（0.6982 0.3018 0 0 0 0 0 0 0）

对控制的监督的单指标测度向量为（0.3689 0.6311 0 0 0 0 0 0 0）

如果以上这五个指标的权重向量为(0.1 0.3 0.2 0.2 0.2),由

此可得内控设计的合理性多指标综合测度为

$$I_{11}=(0.1\ 0.3\ 0.2\ 0.2\ 0.2)\begin{pmatrix} 0.9279 & 0.0721 & 0 & 0 & 0 & 0 & 0 & 0 & 0 \\ 0.2368 & 0.7632 & 0 & 0 & 0 & 0 & 0 & 0 & 0 \\ 0.5702 & 0.4298 & 0 & 0 & 0 & 0 & 0 & 0 & 0 \\ 0.6982 & 0.3018 & 0 & 0 & 0 & 0 & 0 & 0 & 0 \\ 0.3689 & 0.6311 & 0 & 0 & 0 & 0 & 0 & 0 & 0 \end{pmatrix}$$

$$=(0.4913\ 0.5087\ 0\ 0\ 0\ 0\ 0\ 0\ 0)$$

同理,可求得内控是否执行的多指标综合测度假设为

$$I_{12}=(0.2499\ 0.7501\ 0\ 0\ 0\ 0\ 0\ 0\ 0)$$

内控执行有效性的多指标综合测度向量 $I_{13}=(0.3656\ 0.6344\ 0\ 0\ 0\ 0\ 0\ 0\ 0)$

管理人员对内控态度的多指标综合测度 $I_{14}=(0.4263\ 0.5737\ 0\ 0\ 0\ 0\ 0\ 0\ 0)$

若以上四个指标的权重向量为(0.2 0.4 0.1 0.3),则可得控制设计和执行有效性风险的多指标综合测度为

$$I_1=(0.2\ 0.4\ 0.1\ 0.3)\begin{pmatrix} 0.4913 & 0.5087 & 0 & 0 & 0 & 0 & 0 & 0 & 0 \\ 0.2499 & 0.7501 & 0 & 0 & 0 & 0 & 0 & 0 & 0 \\ 0.3656 & 0.6344 & 0 & 0 & 0 & 0 & 0 & 0 & 0 \\ 0.4263 & 0.5737 & 0 & 0 & 0 & 0 & 0 & 0 & 0 \end{pmatrix}$$

$$=(0.3627\ 0.6373\ 0\ 0\ 0\ 0\ 0\ 0\ 0)$$

同理求得控制评价风险的多指标综合测度为

$$I_2=(0.6299\ 0.3771\ 0\ 0\ 0\ 0\ 0\ 0\ 0)$$

据公式可求得 $\mu=I_1\times A\times U^T$

$$=(0.3627\ 0.6373\ 0\ 0\ 0\ 0\ 0\ 0\ 0)$$

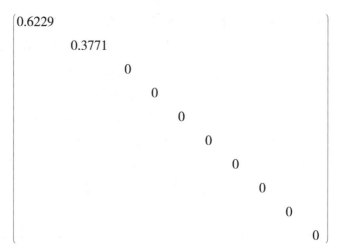

$$(0.1 \quad 0.2 \quad 0.3 \quad 0.4 \quad 0.5 \quad 0.6 \quad 0.7 \quad 0.8 \quad 0.9 \quad 1)^{\mathrm{T}}$$

$$=0.071$$

一般来说，风险值等于 1 时为完全风险，等于 0 时为没有风险，范围为 0.7 ~ 1 时为高风险，范围为 0.4 ~ 0.7 时为中度风险，范围为 0 ~ 0.4 时为低风险。以上计算出的结果为 0.071，可以认定为该煤炭企业为低风险，审计人员可据此来做出其他相应的专业判断。

为了对内部控制的有效性发表恰当意见，注册会计师必须衡量风险大小，以减少受损失的可能性，以上的研究主要着眼于在建立模型的基础上用未确测度进行定量分析，注册会计师运用以上模型进行实证分析时，还需注意要根据被分析企业的具体情况，在充分考虑各种影响因素的情况下精确计量审计风险，希望以后随着内部控制审计准则及相关实务的不断发展及完善，理论研究的不断深入，对实际工作的指导性和可操作性更强。

第三节　本章小结

　　本章主要针对内部控制审计展开了两个方面的研究，其一是通过对会计师事务所实施的山西省煤炭企业的内部控制审计工作的分析，发现存在一定的问题，如企业管理当局对内部控制审计的重视程度欠缺、需要正确处理是否运用整合审计、事务所专业人才的培养欠缺、内部控制自我评价工作利用程度不高、内部控制审计缺陷认定的界定难、标准无保留意见出具比例太高、非财务报告重大缺陷发现极少等，并分析了造成这种问题的原因。其二是在建立内部控制审计风险模型的基础上，运用未确知测度模型对会计师事务所实施山西省某煤炭企业内部控制审计的审计风险进行定量研究，得出该煤炭企业的审计风险为低风险，审计人员可据此来做出其他相应的专业判断。

第六章　煤炭企业内部控制自我评价及审计框架构建

第一节　煤炭企业内部控制自我评价框架构建

1987 年，加拿大海湾资源有限责任公司率先采用内部控制自我评价方法，我国近年来逐渐重视内部控制的相关工作，尤其是 2010 年《企业内部控制评价指引》的发布为内部控制评价活动在企业界的发展起了极大的推动作用。但是，从本书所研究的山西省上市煤炭企业公开发布的自我评价报告来看，内部控制自我评价工作近几年在企业的运用面临着许多难题，其报告内容比较敷衍、粗糙，评价流于形式，缺乏公信力。对于企业而言，目前内部控制评价活动想要真正落实，需有一套适合行业的内部控制自我评价框架体系，使企业董事会、审计委员会、经理层和全体员工直接参与评价内部控制设计的合理性和执行的有效性，实现兼顾以披露为目的和以自我完善为目的的内部控制评价研究。既有助于管理者客观全面了解公司的内部控制，又能够满足监管部门的要求。

一、煤炭企业内部控制自我评价的总体要求

(一)煤炭企业内部控制自我评价的意义

近年来，大家逐渐认识到内部控制对于投资者等利益相关者利益保护的重要性，内部控制制度日益成为监管机构和投资者关注的焦点。尤其是山西省，煤炭企业作为支柱性企业，按照监管部门的要求开展内部控制自我评价工作，有利于及时发现企业在内部控制设计的合理性和执行的有效性方面存在的问题，以此不断完善内部控制体系，进而促进煤炭企业的转型跨越发展，进一步增强对地方经济的贡献作用，保证地方经济健康、持续、稳定发展。

1.及时发现内部控制设计和运行中存在的问题，改善薄弱环节

内部控制是由企业设计的程序或措施而组成的一系列制度，其目的是为了实现企业经营合规合法、提高经营效率，它不只是一种管理的工具和手段，更多是一种管理机制。但是内部控制本身是一个不断完善的过程，其原因一是企业制订的内部控制不可能尽善尽美，任何一个薄弱的环节都可能导致煤炭资源的闲置甚至浪费，二是在执行过程中不免会存在漏洞。这就需要一种内部自我监督机制来实施自我检查。煤炭企业通过实施内部控制的自我评价，可以发现下列情况：设计的内部控制制度是否在设计上薄弱或欠缺，所设定的标准或程序是否得到了贯彻执行，执行的效果是否保证煤炭企业完成任务和实现目标，是否有助于保障煤炭企业的安全生产问题，是否有效利用了煤炭资源，是否有助于发现或纠正错误与舞弊行为，是否有助于提供真实公允的财务信息，是否有利于煤炭企业实现转型跨越发展。所以，煤炭企业通过有效实施内部控制自我评价，可以及时发现内部控制设计和运行中存在的问题，改

善薄弱环节。

2.促进企业增强风险管理观念

煤炭企业设计内部控制时强调评估经营管理活动中的关键活动,并通过设计一些制度和程序来对这些风险点进行必要的控制,它包括评估风险和由此实施的控制活动、信息交流活动、监督与检查等活动。风险管理的目标是防止风险、及时发现风险、预测风险可能造成的影响,并设法把不良的影响控制在最低的限度。内部控制可以说是煤炭企业内部采取的一种风险管理措施,内部控制制度的制定依据主要是风险,风险越大,越需要设置合适的内部控制措施,所以做好山西省煤炭企业的内部控制自我评价工作,同样是控制风险的一种措施,可以使得企业中的全体人员增强风险管理的理念。

3.有助于促进煤炭企业健康发展

煤炭企业拥有合理的内部控制制度,才可能扩大在公众中的形象以使企业向健康良性的方向发展,确立完善的内部控制制度必须使企业建立内部控制制度标准,它不仅是对企业任何一项业务自评评价及外部评价的依据。同时,也可以作为企业之间比较和分析的重要基础。内部控制自我评价的目标就是要根据建立的标准评价内部控制的有效性,从而有助于煤炭企业健康发展,具体表现在:首先,内部控制评价是以计划和目标为依据制定的,对其进行分析和监督,会使计划和目标更加准确、可靠,有利于克服经营中的不利因素;其次,由于内部控制评价一般采取封闭循环管理,有助于管理信息的反馈。最后,内部控制评价有助于围绕控制活动中的热点,监督和协调各部门的职责,并注意发现经济运行中的新情况和新问题,提出改进措施以促进内部控制进一步完善和发展。

4.提升煤炭企业在公众中的形象

煤炭企业按照要求披露内部控制自我评价报告后,投资者、债权人、政府部门、监管机构都可以在公开的媒体上了解到企业的风险管理情况、内部控制制度的设计和实施情况,如果这些信息客观、准确,为信息使用者提供了可靠的内部控制信息,则可以增强煤炭企业的认可程度,为煤炭企业树立了诚信、透明、上进、有社会责任感的形象,有利于企业经营环境的构建,有利于与外部的沟通,进而促进煤炭企业有序、健康发展。

5.有利于配合监管机构实施内部控制监督的需要

企业内部控制评价是监管部门为了加强内部控制管理而提出的一项自我监督管理制度,所以,有效的内部控制评价可以配合监管机构实施监督。其次,根据有关法律法规,国资委、证监会等政府监管机构有权力对企业内部控制的健全性和有效性进行监督,这些监管机构对内部控制的监督检查和煤炭企业的自我评价工作在很大程度上具有一致性,如评价的目标、对象、方法等。从这一点看,内部控制评价也是配合监管机构实施监督的需要。此外,通过实施内部控制的自我评价,煤炭企业可以根据自身评价发现问题或监督机构发现的薄弱环节,进一步改进内部控制的设计或执行情况,实现二者的良性促进。

(二)煤炭企业内部控制自我评价的原则

煤炭企业按照要求开展内部控制自我评价工作,是服务地方经济发展的需要,是内部控制不断完善的需要,是风险管理工作的需要。在具体实施评价工作时,应当遵循一定的原则,使内部控制自我评价工作做到客观、有效,为信息使用者提供有价值的信息资源。

1.全面性原则

全面性原则主要要求煤炭企业实施内部控制自我评价时应当贯穿与覆盖与生产经营相关的决策、执行和监督的全过程,包括主要岗位和部门的相关业务流程、信息的沟通、控制环境的建设、控制的监督、风险的评估等。

2.重要性原则

根据《企业内部控制评价指引》的要求,内部控制评价应当在全面控制的基础上,关注重要业务事项和高风险领域。具体到煤炭企业,即要依据风险的性质和严重程度,确定重点领域和重点业务的控制措施和执行效果,一是可以根据风险发生的可能性和对煤炭企业单个或整体控制目标造成的影响程度来确定需要评价的重点业务单元、重要业务领域和流程环节,并多分配需要评价的资源;二是评价中针对煤炭行业的特点,加强对煤炭存放场所、煤炭生产车间等关键控制点的测试和评价。

3.成本效益原则

许多事情本身是一个博弈的过程,内部控制自我评价工作也是如此。对于煤炭企业来讲,从这个角度来分析,是否需要对内部控制进行自我评价,要权衡成本与效益,只有效益大于成本时实施这项工作才是必要的,但是,通过内部控制自我评价产生的效益一般是指减少企业的风险,避免出现舞弊行为,这些效益是难以计量的,而内部控制自我评价的成本是相对容易估计的,因此,这样的一种相对关系只能用长远的眼光来看,是一项长期的工程。

4.适应性原则

内部控制的设计要与企业的经营规模、业务范围、竞争状况和风险水平相适应,不同的行业、不同的企业都不能照搬照抄,而且,即使是同一个企业,其内部控制也需要随着各种情况的变化而做出相应的调整,煤炭企业的内部控制评价工作也是如此,需要对内部控制的设计和运行提出缺陷及改进建议,然后经过一个周期后,又进而需要对改进后的情况进行评价,所以,内部控制评价是不断适应内部控制变化的过程。

5.客观性原则

煤炭企业实施内部控制评价工作时,需要以内部控制的事实为基础,以法律法规的规定为准绳,如实评价内部控制设计的合理性和执行的有效性。此外,评价的主体在评价过程中不能受主观因素的影响,要保持客观公正的态度,保证评价结果有充分、适当的证据作为支撑。

6.定性与定量相结合的原则

《企业内部控制评价指引》中对评价工作给予了适当的指导,指引了方向,近几年来各企业基础上按照要求实施了这项工作,但是这些对外披露的评价报告都是定性评价,未能从定量角度准确反映内部控制的有效性,因此,煤炭企业可以在目前的基础上,运用一些数学模型将定性评价与定量评价结合起来。

(三)煤炭企业内部控制自我评价的主体

在实施内部控制自我评价工作前,必须明确评价工作的责任主体,这样有助于合理确定职责和权限,有助于建立有效的评价体系。所谓评价主体,是指谁来实施内部控制的评价工作。根据《企业内部控制评价指引》的要求,企业董事会及其审计委员会负责领导本企业的内部控制评价工作。监事会对董事会对内部控制评价进行监督。企业可以授权内部审计部门负责组织和实施内部控制评价工作。具备条件的企业,可以设立专门的内部控制评价机构。再加上其他监管要求,上市公司的评价主体一般由董事会、监事会、审计委员会、内部控制审计部门及专门的内部控制评价机构组成。由于本书主要针对煤炭企业进行研究,所以,煤炭企业的评价主体同样由这些部门组成。具体的职责安排如下:

1.董事会总体负责内部控制的自我评价工作,对报告的真实性负责,董事会可以通过审计委员会承担对内部控制评价的组织、领导、监督职责,董事会或审计委员会应听取内部控制评价报告,审定内部控制重大缺陷、重要缺陷整改意见,对内部控制部门在督促整改中遇到的困难,积极协调,排除障碍。

2.监事会作为最高层次的内部监督主体,对整个评价工作实施监督和指导。

3.内部审计部门或专门的评价机构根据授权承担内部控制评价的具体组织实施任务,通过复核、汇总、分析内部监督资料,拟订合理评价工作方案并认真组织实施,对于评价过程中发现的重大问题,应及时与董事会、审计委员会或经理层沟通,并认定内部控制缺陷,拟订整改方案,编写内部控制评价报告,及时向董事会、审计委员会报告,沟通注册会计师,督促各部门、所属企业对内部和外部内部控制评价进行整改,根据评价和整改情况拟订内部控制考核方案。

4.煤炭企业所属单位也应逐级落实内部控制的评价责任,积极开展内部控制的自查和定期评价工作,发现问题并认定内部控制缺陷,需拟订整改方案和计划,报本级管理层审定后,督促整改,编制内部控制评价报告,对内部控制的执行和整改进行考核。

需要注意的是,为了保证内部控制评价实施的有效性,高级管理层实施的内部控制以及用于防止高级管理层凌驾于内部控制之上的控制则不能由其自身进行评价,应由董事会授权审计委员会或内部审计来完成。

(四)煤炭企业内部控制自我评价的目标

《企业内部控制基本规范》对内部控制目标进行了这样的规定,即合理保证企业经营管理合法、合规、资产安全、财务报告及相关信息真实完整,提高经营效率和效果,促进企业实现发展战略。

根据这个思想，煤炭企业实施内部控制自我评价的最终目标是为了促进企业可持续发展战略的实现，但其现实目标必须是确定内部控制目标的可实现程度，而内部控制是否为目标提供合理保证，则取决于内部控制制度设计的有效性以及执行的有效性。

1.内部控制设计的有效性

要想保证煤炭企业内部控制实现既定目标，必须保证内部控制设计有效，保证为实现控制目标所必需的内部控制要素都存在并且设计适当。这是内部控制有效性的必要条件，也是内部控制执行有效性的前提条件，要想实现良好的内部控制，必须有设计良好的内部控制，如果设计上存在先天不足的话，无论企业如何实施，都达不到管理上的要求和应有的效果。其中煤炭企业内部控制设计的有效性包括设计的合理性和适当性两个因素。合理性主要考虑内部控制设计时要合规合法，遵循《企业内部控制基本规范》和其他相关内控规定的要求，在客观、合规、公平的基础上，制定出对董事会、审计委员会、经理层和普通员工等有约束力的制度，适当性主要考虑煤炭企业所处的国家宏观经济环境、自身的环境要求、业务经营规律等，在符合成本效益原则的基础上制定相关的内部控制。

2.内部控制运行的有效性

煤炭企业内部控制运行的有效性一般指相关岗位和人员具备相应的权限和能力的情况下，能够按照所设计的内部控制进行一贯执行，以达到内部控制的目标。其前提条件是内部控制设计的有效性，一个设计良好的内部控制为有效运行奠定良好的基础，内部控制设计有效是整体有效的必要条件，但却不是充分条件，如果设计得非常合理，但是未能按规定执行或未按规定意图实施，或者执行者没有必需的授权或胜任能力，那么还是不能保证内部控制达到应有的效果。

具体来讲,与内部控制各个目标相对应,煤炭企业内部控制的有效性应该考虑如下因素:安全目标所要求的内部控制要合理保证所设计的牵制制度能为安全提供保障,及时防止和发现可能发生事故的隐患,尤其是大型事故的可能性。经营的合法合规目标所要求的内部控制需合理保证煤炭企业的生产经营遵守国家的各项法律法规制度,按规定进行正常的生产和销售,并注意减少环境污染。资产安全完整性目标所要求的内部控制要合理保证煤炭企业的资产足以满足存货的购进、领用、生产、销售等一系列的过程,保证其安全完整,防止不正常流失等造成的损失。财务信息安全完整性目标所要求的内部控制需合理保证能及时发现并纠正财务报表中可能发生错报的环节。经营管理效率目标所要求的内部控制要合理保证煤炭企业不仅要保证经营的效果,还要在这个基础上保证其效率,以保证按质按量完成各项任务。战略目标所要求的内部控制要合理保证煤炭企业审时度势,准确判断各种内外部因素的影响,制定适合企业情况的战略,并能根据形势的变化做出适时的调整和改进。

但是,内部控制的有效性不是一成不变的,无论企业的规模大小,都具备自己的内部控制,从横向上看,不同的企业根据自己的实际情况制订和实施了相应的内部控制,有着不同的运行水平。从纵向上看,同一家企业在不同的时间点其内部控制设计上可能有变化,执行起来也可能不具有一贯性。所以,根据以上内部控制有效性与内部控制目标的联系,煤炭企业的内部控制自我评价的目标是一个动态的有效性目标,而不是静止在某一时点的。

(五)煤炭企业内部控制自我评价的方法

内部控制自我评价方法是在内部审计的背景下发展起来的一

种方法,是内部审计的一次飞跃,也是内部控制系统评价方法的突破,体现了"全员评价、全员控制"的新观念。西方国家在实践中已经摸索出了一些具体的内部控制自我评价方法,主要有专题讨论会法、问卷调查法、管理分析法等。在开展煤炭企业内部控制自我评价时,要根据煤炭行业的特点和实际情况,结合《企业内部控制评价指引》的要求,采用多种方法以收集充分、适当的证据,如实填写评价工作底稿,研究分析内部控制缺陷,达到良好的内部控制自我评价的效果。

1.个别访谈法

个别访谈法一般根据煤炭企业的实际情况,对确定的对象进行访谈,这种方式保密性强、访谈形式灵活,调查结果准确,但是要求访谈人员在交谈时要具备高超的谈话技巧,要根据情况的变化适时调整谈话内容,同时还需要记录和分析谈话的过程,这些都需要丰富的经验。这种方法一般用于了解煤炭企业内部控制的基本情况,访谈前可以准备一定的提纲,做到心中有数,必要时,也可以要求被访谈人员进行一定的准备工作。

根据访问内容的不同,可以采用标准化访问法和非标准化访问法两种。标准化访问法是对访问过程高度控制的一种方法。这种控制包括访问对象需要按照一定的方法抽取,对被访问者提出的问题、提问的次序和方式、对回答的记录方式都是完全统一的。通常采用统一设计、有一定结构的问卷进行。非标准化访问法是事先不设计问卷、表格等提问题的标准格式,只给调查者一个题目,由调查者与被调查者就这个题目自由交谈,被调查者可以随便谈谈自己的感受和意见,访问通常用于探索性的问题。

2.调查问卷法

调查问卷法是由评价人员对内部控制的特定方面或过程以书

面问卷的形式向受访者收集意见的一种方法。调查问卷一般填列简单,由受访者做出"是或否"或"有或无"的回答,然后由评价人员汇总结果后得出评价结论。这种方法一般可以以较低的成本和较少的时间收集到很多被评价者的意见,但是对于内部控制的评价仅局限于调查问卷中所提及的问题,而且问卷调查结果的可靠性受组织相关人员的人为因素的影响,因此可靠程度受到一定的局限。

3.专题讨论法

专题讨论法通常用于控制活动评价,是指通过召集与业务流程相关的管理人员就业务的特定环节或某类具体问题进行讨论及评估的一种方法。专题讨论法既是一种常见的控制评价方法,也是形成缺陷整改方案的重要途径。对于同时涉及财务、业务、信息技术等方面的控制缺陷,往往需要由内部控制专职机构组织召开专题讨论会议,综合内部各机构、各方面的意见,研究确定缺陷整改方案。

4.穿行测试法

穿行测试法是指在内部控制系统中任意选取一笔交易作为样本,追踪该交易从最初起源直到最终在财务报表或其他经营管理报告中反映出来的过程,即该流程从起点到终点的全过程,以此来了解整个业务流程状况,识别出其中的关键控制环节,评估相关控制设计与运行的有效性。

5.实地查验法

实地查验法是通过对企业资产进行盘点或对实物资产的出入库进行现场查验,这种方法主要针对资产安全性目标进行的评价。查验前,一般会制定统一的测试表,并从样本库中抽取若干测试样本,与其他业务记录相互印证和查对,以此判断与安全性目标相关的各项控制的有效性。

6.抽样分析法

抽样分析法是企业针对具体的业务,按照各业务发生的频率,从固定的样本库中选取一定比例的样本,对样本的控制水平进行判断,进而对整个业务流程的内部控制有效性进行评价。抽样分析法又可分为随机抽样和其他抽样。随机抽样是指按随机原则从样本库中抽取一定数量的样本;其他抽样是指人工任意选取或按某一特定标准从样本库中抽取一定数量的样本。应用抽样法时应注意样本库须包含符合测试要求的所有样本,测试人员首先应对样本库的完整性进行确认。

7.比较分析法

比较分析法是指通过分析、比较数据间的关系、趋势或比率等来取得评价证据的方法。企业可以将评价过程中取得的数据与历史数据、行业标准数据或最优数据等进行比较,找出其中异常波动的情形,并重点对异常区间的内部控制有效性进行检查评价。

8.穿行测试法

穿行测试法是指在内部控制流程中任意选取某一笔交易作为样本,追踪该交易从产生到在报表中反映出来的全过程,查看该交易是否按照企业的流程和控制来执行,进而了解控制措施设计的有效性,并识别出关键的控制点。

9.重新执行法

重新执行是指重新执行被评价的内部控制。该程序需要耗费较多的时间资源,仅在其他方法均无法确定内部控制的执行效果时,才考虑在评价中执行。

二、煤炭企业内部控制自我评价的流程

企业内部控制自我评价是管理层、投资者、监管者之间博弈后

达成的一种均衡。目前,有的煤炭企业的内部控制不是特别健全,企业自我评价需要更加谨慎,需要仔细分析实际情况,找出适合自己的一套评价程序。

(一)准备阶段

准备阶段是内部控制自我评价工作的首要阶段,其完成效果会直接影响到最终的评价效果和效率。以该阶段,一般需要制定自我评价工作方案、组成自我评价小组。

1.制定自我评价工作方案

煤炭企业的自我评价机构应按照《企业内部控制基本规范》和监管部门的有关规定并结合公司的实际情况与内部控制工作计划,编制公司《内部控制自我评价工作计划》,确定纳入自我评价范围的公司及下属子公司业务流程,确定评价工作的主体范围、工作任务、人员组织、进度安排和费用预算等相关内容,评价工作方案以全面为主,也可以根据企业的情况采用重点评价的方式。

2.组成自我评价工作小组

煤炭企业组成的自我评价工作小组是在内部控制评价机构的领导下,承担内部控制评价任务的一个组织。小组成员应挑选独立性强、具备胜任能力和具有较高职业道德的人员,从内部审计、财务、人事、法律、信息技术、生产部门、营销部门等部门进行挑选,同时,还应当吸收相关机构中熟悉情况、参与日常内部控制监控的人员参加,评价小组成员如涉及本部门的内部控制,在评价时应实行回避制度。

(二)制定自我评价计划

制定自我评价计划主要是确定评价对象、评价范围、时间和资源等方面的具体规划和安排。

1.确定自我评价对象

煤炭企业的评价人员在评价计划中应根据掌握的情况确定计划评价的所属单位,考虑所属单位对公司财务数据的相对重要性,以及发生重大错报、漏报的可能性。如果所属单位具有较高的内部控制失效风险,则应该考虑:业务性质;外部影响因素;领导的品德等控制环境;发生舞弊的可能性;财务人员的变动情况;管理层遭受的压力;以前内部控制是否出现过重大缺陷等。

2.确定自我评价范围

煤炭企业确定自我评价范围时主要考虑内部控制中的主要流程和关键控制点对公司财务数据的影响,以及发生重大错报的可能性。这些关键流程和控制点在煤炭企业中一般包括:与披露有关的流程和控制点,如担保、贷款等;重要交易启动、授权、记录、处理和报告的控制措施;选择会计政策的控制;资产安全的控制;防止和发现舞弊的控制;非经常性业务的控制;其他针对重要会计科目和披露事项及相关的会计报表认定的控制措施。

3.确定应记录的内部控制

煤炭企业在实施自我评价工作时,应记录的内部控制包括公司治理层面的控制和业务层面的控制。其中公司治理层面的控制包括控制环境、风险评价过程、监督控制、信息与沟通控制、信息技术控制。业务层面的控制包括检查交易的准确性、完整性和授权的控制;职责分离、绩效审查、保护资产的物理控制;协调控制。

在评价过程中,应针对两个层面的控制实施如下工作:识别与财务报告相关的交易循环;将重要账户或披露与循环可能联系起来的看成一个整体评价,没有联系的单独评价;确定每一循环实施了哪些活动;以恰当的方式记录,使没有参与这一过程的人可以理解;通过评价其关于财务报告和披露的相关风险;记录所有重要过程的活动层级的控制;记录期末编制财务报告的控制。

（三）实施阶段

在以上准备阶段工作和制订评价计划的基础上，下一步可以开始实施阶段的工作，这个阶段需要评价人员了解煤炭企业内部控制的基本情况，确定检查评价的范围和重点，并开展现场检查测试。

1.了解单位的基本情况

评价人员应实施必要的程序以了解煤炭企业内部控制的基本情况，确定需要评价的控制点，并对内部控制有效性进行初步判断。

第一，了解内部控制的基本情况。评价人员可以采取问卷调查、个别访谈、实地查验等方法，对煤炭企业内部控制的基本情况进行了解。

第二，识别公司层面的内部控制。评价人员应首先评价公司层面的内部控制有效性，这是因为它对业务流程、交易或应用层面的控制点具有广泛的影响。如果公司层面的内部控制无效，将会影响后期评价的范围确定。当企业拥有多个所属单位时，这种影响更加重要。但是仅测试公司层面的内部控制并不足以形成公司内部控制有效与否的结论。

第三，确定重要的会计科目及披露信息。在了解会计科目和披露信息时，可以从财务报告及组成要素方面入手，具体考虑数量与性质两个因素：会计科目余额的大小和构成要素；会计科目的性质（属于资产、负债、所有者权益、收入、成本、费用等）；会计科目使用的复杂程度（如递延所得税资产、递延所得税负债等使用较为复杂）；与会计科目联系的账务处理和财务报告的复杂程度（如长期股权投资从账务处理到财务报告均比较复杂）；会计科目所反映的公司面临损失的可能性（如被投资单位违法经营，加大了长期股权投资损失的风险）；会计科目反映出来的公司承担或有负债的风险（如其他应付款科目可反映或有负债的确认）；会计科目中是否包含有关联交易;会计科目的性质较前期发生变化;披露事项是否在附注中进行了如实披露。

第四,确定与重要会计科目和披露事项相关的会计报表认定。评价人员需分析重要会计科目的哪些相关认定对于发生错报漏报的可能源因,考虑如下因素:认定的性质;与该项认定相关的交易或数据;公司用于处理该项认定的信息系统的性质和复杂程度。

第五,确定重大的业务流程和重要的交易类别。评价人员应确定企业的交易类型,并判断这些交易类型是经常发生的,还是不经常发生的,把经常发生的确定为主要的交易类型,进而确定与此相关的重大的业务流程。针对每一个重大业务流程,进行如下分析:了解交易是如何启动、授权、记录、处理和披露的;找出该业务流程中可能发生与各项财务报表认定相关错漏的风险点;找出用于控制上述风险的控制点,判断是否属于用以防范和发现舞弊的控制点;找出用于防范或者检查未经授权的资产购置、使用或处置的控制点。

第六,了解期末财务报告流程。期末财务报告流程是关系到财务报告可靠性的重要流程,了解其与其他重要流程之间的关系,将帮助评价人员确认和测试与财务报告错报风险最相关的控制点。评价时关注如下事项:企业用于生成财务报告的程序的输入、处理过程及输出结果;财务报告运用信息系统的程度;参与管理财务报告流程的人员;财务报告流程涵盖的单位个数;调整分录的种类;企业董事会、审计委员会对该流程的监控情况。

总之,内部控制自我评价人员应与煤炭企业充分沟通的基础上,了解企业的基本情况,了解的情况除以上提到的外,还应了解企业文化和发展战略、组织结构设置及职责分工等情况,只有这样全面深入了解情况,才能更好地开展内部控制自我评价工作。

2.确定检查评价范围和重点

评价工作小组应在了解以上情况的基础上，进一步确定重点评价的范围和对象,确定抽样数量,并结合评价人员的专业背景、工作经验进行合理分工。在工作过程中,如果发现评价范围或小组分工存在不合理的地方,可根据情况适时进行调整。

3.开展现场检查测试

(1)内部控制设计有效性测试的程序

评价人员需实施以下程序, 来判断煤炭企业是否针对每一个控制目标,都制定了适当的控制措施:

识别企业各个领域的控制目标,分析内控失效的风险。首先,应对业务流程控制目标进行分析,判断控制目标是否发生变化。其次,针对控制目标,分析业务活动的变化,以及这些变化可能造成的无法实现控制目标的风险。

识别企业用来实现每一控制目标的控制措施。评价人员应判断原有的控制措施的设计是否能够有效地控制并降低风险,最终实现控制目标。对内部控制设计有效性的评价包括两方面的内容:一是针对查找出的风险,是否均已存在相应的控制措施进行控制;二是既定控制措施是否设计恰当。控制措施是否应足以控制风险,能保证实现控制目标,同时,应设计合理、可操作,保证业务活动的效率。

判断企业的内部控制措施是否被正确执行时, 是否能够防止或检查出可能造成财务报告重大错漏的错误或舞弊, 评价人员在评价特定内部控制的设计是否有效时, 要注意将内部控制与重要会计科目及相关会计报表认定对应起来。即评价内部控制是否有效, 要看特定内部控制是否能够预防和及时发现导致重要会计科目的相关会计报表认定错漏的错误和舞弊。

(2)内部控制设计有效性评价的方法

运用个别访谈法询问企业的相关人员。

运用调查问卷法了解内部控制的设计情况。

运用穿行测试法针对业务的发起、授权、记录、处理和报告的人员。

运用检查法对内部控制设计的文档记录进行检查。

(3)记录内部控制设计有效性的评价

评价人员应当记录设计有效性的情况，一般可以分为非显著性缺陷、显著性缺陷和实质性漏洞。具体标准参考如下：

非显著性缺陷：识别出的缺陷单个不重要或可忽略。

显著性缺陷：缺陷对主体发起交易、记录、处理或在其财务报告中按照会计准则可靠地报告信息的能力产生负面影响。如果一个缺陷单独或联合其他缺陷会导致没有防止或发现财务报告超过不重要的错报的可能性大于一个极小的概率，那么这个缺陷应被划分为显著缺陷。

实质性漏洞：如是一个重大缺陷单独或联合其他重大缺陷会导致没有防止或发现财务报告重要错报的概率大于一个较大的概率，那么这个重大缺陷应被划分为实质性漏洞。

(4)内部控制运行有效性测试的程序

在确定内部控制设计的有效性后，评价人员需要对内部控制运行的有效性进行评价，以获得充分的证据。评价人员在测试时需关注以下事项：控制是如何运用的、控制应用的一贯性以及由谁来实施。这样的测试应在整个年度实施，这样，才能评价内部控制运行的有效性。

运行有效性测试程序一般包括：识别要测试的控制；选择测试策略；设计测试程序，确定要测试项目的数量以及测试应当涵盖的期间；实施控制测试，并评价发现的所有偏差的影响；确定内部控制缺陷是否为显著缺陷或实质性漏洞。

（5）内部控制运行有效性测试的方法

运用调查问卷法设计内部控制运行有效性的问题，以调查运行有效性的情况。

运用专题讨论法对业务的特定环节或某类具体问题进行讨论及评估。尤其是同时涉及财务、业务、信息技术等方面的控制缺陷，需要综合内部各机构、各方面的意见。

抽样分析法测试较大总体中人工控制的发生频率基本相等的内部控制，应用抽样时，每一样本项目上实施的工作既包含控制性能，又包含受该控制制约的信息的正确性。

运行重新执行程序测试人工控制的每月或每隔一定期间执行的内部控制，此时执行人员需要对内部控制重新操作。

在运用以上的程序进行测试后所发现的偏差的性质和原因后，评价人员应当通过评价下列因素确定缺陷是否增至重要缺陷或实质性漏洞程度：错报、漏报发生的可能性；潜在错报、漏报的大小。

总之，评价人员开展的评价工作应足以为内部控制有效性提供高水平的保证和支持，而且开展的自我评价工作是对全部控制的运行进行评价，而不是对任何一个控制的运行进行评价。特殊情况下如果是一个单一人工实施的内部控制，评价人员要考虑增加测试的次数。

4.初步确定内部控制缺陷

内部控制评价小组可以根据现场检查测试得到的证据，对内部控制缺陷进行认定，按其影响程度分为重大缺陷、重要缺陷和一般缺陷。每种缺陷又分为定量标准和定性标准，其中又可从财务报告和非财务报告两个角度来对缺陷认定标准设置一些指标或变量，煤炭企业在认定时，可参考如下标准，并根据各企业的情况进行调整：

表6-1 煤炭企业内部控制缺陷认定标准

缺陷认定	定义	控制缺陷认定标准					
		定量标准				定性标准	
		财务报告内部控制缺陷认定标准		非财务报告内部控制缺陷认定标准			
		净资产	营业收入	资产安全	法律法规	发展战略	经营目标
重大缺陷	指一个或多个控制缺陷的组合，可能导致企业严重偏离控制目标。	潜在错报≥净资产的0.5%	潜在错报≥营业收入的1%	2000万及以上	具备合理可能性并违反国家法律法规，受到刑事处罚（500万元以上）或危及企业主要业务活动运营。	具备合理可能性，能性及对战略目标产生严重影响，全或危机公司战略实现。	具备合理可能性导致公司停产及危及公司或危机公司经营。
重要缺陷	指一个或多个控制缺陷的组合，其严重程度和经济后果低于重大缺陷，但仍有可能导致企业偏离控制目标。	净资产的0.2%≤潜在错报<净资产的0.5%	营业收入的0.5%≤潜在错报<营业收入的1%	1000万元（含1000万元）至2000万元之间	具备合理可能性并违反国家法律法规，受到行政处罚（100万元至500万元）或对公司部分业务活动运营产生影响。	具备合理可能性及对战略目标有一定影响，影响对公司部分目标实现。	具备合理可能性导致公司一项多项业务或经营活动受到一定影响，但不会危及公司持续经营。
一般缺陷	指重大缺陷、重要缺陷之外的其他缺陷。	潜在错报<净资产的0.2%	潜在错报<营业收入的0.5%	<100万元至1000万元之间	几乎不可能发生或违规问题不属于政府及监管部门关注的重点问题和处罚的重点问题。	几乎不可能发生或导致公司战略目标的程度较低，范围较小。	几乎不可能发生一项业务转不畅，且不会危及公司其他业务活动。

（四）评价完成阶段

1.编制内部控制缺陷认定汇总表

对于上一实施阶段发现的控制缺陷，内部控制评价工作小组应当根据测试到的总体情况，对内部控制缺陷及其成因、表现形式和影响程度进行综合分析和全面复核，在最后的阶段作再次认定，并将结果向董事会、监事会或者经理层报告，重大缺陷应当由董事会进行最终认定。

2.编写内部控制自我评价报告

煤炭企业的内部控制自我评价报告是评价工作的最后程序，既可以使外部信息使用者更多地了解企业内控状况，还可以减少注册会计师对企业财务报告出具内部控制审计意见时执行测试的成本，也可以作为企业进一步完善内部控制、全面防范内部控制重大风险的依据。其涵盖的内容应该综合评价内部控制设计的合理性和运行的有效性，认定内部控制缺陷和企业的内部控制的不足之后撰写的，对企业的内部控制做出评价并提出改进建议。其披露的具体内容包括：董事会对内部控制报告真实性的声明；内部控制的整体情况，可以结合控制目标来分析，也可以从内部控制五要素为基础分析；内部控制的依据、范围、程序、方法；具体内部控制在设计和实施中存在的缺陷及认定情况；针对存在的问题和缺陷提出的改进建议；内部控制有效性的结论。

3.内部控制自我评价报告的上报

煤炭企业内部控制自我评价报告编写完成后应当上报经董事会或审计委员会类似权力机构批准后对外披露。

4.内部控制自我评价报告的反馈和跟踪

对于认定的内部控制缺陷，煤炭企业的自我评价机构应当结合董事会和审计委员会的要求，提出整改建议，要求责任单位及时整改,并跟踪其整改落实情况,已经造成损失或负面影响的,企业应当追究相关人员的责任。

三、基于价值创造的煤炭企业内部控制评价体系构建

内部控制的核心是通过一系列政策、程序和组织结构等设置一个完整的系统,来保障企业管理运作的顺畅性、安全性和合规性,从而提高企业的经营效率,促进企业战略目标和企业可持续发展的最终实现,为股东创造更多的价值和财富。而内部控制执行的效果如何,专家经过实验发现,经过评价和反思的内部控制更能有效实现企业目标。我国于2008年6月28日创建了第一部《企业内部控制基本规范》,要求"上市公司应当对本公司内部控制的有效性进行自我评价,披露年度自我评价报告"。2010年4月26日,五部委发布了三个配套指引,其中包括《企业内部控制评价指引》,其中对内部控制评价的内容、程序、缺陷认定、评价报告等进行了规范。本部分内容拟从内部控制创造组织价值的内涵、机理出发,从定性和定量相结合的角度对煤炭企业内部控制评价体系进行深层次研究。

(一)内部控制评价相关研究评述

有关内部控制的研究是学术界关注的重点,但是对于内部控制评价由于监管部门的要求较西方国家比较带后,学术界的研究也相对起步较晚,近几年研究成果才逐渐增多,研究成果也较为丰富,侧重于对评价标准、方法和模型、主要体现在:

1.关于内部控制评价标准

理论界对于内部控制的评价标准一般分为以下两类:一是一般标准,指应用于内部控制评价各个方面的标准,即内部控制设计和运行应遵循和达到的目标,如《企业内部控制基本规范》、《企业

内部控制评价指引》等;二是具体标准,指用于内部控制评价具体方面的标准,具体标准是对一般标准的体现和细化,是各单位根据自己的规模和实际情况制订的内部控制评价体系,体现如何对企业的内控工作目标、要素、责任主体、细化制度等进行评价。

2.内部控制评价方法和模型

(1)目标导向(张谦,2012)、平衡计分卡(林野萌、韩传模,2012)、超循环理论(夏宁,2012)、风险管理(方旻,2012)、公司治理(时军,2012)、社会责任(周琦,2012)等是当前主要的评价方法,这些方法都是基于一定的角度与内部控制紧密结合,力求坚持评价的可操作性、客观性和经济性原则,更真实的反映企业内部控制运行情况,以满足各利益相关者对于企业内部控制的监管及决策需要。

(2)层次分析法(张谦,2012)和模糊综合评价法(王希全,2009)是内部控制评价中用到最多的定量评价模型,这些方法都是为了加强评价结果的科学性和说服力,运用适用的模型进行定量评价的过程。

3.体现价值的内部控制评价

近年来,不少学者认识到侧重于评价本身的研究几乎是综合评价的复制版,难以找到内部控制的实质。如何实现内部控制评价目标与评价理论、模型等的整体整合,充分体现内部控制的价值创造目标,成为学者们探讨的重要问题。我国学者王希全曾在2009年进行过相关的研究,总体看来相对较少,创新的力度也不足。如何在煤炭企业内部控制评价中体现价值增值的目标,本部分进行比较深入的研究。

(二)基于价值的内部控制评价理论和现实基础

"价值链"理论是迈克尔波特(1985)在《竞争优势》中提出的,自从问世以来,价值链理论不断发展,并应用于实务中,对改善企业的经营管理起到了重大的推动作用。他认为价值链是顾客愿意为产品或服务支付的价格，关心的是企业可以产生增加值的活动，并把企业的经营活动分为五种基本活动和四种辅助活动，其中五种基本活动包括生产、销售、进料后勤、发货后勤、售后服务，四种辅助活动包括企业基础设计建设（如财务、计划等）、人力资源管理、研究与开发、采购。不同的企业参与的价值活动中，并不是每个活动在每个企业中都创造相同的价值，而是这些活动在不同程度上为顾客创造价值，但是在技术上具体分析是有差别的。内部控制从管理学的角度看，应是以降低成本、增加股东财富为目标，最终为企业创造价值，因此它是一种以价值为基础的管理活动，构成了价值链理论的基本内涵，构成了价值链理论管理的具体形式。内部控制评价是指企业董事会或类似权力机构对内部控制的有效性进行全面评价，形成评价结论，出具评价报告的过程，其最终目标与内部控制的目标是一致的，所以，将价值链理论与内部控制评价工作相结合，具有重要的现实意义。

1.内部控制是一种辅助增值活动

"价值链"理论将企业的活动分为基本活动和辅助活动，内部控制通过各部门设计、执行和评价相关的政策、程序，并将执行结果报告给管理层，促进企业经营的效果和效率。可见，内部控制涉及研发、生产等直接活动和经营、管理等辅助活动，最终实现企业的价值创造目标，其中主要发挥的是管理职能，属于辅助活动中的基础设施，是企业管理中不可缺少的。

此外，内部控制通过内部控制的评价在价值链上发挥着确认和咨询职能。其中确认职能主要体现为内部评价主体对内部控制的设计和执行有效性进行客观检查，以评价风险管理的控制情况，是一种通过确认和保证提供的间接增值服务；咨询职能主要体现为内部控制以相对独立、客观的角度,提出内部控制存在的缺陷,并提出改善建议,以提高管理活动的效率,增强竞争优势,达到增加组织价值的目的。

所以,在煤炭企业内部控制评价工作中评价主体需要与被评价的对象之间良性沟通与合作,共同创造价值。同时,在这个过程中,同时需要不断创新评价的工作程序、方式与方法,帮助企业优化内部控制,降低链节间的协调成本,改进管理,控制风险,在增加组织价值的同时提高内部控制评价的存在价值。

2.内部控制的价值网络

基于价值链视角,需要厘清内部控制及其评价在煤炭企业价值管理中的地位、作用及其实现价值增值的基本路径。基于以上的分析,内部控制及其评价都为实现煤炭企业发展战略、提高经营效率、实现价值增值发挥着不可替代的作用,二者的最终目标是一致的。在此,我们需要进一步分析内部控制及其评价在价值管理中究竟有什么样的地位以及怎么进行价值创造。在此借鉴了有影响的学者提出的动态闭环模型(闫学文,2013),即由顾客价值、核心能力及相互关系三大驱动因素组成(见图3-3):

其中的顾客价值是内部控制及其实现价值创造的起点。从实践中看,内部控制面对最多的顾客是企业的管理者及员工。他们期望员工通过遵守内部控制制度,以达到防范风险,不断提高管理能力,实现有效治理的目标。从投资者角度看,希望内部控制评价人员能按照规定客观评价内部控制存在的缺陷,确认企业遵循法律、政策和程序的程度,推进更为有效的公司治理。对管理者来说,希望通过内部控制评价提升确认和咨询服务的质量和水平,提高管控能力,保障经营目标的实现。

其中的核心能力是内部控制在实现价值创造目标时应达到的

一种综合素质,包括管理、执行以及创新三种能力。管理能力是内部控制主要通过内部审计部门的组织、协调在企业管理中所体现的效果;执行能力是内部控制的具体流程及规定执行时的规范性、一贯性;创新能力是内部控制通过评价部门适时评价后达到改进和创新的效果。

其中的相互关系反映了内部控制与相关方之间的一种配合和互动程度。其中的相关方主要是注册会计师。因为按照相关规定,要求注册会计师对内部控制的执行效果进行评价,最终促进内部控制工作效果和效率的提升。

核心能力(管理能力、执行能力和创新能力)

相互关系(注册会计师)

顾客价值(管理者及员工)

图6-1　内部控制价值网络模型

(三)基于价值的煤炭企业内部控制评价指标体系构建

前已述及,目前学者对于内部控制评价采用了不同的评价方法,但从价值创造的角度而言,平衡计分卡法不但保留了传统的衡量过去的财务指标,而且兼顾了促成财务目标的其他因素,包括客户、内部运营、学习与成长三个指标,其思想与价值链的理念相吻合,所以本书用平衡计分卡的思想构建基于价值创造的煤炭企业内部控制评价体系。

首先,需要按照平衡计分卡法的四个指标建立内部控制评价维度:(1)客户:内部控制面对的客户主要是管理者及员工,其次还受到注册会计师的影响,所以将客户维度扩展为管理者及员工、注册会计师两个方面。(2)内部运营:根据内部控制为企业创造价值的贡献分析,可将内部运营维度分为管理能力、执行能力。(3)学习与成长:内部控制是一个不断完善的过程,尤其是评价中发现的缺陷,需要提出改进建议,所以可将学习与成长维度用创新能力来衡量。(4)财务:由于内部控制在价值链中属于辅助活动,它对企业的贡献是一般的财务指标难以量化的,所以本研究不考虑该维度。由此,修正后的基于价值创造的煤炭企业内部控制评价可按管理者及员工、注册会计师、管理能力、执行能力、创新能力五个维度来分析。

其次,需要根据以上设置的维度,基于价值创造的方向设计煤炭企业内部控制评价指标。这些指标应能够合理评价内部控制实现价值创造的过程和结果。从内部控制为企业创造价值的过程来看,评价工作主要体现在内部控制流程设计是否合理和完善、执行是否有效、资源分配是否合理、员工是否具有胜任能力、是否达到风险防范目标、自我评价工作是否到位、外部审计是否有效等。从内部控制为企业增值的结果来看,有直接与内部控制工作关联并可以计量的价值,也有通过履行评价职能,促进流程改进、内部控制完善和风险防范等,最终为企业增加价值,但内部控制的贡献度是不易量化的。

基于上述指标选择依据,按照管理者及员工、注册会计师、管理能力、执行能力、创新能力五个维度进一步细化分析,细化为21个指标,具体见表6-2:

(四)基于神经网络的内部控制评价实证应用思路

为了证明以上煤炭企业内部控制评价体系的实用性,具体评价时,可通过对同类煤炭企业当年的情况调研,也可选择近几年,通过下发《指标打分问卷》来收集内部控制工作涉及的相关信息,但往往部分被调查者水平或能力有限,会出现无效问卷,将这部分

表6-2 价值创造的内部控制评价指标体系

维度	内部控制评价指标	性质	含义	量化标准
管理者及员工	管理者对内部控制的重视程度	定性	反映管理者的一种理念，这种理念是否激进影响整个企业的控制环境。	参考内部控制规范，由管理层根据自己对内部控制的认识，重视程度等进行评价。
	员工对内部控制重要性的认识	定性	反映员工在内部控制的认识上是否有欠缺，这是出现隐患的隐性因素。	可设计调查问卷，对员工进行无记名调查后进行评价。
	人力资源分配是否合理	定性	反映员工的数量和素质是否能满足内部控制对岗位的要求。	由管理者结合企业的具体情况和内部控制的要求进行评价。
	对内部控制投诉的数量	定量	反映负责内部控制的内审部门与其他部门的合作关系。	A.0~1 次/年；B.2~3 次/年；C.4~5 次/年；D.6~7 次/年；E.8~9 次/年；F.10 次以上/年。
注册会计师	注册会计师对内部控制的期望	定性	反映注册会计师在执行内部控制审计前对企业实施内部控制效果的一种期望。	由注册会计师根据企业内部控制的期望值相比较进行评价。
	注册会计师与管理层就内部控制交流的次数	定量	反映负责内部控制的内审部门与外部审计的一种合作程度。	A.10 次以上/年 B.8~9 次/年；C.6~7 次/年；D.4~5 次/年；E.2~3 次/年；F.0~1 次/年。
	注册会计师发现内部控制缺陷的数量	定量	反映内部控制实施的效果。	相当于内部控制总数的：A.0%~10%；B.11%~20%；C.21%~30%；D.31%~40%；E.41%~50%；F.51%以上。
	注册会计师对内部控制提出的改进建议数量	定量	反映注册会计师对企业内部控制完善的关注程度。	相当于内部控制缺陷总数的：A.91%~100%；B.71%~90%；C.51%~70%；D.31%~50%；E.11%~30%；F.10%以下。

续表

维度	内部控制评价指标	性质	含义	量化标准
管理能力	内部控制的覆盖比率	定量	反映企业利用内部控制进行管理的规模和范围。	实施内部控制的范围占应实施范围的比例：A.91%－100%；B.81%－90%；C.71%－80%；D.61%－70%；E.41%－60%；F.40%以下。
	内部控制设计的合理性	定性	反映内部控制度的管理能力。	以内部控制规范为标准，由内部审计中负责内部控制的人员或注册会计师评价。
	内部控制防范风险的能力	定量	反映内部控制真正的实施效果。	按照降低风险发生的比率：A.91%－100%；B.71%－90%；C.51%－70%；D.31%－50%；E.11%－30%；F.0%－10%。
	内部控制政策和程序的优化数量	定量	反映管理者着重视内部控制，进行不断优化和完善的比例。	按照存在缺陷的内部控制中进行完善的比例：A.91%－100%；B.71%－90%；C.51%－70%；D.36%－50%；E.21%－35%；F.0%－20%。
执行能力	内部控制是否执行	定量	反映设计好的内部控制是否得到真正执行和操作。	按照内部控制执行的比例：A.91%－100%；B.76%－90%；C.61%－75%；D.41%－60%；E.21%－40%；F.20%以下。
	内部控制执行的有效性	定量	反映执行的内部控制中是否真正达到了应有的效果，是否一贯执行。	按照执行内部控制中有效的比例：A.91%－100%；B.76%－90%；C.61%－75%；D.41%－60%；E.21%－40%；F.20%以下。

续表

维度	内部控制评价指标	性质	含义	量化标准
执行能力	内部控制自我评价结果	定性	反映负责内部控制评价的部门(如内审部门)对企业自身内部控制的评价结果。	根据企业的内部控制自我评价报告,由内审部门进行评价。
	员工对于计算机信息系统的操作能力	定量	反映员工执行内部控制信息系统的能力水平。	员工能正确操作并及时发现信息系统中存在问题的比例:A.95%-100%;B.81%-94%;C.61%-80%;D.41%-60%;E.21%-40%;F.20%以下。
	凌驾于内部控制之上的次数	定量	反映员工与管理者之间或员工之间实施内部控制舞弊的行为次数。	每年内部控制失效的次数:A.0-2次;B.3-9次;C.10-17次;D.18-24次;E.25-29次;F.30次以上。
	员工接受培训的机会	定量	反映企业在内部控制中的投入水平。	每人每年参与内部控制培训的数量:A.20次以上;B.16-19次;C.12-15次;D.7-11次;E.3-6次;F.0-2次。
创新能力	员工整体接受教育程度	定量	反映内部控制执行人员的知识层次。	本科占内部控制实施人员的比重:A.91%-100%;B.76%-90%;C.61%-75%;D.46%-60%;E.31%-45%;F.30%以下。
	正式就内部控制研讨的次数	定量	反映内部控制实施人员参与善完善内部控制的机会。	每年人均参与研讨的次数:A.15次以上;B.12-14次;C.9-11次;D.5-8次;E.2-4次;F.0-1次。
	就内部控制发表论文数量	定量	反映内部控制实施人员参与科研和创新的机会。	每年人均发表论文的篇数:A.10篇以上;B.8-9篇;C.6-7篇;D.4-5篇;E.2-3篇;F.0-1篇。

筛选后形成有效问卷,按照以下的步骤进行:

1.定性及定量指标量化

(1)对于定性指标,可用语义差别隶属度赋值法将各指标分为A、B、C、D、E、F六个等级,分别对应优、良好、一般、合格、较差、很差六个隶属度,其中A等级的评分范围为90-100分,B等级的评分范围为80-89分,C等级的评分范围为70-79分,D等级的评分范围为60-69分,E等级的评分范围为50-59分,F等级的评分范围为49分以下。可邀请专家根据了解到的企业实际情况和调查问卷对表1中的指标进行赋值,确定相应的等级和得分,从而对定性指标进行量化。

(2)对于定量指标,同样设置了A、B、C、D、E、F六个等级,其中A等级的评分范围为90-100分,B等级的评分范围为80-89分,C等级的评分范围为70-79分,D等级的评分范围为60-69分,E等级的评分范围为50-59分,F等级的评分范围为49分以下。具体计算时,定量指标可用以下公式:

定量指标最终得分=min{对应等级下限得分+(对应等级上限得分–对应等级下限得分)×(实际发生数–对应等级下限发生数)/(对应等级上限发生数–对应等级下限发生数),100}

2.评价指标权重确定

内部控制与企业的关系比较密切,因此指标权重的确定比较复杂。大多数学者采用层次分析法,经过专家打分后进行主观赋权得出W1,但这种方法更多地体现了专家的主观看法和经验,尤其是在规模大、业务复杂的企业中,为了避免影响内部控制评价效果和效率的现象,在此基础上,下一步需进行客观赋权得出W2,最后运用最优值组合赋权模型计算组合权重W。这样可以有效抑制主观赋权的随意性,提高评价体系权重制定的科学性和客观性。这些计算可借助于 Excel、Yashp 等软件进行。

3.运用神经网络进行评价

首先，我们采用常用的评价算子——向量积法的初步评价对样本评价结果实施分类处理，在此基础上，为了避免传统的评价方法过于机械、不能很好体现指标之间的逻辑关系的缺陷，本书建议采用神经网络，它能反映人脑功能的许多基本特征，是一个高度复杂的非线性动力学习系统。具有大规模并行、分布式存储和处理、自组织、自适应和自学能力等特点，特别适合处理需要同时考虑许多因素和条件的、不精确和模糊的信息处理问题。在运用时，在以上分类的基础上，用 Matalab 7.0 NPRtool 工具进行神经网络模式识别训练，进行设置和输入后，系统会自动得出内部控制评价结果。该结果经过实证研究，与专家的感观基本一致。

总之，随着经济全球化和技术信息化的发展，内部控制被认为是提升煤炭企业经营管理水平、创造企业价值的重要手段。自然内部控制评价也变得更加重要，如何评价？运用"价值链"理念，以价值创造为导向，是对内部控制评价工作的一种创新。其通过构建内部控制价值网络，设计基于价值的六个维度的内部控制评价指标体系，并提供了神经网络实证分析的思路。需要说明的是，企业运用该评价体系时，可根据企业的实际情况对指标体系进行适当的修改后，客观地对各定性或定量评价指标进行量化后运用模型进行评价，以达到不断改进内部控制的目标。

第二节　煤炭企业内部控制审计框架构建

健全有效的内部控制是提高企业经营效率和效果、实现可持续发展的重要保证。21 世纪初美国发生的财务舞弊事件，其根本原因是内部控制的失效,对资本市场产生很大影响。随之于2002年颁布了《萨班斯—奥克斯利法案》,该法案提到必须由注册会计师对内部控制进行审计,我国分别于2008年和2010年发布了《企业内部控制基本规范》及《企业内部控制审计指引》,标志着我国开始重视内部控制审计业务,这一新型业务的开展将会对提高财务报告信息质量产生深远影响。但是从山西省煤炭企业的内部控制审计情况来看,还存在着许多困难和问题,其中的影响包括会计师事务所、管理当局和监管机构,其中管理当局的原因造成了内部控制审计风险的增加,但只要审计制度健全,事务所按照程序来严格进行审计,应该能查出内部控制中存在的重大缺陷。所以,本书在解决问题的过程中,重点关注事务所如何才能使内部控制审计落到实处,真正查找出内部控制存在的重大缺陷并公开披露,故设计了一个适合会计师事务所审计煤炭企业的内部控制审计框架。

一、煤炭企业内部控制审计的总体要求

内部控制审计是指会计师事务所接受委托,对特定基准日内部控制设计与运用的有效性进行审计。为了规范注册会计师实施内部控制审计业务,继《企业内部控制审计指引》发布后,2011年10月中国注册会计师协会又制订了《企业内部控制审计指引实施意见》,它为注册会计师更有效地执行企业内部控制审计提供了技术指引,如果说《企业内部控制审计指引》是航行的灯塔,《企业内部控制审计指引实施意见》就是技术路线图,本部分内容系统研究适合事务所开展煤炭企业内部控制审计的相关总体要求。

(一)开展内部控制审计工作意义

1.理论意义

内部控制审计工作是近几年会计师事务所按照《企业内部控

制审计指引》要求开展的一项新型业务,通过实施内部控制的审计,从监管者角度看,有助于获得更多煤炭企业和投资者内部控制的信息,并结合相关理论对问题进行分析,从而制定出更适合我国市场的政策、制度,为《内部控制审计指引》的全面实施和进一步规范我国资本市场提供一定的理论指导。从学者的角度看,有助于从实务中摸索和挖掘煤炭行业实证研究资料,为内部控制审计理论与实务的结合提供信息,进一步促进我国内部控制审计理论研究的深入。从会计师事务所的角度看,由于是内部控制审计的主体及执行者,从实务工作中可以发现目前出台的相关规范中不合理的地方,深入研究可为监管部门提供建议。

2.现实意义

(1)从投资者的角度来看,以前从公开披露的信息中获得的大多是财务信息,对于其他与财务相关的非财务信息难以知悉,通过阅读内部控制审计报告既便于其获得被投资企业披露的内部控制有效性这项重要信息,又可以认识到自身的不足,提高自己的风险管控能力,及时对企业披露的信息进行有效的筛选,分析投资风险和投资价值,从而做出正确的决策,保护自身的利益。

(2)从监管者的角度来看,煤炭企业披露的内部控制审计报告,可以提供关于企业内部控制合理性和有效性等方面的信息,便于国资委、证监会等有权力的政府监管机构对企业内部控制的健全性和有效性进行监督,保护投资者的利益,为有效实施监管工作提供帮助。此外,还可以汇总、分析煤炭业上市公司内部控制审计结果,发布内部控制年度综合分析报告,为改进宏观调控、完善资本市场提供有力的决策参考。

(3)从煤炭企业的角度来看,通过接受注册会计师的审计,有助于促进企业增强风险管理观念,及时发现内部控制设计和运行中存在的问题,改善薄弱环节,建立健全自身的内部控制,培育内控文化,促进煤炭企业健康发展。通过执行《企业内部控制审计指引》,披露内部控制审计报告,可以使企业的信息更加透明、可信,提升煤炭企业在公众中的形象。进而规范我国整个资本市场的运作。

总之,按照规定执行《企业内部控制审计指引》,无论从理论上还是现实中,无论对投资者、监管者还是煤炭企业都具有非常重要的意义。

(二)开展内部控制审计工作的主体

《企业内部控制审计指引》规定,会计师事务所接受委托,对特定基准日内部控制设计与运用的有效性进行审计。可以看出,会计师事务所负责与煤炭企业签订内部控制审计业务约定书,双方一旦订立该经济合同,需要严格按照业务约定书的内容执行相关工作。如果发生纠纷,根据具体条款各自行使权利,承担义务和责任。然而,代表会计师事务所执行内部控制审计具体工作的是注册会计师,那么注册会计师就是内部控制审计的主体,对公司内部控制进行充分的了解并测试的基础上,对内部控制是否存在重大缺陷发表意见,在审计报告上签字盖章。但是发表的意见仅仅是一种合理保证,即在保证在所有重大方面保持了有效的内部控制,这样的保证程度与财务报表审计的保证程度是相同的。此外,在开展内部控制审计工作时,还涉及其他关系人,包括管理层要对财务报告内部控制有效性进行评价,投资者根据审计报告做出决策,所以从整个工作的全过程来看,称为三方关系人,其中最重要的是注册会计师,负责独立评价内部控制并出具报告。

(三)开展内部控制审计工作的目标

为了保证整个内部控制系统有效顺畅运行,内部控制审计的目标在大方向把握上应与内部控制的目标一致,根据我国《企业内部控制基本规范》的规定,内部控制的目标是合理保证企业经营管理合法、合规、资产安全、财务报告及相关信息真实完善,提高经营效率及效果,促进企业实现发展战略。可以看出,内部控制审计的目标是检查并评价内部控制的合法性、充分性、有效性及适宜性,并以内部控制审计过程中注意到的非财务报告内部控制的重大缺陷进行报告。通常包括总体目标和具体目标。

煤炭企业内部控制审计总体目标是注册会计师通过对被审计单位实施审计程序,提出审计建议,合理有效地促进煤炭企业建立健全内部管理制度,改进企业内部管理水平,维护企业资产安全完整,提高企业运营效率和经营成果,以实现企业整体经营战略和目标。煤炭企业内部控制审计的具体目标是对总体目标的进一步具体化,包括合规性、完整性、合理性、有效性等。合规性是指保证企业建立的内部控制符合相关法律、法规及行业制度。完整性是指保证企业的全部生产过程都设计并运行了内部控制,控制自始至终,覆盖每个流程。合理性是指保证内部控制适合企业的生产经营且符合成本效益原则。有效性是指保证企业内部控制具有可操作性,在企业生产经营过程中能得到贯彻执行并发挥应有作用,以实现其为提高经营效率效果,提供可靠财务报告和遵循法律、法规提供合理保证的目标。但是,不管是总体目标还是具体目标,内部控制审计工作能够提供的保证程度仅仅是合理保证,而非绝对保证。

（四）开展内部控制审计工作的方法

审计人员在开展煤炭企业内部控制审计工作时,应当综合运用询问适当人员、观察经营活动、检查相关文件、穿行测试和重新执行等方法。

1.询问。审计人员为了解被审计单位各项业务操作是否符合控制要求,而向有关人员询问某些内部控制和业务执行情况。例如,审计人员通过询问计算机管理人员,就可以知道未经授权的人员是否接触计算机文件。但是询问程序获取证据的证明力有待通过其他证据加以证实。

2.观察。审计人员亲临被审计单位的现场,实地观察有关人员的实际作业情况,以确定既定控制措施是否得到严格执行。如审计人员亲自到煤炭生产现场,就可知道是否遵循了相应的安全管理规定。

3.检查。审计人员抽取一定数量的账表、凭证等书面证据和其他有关证据,检查是否认真执行相关控制制度,以判断内部控制是否得到有效贯彻执行。如检查煤炭专用设备购置的货款支付是否有相关责任人和经办人的批准和签字,来判断实际工作中是否执行了批准控制程序。

4.穿行测试。审计人员实施的穿行测试应当涉及对单独交易的初始、控制权、记录、处理和报告的整个过程,以及对每个被审计的重要流程所进行的控制,包括旨在发现风险和舞弊的控制。

5.重复执行法。审计人员就某项内部控制制度按照被审计单位的业务程序全部或部分重做一次,以验证既定的控制措施是否被贯彻执行。

此外,由于内部控制自我评价与内部控制审计在对象上具有一致性,所以上一章中分析的内部控制自我评价方法中提到的调查问卷法及抽样分析法等,在内部控制审计中也可以用到,审计人员用哪些方法要根据被审计单位的具体情况,选择适合的方法。

二、煤炭企业内部控制审计的流程

内部控制审计流程,是内部控制审计工作从开始到结束所涵盖的阶段及其包括的内容。根据我国《企业内部控制审计指引》的要求,内部控制审计的流程包括计划审计工作、实施审计工作、评价控制缺陷、完成审计工作、出具审计报告五个部分。本书在了解事务所审计工作的基础上,针对实施煤炭企业内部控制审计业务,把整个的流程分为审计准备工作、审计实施工作、审计报告工作三个阶段,每个阶段又细分为很多内容。

（一）审计准备工作

1.确定被审计单位

事务所应根据上级部门的安排或事务所与企业的协商,确定被审计单位,并保证具备专业胜任能力和独立性要求的前提下,双方签订业务约定书,这是内部控制审计工作的第一步。

2.成立项目小组

由于内部控制审计是近几年新型的业务内容,对工作人员的要求较高,除具备财务知识和经验外,更需要管理知识和能力,所以,必须配备具有胜任能力的项目经理和注册会计师,再加上适当的助理人员,并注意加强督导。此外,遇到特殊情况可聘请专家协助工作。项目经理提前做好相关知识的储备工作,对上级领导要求的工作量、完成时间、注意事项等做到心中有数。

3.初步了解被审计单位

按照风险导向的要求,注册会计师首先应对被审计单位进行初步了解,一般包括被审计单位所处的外部及内部环境、所处行业、经营特点、内部控制的设计及运行概况。

4.确定审计的标准

审计的标准即审计工作的具体依据,我国已发布的《企业内部控制基本规范》及《企业内部控制配套指引》是官方的标准,各企业在此方向的指引下又制订了适合情况的内部控制制度,如有的煤炭企业制定的《内部控制管理手册》、《内部控制评价手册》等,对于审计人员来说,首先应获取企业内部控制制度,评价是否符合国家出台的相关规范,如符合,通常可以作为审计的标准,如不符合,审计人员有权选择自己认为适合的标准。

5.制订内部控制审计方案

内部控制审计方案包括内部控制审计的目的、时间、范围、方式、内容及人员等。其中针对具体项目内容的计划包括总体审计策略和具体审计计划,其中总体审计策略包括审计范围、审计时间、审计方向及审计资源;具体审计计划包括风险评估、进一步审计程序及其他程序。当然,制订好的审计计划可能随着情况的变化进行适时调整。

6.编制审计流程表

如果事务所有基本的流程表,则在此基础上编制项目具体的审计流程表,对于正确引导审计人员实施审计工作是非常有价值的。如果事务所没有提供,则项目经理考虑具体的流程,在工作底稿中记录整体流程计划。

7.审计资料的准备

审计工作开始前,需要通知被审计单位准备相关的内部控制文件及规定,对于提高进驻现场后的工作效率非常重要。此外,项目经理还需要带领项目组成员准备好审计标准、调查问卷、工作底稿等,并要求所有成员熟知审计的流程、需要被审计单位配合的工作及其他注意事项。

8.向被审计单位下发通知

一般情况下,外勤审计工作前需要向被审计单位下发审计通知书,明确被审计单位需要配合的工作和人员、准备的资料,下发时间一般提前一周,以便于被审计单位做好相关准备工作。

9.组织进点

这一步是审计人员亲自前往被审计单位实施外勤审计工作，首先进点后与被审计单位管理层协商开进点会，说明内部控制审计的重要性、难度及需要配合的工作等。

总之，内部控制审计准备阶段工作多，在实际工作中，可以根据情况对以上程序及内容进行适当的调整。

（二）审计实施工作

1.了解内部控制

了解内部控制是实施阶段工作的首要环节，也是关键性的一步。它是在准备阶段初步了解的基础上实施更进一步的了解，以确定被审计单位内部控制设计的合理性及是否执行，进一步决定内部控制测试的程序。

具体了解内部控制的内容很多，大致可分为两类：一是从整体层面了解内部控制，包括内部控制环境、风险评估、控制活动、信息与沟通、内部监督等五个要素。二是从业务流程层面了解内部控制，包括以下步骤：确定重要业务流程和重要交易类别；了解重要交易流程，并记录获得的情况；确定可能发生错报的环节；识别和了解相关控制。以上两个层面内部控制的了解同等重要，在实务工作中通常要突出重要性原则，采取询问、检查、观察等程序对重要内部控制重点了解，如不相容岗位分离、授权审批控制、实物资产管理等。如果内容特别多，应列明调查清单载明调查内容及要点，以免遗漏。

2.初步评价内部控制

所谓初步评价内部控制，是指采用抽样的测试方法，将现有的内部控制与理想的内部控制进行对比，以评价应有的控制制度是否齐全，是否设计合理。其目的主要是为了确定控制测试的重点和范围，测试评价的步骤如下：

（1）确定理想的内部控制制度；

（2）描述现有的内部控制制度；

（3）现有内部控制与理想内部控制的比较。主要关注现有控制程序是否与理想控制程序相联系；现有控制方法是否适合控制目标；现有控制制度与理想控制制度有多大差距；关键的控制制度是否齐全；控制的优势。

（4）进行初步评价。考虑的问题主要有：被审计单位可能会发生哪些差错、舞弊、浪费等现象；现有内部控制制度与理想内部控制制度之间的差异是否可以接受；未设置的关键的控制制度是否有补救措施等。

以上的初步评价可通过调查问卷和初步评价表来实现。

3.评估高风险领域

按照风险导向审计的要求，实施内部控制审计也应实施风险评估程序，其作用在于评价存在重大缺陷的高风险领域，以确定重要的账户、列报及相关认定，选择拟进行测试的控制。特定领域存在重大缺陷的风险越高，给予该领域的审计关注就越多。

4.选择拟测试的控制

基于以上风险评估的结果，运用自上而下的方法，选择拟测试的控制时主要包括以下内容：

（1）识别整体层面的内部控制。审计人员必须测试整体层面的内部控制，因为该测试可能会影响其他测试的范围，有些情况下对于最终结论的确定也是非常有效的。包括内部环境、风险评估、控制活动、信息与沟通、内部监督五个方面。

（2）识别重要账户、列报及相关认定。识别重要账户、列报及相关认定，主要是从其包含的错报中可能会发现内部控制的重大缺陷。识别时主要考虑以下因素：账户的构成；易于错报的可能性；账户或列报中反映的交易量、复杂性及同质性;账户或列报的性质;相关会计处理的复杂性;账户发生损失的风险;是否涉及关联方交易;是否易于发生舞弊行为等。此外,审计人员还应考虑潜在错报的可能影响和来源。

(3)了解错报的可能来源。审计人员可运用综合使用询问、观察、检查及穿行测试,进一步了解错报的可能来源,应当考虑:了解与相关认定有关的交易的处理流程,包括交易生成、批准、处理和记录;验证已识别出的可能发生重大错报的环节;识别管理层用于应对潜在错报的控制;识别管理层用于防止或发现未经授权的资产取得、使用或处置的控制。

(4)选择拟测试的控制。审计人员应当评价控制单独或连同其他控制足以应对评估的错报风险,并选择其中对形成评价结论具有重要影响的控制进行测试。

5.控制测试

在内部控制审计中,控制测试是核心程序,是必须执行的程序。一般从整体层面和业务层面两个方面进行测试,二者均包括测试控制设计和运行的有效性。

在测试控制设计的有效性时,要通过查找经营管理和业务流程的风险点,确定应当建立的内部控制,并与应当建立的内部控制进行比较分析,具体关注以下事项:是否在每个需要控制的环节设置了控制;设置的控制是否能够控制相应的风险;是否安排了过多的控制点;控制职能是否划分清楚;对特别风险是否设置了特殊的控制;以往发现的内控设计缺陷是否已得到完善等。

在测试控制运行的有效性时,实际上是对初步调查的内部控制进行查实的过程,查明被审计单位是否真实地存在于经营管理当中,是否得到贯彻执行,执行效果如何,是否有薄弱环节等。

在实务中，有时内部控制设计有效性和执行有效性的测试难以分裂开来，这时可以一并进行。此外，在确定测试的时间安排时，应当在下列两个因素之间做出平衡，尽量在接近企业内部控制自我评价基准日实施测试；实施的测试需要涵盖足够长的期间。越接近企业内部控制自我评价的基准日，越能获取充分、适当的证据。

6.评价内部控制缺陷

内部控制缺陷是一个比较复杂的过程。审计人员应将测试到的内部控制情况与事先确定的标准模式进行对比，以揭示哪些控制程序设计无效或执行无效，根据发现的控制缺陷，按照不同内容分类，汇集在工作底稿中记录，并及时以书面形式与被审计单位进行沟通，核对测试结果，确认内部控制缺陷事实，并在缺陷认定底稿上签字盖章。在判断某项内部控制缺陷单独或连同其他内部控制缺陷是否为重大缺陷时，应当考虑潜在的错误或舞弊可能导致错报的金额及性质。

7.形成审计意见

审计意见的形成过程也是一个复杂的过程，需要做很多的工作，其中以下几个方面非常重要：一是注重根据证据进行评价缺陷，证据是形成意见的直接来源和根据，要注意证据贯穿整个审计过程，无论哪个阶段都要形成审计工作底稿。二是注重与被审计单位的沟通。审计人员应当就发现的所有缺陷与被审计单位需要沟通的事项很多，沟通形式多种多样，如果界定为重大缺陷或重要缺陷，应当以书面形式与董事会和经理层沟通。注册会计师认为审计委员会和内部审计机构对内部控制的监督无效的，应当就此以书面形式直接与董事会和经理层沟通。这些沟通都要做好书面记录，形成底稿。沟通时间最好在外勤审计工作结束前，最晚应当安排在出具审计报告之前进行。三是一定要获取管理层声明。该证据的获取时间最好在审计准备阶段。因为声明中包括了管理层对内部控制的责任、对内部控制自我评价的情况、对内部控制审计的利用情况、是否已披露重大及重要缺陷的情况、以前审计中发现缺陷的改进情况等。这些为形成审计意见提供了有力的证据。如果管理层拒绝提供声明，审计人员可解除业务约定或出具无法表示意见的审计报告。

（三）审计报告工作

1.复核审计工作底稿

在内部控制审计工作底稿的复核过程中，可以同财务报告审计的复核一样,遵循三级复核制度,主要注重重大缺陷证据的获取是否充分。

2.分析缺陷

通过分析汇总表中的各种缺陷,判断缺陷的种类是否适当,是否影响审计意见类型的确定。

3.核定意见

在复核工作底稿、分析内部控制缺陷的基础上,对审计人员形成的审计意见进行审核和确定的过程。审计指引中重点强调了财务报告内部控制缺陷的披露,对非财务报告重大缺陷,强制性要求低,对于注意到的应当增加描述段披露,限制了发表意见的范围。

4.起草报告

审计人员应当根据审计结果起草报告，执笔应由项目经理或指定有经验的人员担任。

5.复核报告

内部控制审计报告的复核一般由审计机构负责人复核，应充分考虑报告主题和整体着眼点的需要，检验并消除可能的矛盾,如工作底稿与报告内容的不一致、报告中不同内容的矛盾,并复核表达的合理性。

6.征求意见

经过复核后的审计报告需要向被审计单位征求意见，这有利于表达对被审计单位的尊重和开诚布公的态度，通过讨论协商达成共识，有利于其他工作的开展。

7.审定签发

经过征求意见后，会计师事务所可以按照内部控制程序签发内部控制审计报告。目前我国并没有对内部控制审计报告的公布和披露做出详细的规定，通过了解实务工作，一般将内部控制审计报告、内部控制自我评价报告、年度财务报表审计报告分别披露，但是要在年报中提到其他两个报告，以利于信息使用者从整体上了解企业的状况并做出正确的决策。

8.总结档案

内部控制审计工作结束后，会计师事务所应对审计过程、审计方法等进行总结，及时积累经验，改进问题，不断提高内部控制审计的工作质量，把好内部控制的关口。

9.结果利用

这是内部控制审计发挥作用的环节，可为企业管理当局、会计师事务所、监管机构、投资者、债权人及其他信息使用者提供有价值的信息，具有理论和实践意义。

三、基于风险管理的煤炭企业内部控制审计内容构建

我国的《注册会计师审计准则》倡导注册会计师在执行审计工作时运用风险导向审计方法，内部控制审计也不例外，应在评估风险前提下实施相关的审计程序。本部门研究基于风险管理的理念，分别从整体层面和业务层面对注册会计师实施煤炭企业内部控制

审计提供内容构建。

(一)整体层面审计

1.内部环境审计

内部控制环境是煤炭企业实施内部控制的基础，是一种组织基调，高层管理人员确定的理念和文化、如何进行机构设置和权责分配、如何通过人力资源政策使员工达到相关能力标准，如何充分发挥内部审计的监督作用，都会直接影响企业内部控制体系的有效执行。

对控制环境审计时，由于构成控制环境的方式和手段是多样的，内部控制环境不具有唯一性，健全的内部控制环境并不恪守于形式，而着重于最终能否满足目标。针对煤炭企业的情况，一般情况的审计要点包括：

(1)公司治理方面，关注是否建立了规范的法人治理结构，是否形成了权责分明、管理科学和激励约束相结合的管理体制，是否形成有效的分工机制，是否科学界定决策、管理、执行、监督各层面的职责权限，是否有强有力的组织机构为内部控制的建立、运行、监督提供保障。

(2)人力资源政策是否科学、规范、统一、公平，是否形成了系统的选拔、分配、考核和绩效考评体系，是否能提升员工胜任能力和职业道德修养、是否有利用调动员工的积极性、主动性和创造性。

(3)企业文化建设方面，是否以增强凝聚力、提升竞争力为宗旨，树立现代企业风险管理理念，是否树立开拓创新、团队协作精神，是否对内部控制有效性和管理目标实现形成影响。

(4)内部审计机构是否健全，是否重视内部审计的监督工作，是否以风险为导向不断创新工作方法，不断提高执业水平，为营造公平、正直的内部环境，促进公司战略目标的实现发挥了应有的作用。

2.风险评估审计

由于风险评估内部控制制度的构建与实施因主体情况的不同而各有差异。因此,风险评估的审计内容也因被审计煤炭企业的不同而不同,所以不能固定化。一般来说,煤炭企业的风险评估管理包括目标确定、风险识别、风险应对及控制三部分内容。与之相对应,审计人员执行的风险评估程序包括以下几个关注点:确定管理层如何识别与财务报告相关的经营风险,确定已经设计完成的风险评估内部控制及其相关的管理制度是否有效执行,是否有效控制了相关风险,已经设计有效的风险评估各控制点的控制措施是否有效实施,是否有效制止了各环节的风险,是否根据业务、环境等变化充分考虑各种风险因素后迅速调整应对措施,以持续改进风险评估内部控制。

3.控制活动审计

控制活动是企业根据风险评估结果,采取相应的控制措施,在煤炭企业中,控制活动或措施是多种多样的,贯穿于企业的各个部门及各个岗位中。

控制活动审计,总体上包括整体层面和业务层面的控制活动审计,关键是业务层面的审计,整体层面的审计是在业务层面的基础上进行的。业务层面内部控制活动总体上包括对职责分工、授权、审核批准、预算、财产保护、会计系统、内部报告、经济活动分析、绩效考评等的审查。有的企业的控制活动按照业务种类不同来设计,包括经营管理、资产管理、财务管理、人力资源管理、生产管理、供应管理、安全管理、后勤管理等,此时,由于内部控制活动的设计因煤炭企业的不同而不同,控制活动的审计也要适当灵活,可以对照企业的控制设动设计情况,实施有针对性的控制活动审计。

一般情况下,关注以下几点:审计已经设计完成的控制活动及其相关的管理制度是否有效执行,是否有效控制了控制活动风险,已经设计有效的控制活动各控制点的控制措施是否有效实施,是否有效防止了各控制环节的风险,是否根据业务、环境等的变化持续改进控制活动内部控制。

4.信息与沟通审计

煤炭企业由于地域范围广,应当建立良好的信息沟通机制,明确相关信息的收集、处理和传递程序,加强信息的及时沟通,充分发挥信息技术在信息与沟通中的作用。信息与沟通审计,即对信息与沟通内部控制有效性的检查和评价。由于各个被审计单位的信息与沟通设计情况不一致,所以审计时要适当灵活掌握。一般的审计要点包括:

(1)信息收集审计要点:煤炭企业是否建立了通畅的内外部信息收集机制,如信息管理平台;能否识别来自单位内外部的财务与非财务信息;是否通过会议记录、会计资料、经营信息、调查报告等渠道获取所需要的会计信息、经营信息、资本运作信息、人事信息、技术革新信息;是否通过上级监管机构、社会中介机构、往来客户、行业组织、市场调查、新闻媒体等渠道获取所需的外部法规信息、宏观经济形势、监管要求、市场竞争情况、行业动态、客户信用、社会文化等;管理层是否能及时知道自己岗位职责所必须知道的最新消息,如何把详细的信息及时传达人下属人员或员工,使他们能高效完成任务;管理层是否在理念上重视信息系统的建设工作,在人力、物力及财物上适时投入。

(2)信息沟通审计要点:煤炭企业应该披露的重大事项是否均已披露,是否有披露不及时造成重大错误;是否采用电话、传真、网络、电子邮件、手机短信、专业会议或视频会议、专题报告、调查、员工制度、专项培训、内部杂志刊物等灵活多样的方式,对需要传达的信息进行及时准确传递,资源共享;对所需沟通的信息是否经过过滤筛选,保证信息适合相关岗位人员知悉,不至于产生负面影响;员工是否明白自己工作岗位应该知道的信息;是否允许员工对不当行为采取匿名沟通、直接向高层领导反映等沟通方式;是否建立开放的外界沟通渠道,是否建立收集回馈资讯的机制,回馈资讯能否及时、准确地传达给有关内部人员;是否关注与投资者和债权人的沟通、与客户的沟通、与监管部门的沟通、与审计人员的沟通、与律师的沟通、与银行等合作单位的沟通等;当管理层知悉外部信息传达对企业有不良的反映或投诉时,是否积极采取追查行动,并把经济损失或声誉损失降至最低。

5.内部监督审计

内部监督分为日常监督和专项监督。日常监督不能只依赖内部审计部门,需要纪检监察部门、办公室、法律部门等的统一配合,合理分工,才能形成有效的监督机制。专项监督包括企业直属单位和部门的内部控制自我评价、企业整体的内部控制自我评价并形成报告披露、内部控制专项检查、内部审计部门牵头的专项评价四个方面。这些具体的制度因企业设置部门的不同、具体的监督内容也有差异,所以实施内部监督审计时也不能将审计的内容模式化,一般来讲,内部监督审计应以风险为导向,审计设计的监督措施是否有效执行,是否防范了各环节的风险;是否根据业务和环境的变化适时对监督措施进行调整。实务工作中,内部监督审计也分为整体层面和业务层面,但关键是执行业务层面审计,整体层面的内部监督审计是在业务层面审计的基础上进行的。

(1)持续性监督审计要点:

内部审计机构、纪检监察部门或其他履行内部控制监督职能的机构是否根据国家法律法规要求,采取适当的程序和方法,对内部控制的设计与执行情况适时进行监督检查,形成结论并出具报告。

(2)履行内部控制监督职能的机构是否注重职业道德的建设,是否不断提高业务能力水平,监督检查的方法、范围是否适当,能否将监督结果直接向最高领导层报告,其在企业中的地位如何。

(3)对日常生产经营的监督中,是否检查了下列事项:负责营运的管理层在日常管理工作中有无取得内部控制持续发挥作用的证据;是否将外部信息与内部信息相互验证;是否利用健全的组织结构或职责分工来监督控制有效性;有无将实物资产与账面记录进行定期或不定期核对,找出差异,查找原因;有无利用内部审计机构、会计师事务所提出的改进建议来完善内部控制;有无通过了解同行内部控制的情况来找出本企业的不足,进一步提升内部控制建设水平;有无定期要求员工汇报他们是否了解单位的内部控制;员工的建议是否由下向上层层传递,合理化建议是否能采取行动执行。

(2)专项监督审计要点:

专项监督的内容是否属于应该检查的范围,范围的广度、深度是否恰当;专项监督的整体方案是否合理;专项监督的程序是否正确;专项监督时使用的问卷、表格等设计是否恰当;检查小组是否能够发挥团队精神,负责人是否经验丰富、有威信;是否记录了必要的检查过程,是否获取了必要的证据;对已发现的内部控制缺失,是否进行整理汇总;是否查找了存在问题的原因,并与上级管理人员沟通。

(二)业务层面内部控制审计

对于业务层面内部控制审计,应该遵循以上所分析过的了解内部控制、初步评价内部控制、评估高风险领域、选择拟测试的控制、控制测试、评价内部控制缺陷、形成审计意见等程序,在这些程序中,由于有些程序必须结合具体的煤炭企业实际情况来进行,所以,本部分从煤炭行业的角度,将存在共性的了解内部控制和测试内部控制、评估存在的风险几个角度进行了分析说明,以供注册会计师在实施煤炭行业内部控制审计时借鉴参考:

1.组织架构内部控制审计

煤炭企业应当建立健全组织架构内部控制,明确股东会、董事会、监事会、经理层和内部各层级机构设置、职责权限、人员编制、工作程序等相关要求,只有有效设计并执行,系统中的人流、物流、信息流才能正常流通,使组织目标的实现成为可能。审计时除了依据国家关于组织架构管理方面的法律法规, 还包括企业内部控制的相关规定。审计的目标是通过对组织架构内部控制设计和运行情况的评价,确认组织架构内部控制设计和运行的有效性,促使煤炭企业持续不断地建立健全和有效实施组织架构内部控制, 有效预防和控制相关风险。

(1)组织架构的设计内部控制审计

表6-3 组织架构的设计内部控制了解、测试及风险评估

控制名称	了解和测试内部控制	风险描述
治理结构确定	是否根据国家有关法律法规的规定,明确董事会、监事会和经理层的职责权限、任职条件、议事规则和工作程序。是否设计决策、执行和监督的职责分离制度。董事会、监事会和经理层的产生程序是否合法合规。董事会、监事会和经理层的人员构成、知识结构、能力素质是否满足职责和岗位的要求。	治理结构形同虚设,难以实现发展战略。

续表

控制名称	了解和测试内部控制	风险描述
三重一大审批	重大决策、重大事项、重要人事任免及大额资金支付，是否按照规定的权限和程序实行集体决策审批或联签制度。 重大决策、重大事项、重要人事任免及大额资金支付的具体标准是否由企业界定。	三重一大决策支付不合规，缺乏良性运行机制，可能导致经营失改。
内部机构设置	是否按照科学、高效的原则,在考虑发展战略、文化理念和管理目标等因素,合理设置内部职能机构。 是否明确各机构的职责权限，避免业务重复或职能交叉,缺少或权责过于集中。	机构设计不科学,权责分配不合理,可能导致机构重复，职能交叉或缺失,推诿扯皮，运行效率低下。
职能分解	是否确定具体岗位的名称、职责和工作要求,明确各个岗位的权限和相互关系。 企业在确定职权和岗位分工过程中,是否体现不相容岗位职务相互分离的要求。	具体岗位职责设计不明确,未考虑和体现不相容岗位分离。
制度制定	是否制定组织结构图、业务流程图、岗位说明书等内部控制制度。 是否使员工了解和掌握组织架构设计及权责分配情况,	组织架构整体设计未按照图书的形式设计,员工对此不了解。

(2)组织架构的执行内部控制审计

表 6-4　组织架构的执行内部控制了解、测试及风险评估

控制名称	了解和测试内部控制	风险描述
全观梳理	是否根据组织架构的设计，全面梳理治理结构和内部机构设置。 是否重点关注高级管理人员的任职资格及履职情况,以及所在机构的运行效果。治理结构存在问题的，是否采取有效措施加以改进。 内部机构设置和运行中存在职能交叉、缺失或运行效率低下的,是否及时解决。	未全面梳理治理结构和内部机构设置,对存在的问题不能及时发现。
子公司管控	是否通过合法有效的形式履行出资人职责，维护出资人权益。 是否关注子公司的发展战略、重大投融资、重大担保、大额资金使用、主要资产处置、重要人事任免等重要事项。	未履行出资人职责,未对子公司的重要事项予以足够关注。

（3）组织架构的改进内部控制审计

表6-5　组织架构的改进内部控制了解、测试及风险评估

控制名称	了解和测试内部控制	风险描述
组织架构评估	是否定期对组织架构设计与运行的效率和效果进行全面评估。	未定期对组织架构进行评估。
组织架构优化	组织架构运行过程中发现问题需要完善的，是否及时进行优化调整。	组织架构存在问题时没有得到及时解决。
组织架构调整	组织架构调整是否充分听取高级管理人员及普通员工的意见。 组织架构调整是否按照规定的权限和程序履行审批手续。	调整组织架构时没有广泛征求意见，审批手续不完善。

2.发展战略内部控制审计

煤炭企业应当建立发展战略相关的内部控制，不但要确定长远发展的目标，而且要确定为了实现目标的战略规划。这是防范战略风险的重要途径。审计时除了依据国家关于发展战略方面的法律法规外，还包括煤炭行业、被审计企业有关的规范等。审计目标是证实发展战略管理内部控制是否建立健全并有效执行，证实各项发展战略是否合法、合规等。

（1）发展战略的制定内部控制审计

表6-6　展战略的制定内部控制了解、测试及风险评估

控制名称	了解和测试内部控制	风险描述
发展目标制定	发展目标制定时，是否考虑宏观经济、市场需求、技术要求、行业及竞争对手、资源利用、环境保护和企业自身的优势、劣势等因素。 是否在征求关键岗位人员的意见基础上制定发展目标。	发展目标的制定考虑因素不全，未征求大家的意见。
战略规划制定	是否根据发展目标制定战略规划。 战略规划是否明确发展的阶段性和发展程度。 战略规划是否确定每个发展阶段的具体目标、工作任务和实施路径。	发展目标不明导致战略规划失效，或发展目标明确，但是战略规划不具体，实施困难。

续表

控制名称	了解和测试内部控制	风险描述
战略委员会设立	是否在董事会下设战略委员会，或指定相关机构负责此项工作。 是否明确战略委员会的职责、议事规则和决策程序。 战略委员会是否具有较强的综合素质。 战略委员会是否组织有关部门和人员对发展目标和战略规划进行可行性研究和科学论证，形成发展战略建议方案。	无专门的机构负责战略管理，或职责等相关规定不具体、综合素质不强。战略委员会的工作未进行可行性研究，导致失效。
战略审议批准	董事会是否严格审议提交的战略建议方案，是否充分关注全局性、长期性和可行性。 董事会审议过程中发现重大问题，是否责成战略委员会进行调整。 发展战略方案经董事会审议通过后，是否报经股东大会批准实施。	董事会审议不严格，发现问题不能及时调整。方案通过程序不合规。

（2）发展战略的实施内部控制审计

表6-7　发展战略的实施内部控制了解、测试及风险评估控制

控制名称	了解和测试内部控制	风险描述
年度计划制定	是否根据发展战略，制定年度工作计划，编制全面预算。 是否将年度目标进行详细分解，贯彻落实。	未制定详细的年度计划。
发展战略宣传	是否通过各种会议或教育培训等有效方式，将发展战略及其分解落实情况传递到内部各管理层级和全体员工。	未通过有效形式进行发展战略的宣传。
战略实施监控	是否定期收集和分析相关信息的基础上，对发展战略实施情况进行监控。 对于明显偏离发展战略的情况，是否及时报告。	未及时监控战略实施情况，导致战略失效。
发展战略调整	是否由于经济形势、产业政策、技术进步、行业状况以及不可抗力因素发生重大变化时，按规定程序调整发展战略。	影响战略的因素发生变化时，未及时调整。

3.人力资源内部控制审计

人力资源作为煤炭企业最重要的资源，内部控制设置必须考

虑对人的控制,明确人力资源的引进、开发、使用与退出制度,使得企业战略目标按照既定规划发展。审计时除了依据国家关于人力资源管理方面的法律法规外,还包括煤炭行业、企业有关的规范等。审计的目标是证实人力资源管理内部控制是否建立、健全并有效执行,证实各项相关业务是否合法、合规,是否控制聘用、培训、考核、激励、问责等风险。

(1)人员管理内部控制审计

表6-8　人员管理内部控制了解、测试及风险评估

控制名称	了解和测试内部控制	风险描述
人力资源规划管理	是否在认真分析人员现状、充分调研的基础上,了解国家政策的基础上,制定公司人力资源整体规划。是否定期根据情况的变化对人力资源规划进行评估、调整。是否建立人才培训激励机制,确保相关规划实施。是否根据生产实际,考虑用工计划,尽可能优化人才配置,做到高效生产。是否掌握人才市场信息,加强企校合作,确保优秀和关键人才引进。	相关信息收集准确度不高,导致人力资源规划出现偏差。因情况的变化不能对人力资源规划进行适当调整,导致劳动生产率降低或因人员短缺影响公司发展。激励机制不健全,配套制度不完善,影响员工的发展,不利于员工整体素质的提高,使人力资源规划无法实现。
岗位定员管理	是否在充分了解情况的基础上进行各岗位劳动技能、劳动强度、劳动条件等因素的分析。是否根据岗位说明书要求配置人员,确保人员结构合理,有技术保障。是否定期对人员配置情况进行监督检查,发现不合理的地方及时合理调整岗位、定员标准,确保人员配置高效。是否积极开展员工绩效管理工作,调动员工的积极性。	岗位定员管理的标准不合理,不能发挥积极效应。未定期对人员配置情况进行监督检查,不能保证高效配置。未开展绩效管理工作,员工工作积极性不高。
劳动定额管理	劳动定额管理人员是否经常深入现场进行了解情况,为定额技术资料的获取提供条件。定额标准是否根据情况的变化及时修订。定额标准的编制是否科学合理。	定额不准确或修订不及时,使定员管理工作不科学,人员浪费或严重缺员。

续表

控制名称	了解和测试内部控制	风险描述
员工招聘管理	制定人力资源需求计划前，是否深入基层单位调研，是否结合公司的生产任务、设备出动台数和各单位的自然减员情况确定。 招聘信息内容是否明确招聘岗位、需求人数及应聘者应知道的其他信息。 招聘过程是否遵循公平、公开、公正，优胜劣汰。 对录用的人员，是否严格按规定签署劳动合同、实习协议等。	年度计划不准确，出现人员过剩或缺员，任务完成不理想。 招聘信息内容不完整，误导应聘者，有损公司声誉。 招聘过程不公正，打击了优秀人才的积极性，影响公司发展。 对录用的应聘者没有办理正规手续，易引起纠纷。
员工调配管理	员工调配是否确因工作需要，之前是否进行过现场调研，分析其必要性。 调配的员工是否办理相关人事手续。 基层单位新转入的员工是否进行入矿教育、安全培训和岗前业务培训。	员工调配与工作需要脱节，影响公司发展。 未按规定办理调转相关手续，易引起劳动争议和劳动纠纷。 基础单位对转入员工不进行相关教育，存在安全隐患。
自然减员管理	是否严格按照相关人力资源政策进行员工退休和工亡认定，是否及时落实、兑现有关待遇和办理转移手续。	未按规办理退休、工亡导致员工之间互相攀比，引起争议。

（2）工资管理内部控制审计

表 6-9　工资管理内部控制了解、测试及风险评估

控制名称	了解和测试内部控制	风险描述
基本工资制度管理	是否按照岗位确定工资标准，使岗位工资能反映劳动岗位价值，体现按劳分配、多劳多得。 是否在固定工资的基础上增加效益工资，从利益机制上调动员工积极性。 是否根据国家政策等科学确定工资改革模式和改革过渡方案。 是否对特殊工种工资严把审批关。	岗位工资标准设计不合理，影响员工薪酬的公平。 工资不能体现岗位贡献，员工积极性不高。 工资改革政策把关不严。 特殊工种界定不明确，引发争议。

续表

控制名称	了解和测试内部控制	风险描述
工资总额管理	是否结合生产实际，在工资总额分解时考虑各种因素，发挥工资的激励作用。公司人力资源等部门是否对直属单位进行监督，杜绝不按工资总额管理的行为。各类奖金发放时，是否按相关规定分清列支渠道，保证工资总额的真实性。	各类奖金未进入工资总额，影响收入的真实性。工资总额分解时，比例不科学，影响员工积极性。工资审批不严或不执行总额管理，存在多提、未批先发、虚报等行为。
工资分配方案管理	是否严格执行国家、地方政府及集团公司有关薪酬分配的政策法规，是否准确掌握工资分配政策。是否完善考核制度，健全全员绩效考核体系，将考核结果作为各级管理人员任期目标的内容和员工职务升迁、技能晋升和技术要素参与分配的依据。是否加强公司薪酬分配管理工作，指导各单位工资分配工作，监督检查各单位薪酬福利政策的执行情况。	制定公司薪酬分配政策不公平、不规范，直接影响员工的积极性和主动性。绩效考核指标不准确、不科学，将导致考核结果不真实，无法依据考核办法兑现相关待遇。公司关键、重要岗位人员的收入水平与同行业人员的收入差距较大时，人才将流失。
工资支付管理	是否建立和完善公司工资支付管理制度。是否加强对工资支付项目、支付表和支付凭证的制度化、标准化建设工作，制定公司统一标准。是否加强对单位工资支付情况的监督检查工作，对违反支付规定的行为进行处理。	支付标准不符合相关法律、法规的规定，侵害劳动者合法权益，可能产生劳动争议。工资支付凭证保存不完整，数据不全面，可能影响工资支付的真实性。对工资支付监督不到位，缺少监管职能，导致劳动者的合法劳动报酬无法得到保障。

(3)员工绩效管理内部控制审计

表 6-10　员工绩效管理内部控制了解、测试及风险评估

控制名称	了解和测试内部控制	风险描述
员工绩效管理	各单位是否成立绩效考核小组，在公平、公正、公开的基础上开展绩效考核。 考核是否采取定性与定量相结合的原则，保证客观性。 人事部门是否对绩效考核的全过程进行监督、检查、指导，奖惩是否及时兑现。	考核指标选择不符合实际，不能对员工做出正确的评价。 考核结果运用不当，起不到激励和约束作用。
员工考勤管理	各直属单位是否严格执行劳动纪律和考勤管理办法，加大对违反规定人员的处罚力度。 公司人力资源部门是否不定期抽查直属单位或考勤点，对原始记录不准确、相关账卡登记不健全等问题，是否要求限期整改并上报整改结果。	考勤管理人员不遵守制度，不按原则考勤，徇私舞弊，或单位领导、部门负责人利用职权干涉考勤人员的正常工作和指使考勤人员违反原则考勤，造成考勤信息不准确、不真实。 各类考勤台账记录不齐全、不规范，影响当年福利费、效益奖等费用的正确发放。
员工奖励管理	是否采取公正、公平、公开的奖励政策对业绩突出的员工给予奖励。	奖励政策不公平，会挫伤员工的积极性，损害公司声誉，影响公司和谐。
员工惩罚管理	是否根据相关政策规定，客观公正的认定员工过错，提出处罚意见。	过错认定不客观公平，导致员工处罚不当，引发争议和纠纷，有损公司形象，不利的企业文化的创建。

（4）企业福利及保险管理内部控制审计

表 6-11　企业福利及保险管理内部控制了解、测试及风险评估

控制名称	了解和测试内部控制	风险描述
企业福利管理	是否严格执行相关的有偿休假、最低工资等福利待遇，保障员工应享受的合法权益。 是否建立和完善公司福利核算制度，严格福利基金管理，严禁非职工福利项目从中列支。 是否根据公司总体发展目标，统筹安排公司福利待遇，建立符合公司发展需要的福利政策。	福利项目多、范围广，政策执行过程不严格，不准确，导致部分员工的合法权益受到损害。 福利费核算标准不规范，统计口径不统一，降低员工实际能享受的福利待遇。 福利费台账建立不全面，统计数据不真实。

续表

控制名称	了解和测试内部控制	风险描述
员工保险业务管理	是否加强保障基金的管理和运营,科学、合理的选择有实力的基金管理企业,实现公司基金的保值、增值。	保障基金的管理和运营不合理,基金存在潜在的贬值风险。

（5）人力资源统计分析内部控制审计

表6-12　人力资源统计分析内部控制了解、测试及风险评估

控制名称	了解和测试内部控制	风险描述
人工成本管理	是否根据成本核算的相关规定,建立人工成本管理制度,完善人工成本指标核算体系,科学合理界定人工成本构成项目。是否建立人工成本结算制度,是否在年度终了时,及时准确地进行人工成本结算,并与年初预算进行比较,检查人工成本的控制是否有效,对存在的问题提出解决措施。是否利用信息化管理系统进行人工成本统计,全面掌握相关数据,实现有效监控。是否从严控制无效人工成本支出,最大限度降低人力资源的无效损耗。是否与财务部门配合做好人工成本数据收集工作。	人工成本制度不健全,人工成本构成项目、指标体系核算不标准,造成数据不准确。人工成本无台账或台账建立不全面,造成人工成本不真实、不完整。人工成本的投入产出比不合理,闲杂人员增加,增加无效人工成本消耗。人工成本管理与财务会计核定管理衔接不紧密,造成人工成本基础资料的收集及统计分析滞后。
人力资源统计管理	是否切实掌握相关部门要求填报的统计报表指标解释,对报表口径及指标解释的理解存在偏差时,及时与相关负责人取得联系,及时纠正偏差。是否结合公司实际制定了既能反映监管部门统计报表要求又能反映公司实际情况的一张报表,以更加准确、及时完成上级部门及有关单位布置的统计任务。	各个监管部门在报表的口径解释上不一致,容易产生理解误差。个别下属单位在填报时,对指标理解存在偏差,上报时间不及时。

4.社会责任内部控制审计

企业在经营过程中,除了追求经济利益的最大化外,还应当履行相关的社会职责和义务,比如保护环境、促进就业等。社会责任审计就是对被审计单位社会责任内部控制设计与运行的有效性的

审查和评价活动,对促使被审计单位加强社会责任内部控制建设、防范社会责任风险具有非常重要的意义。本部分内容包括安全生产、产品质量、环境保护与资源节约、促进就业与员工权益保护几个方面。审计时除了依据国家关于社会责任管理方面的法律法规外,还包括煤炭行业、被审计单位有关的规范等。审计的目标是保证社会责任内部控制设计与运行的有效性,促使企业预防和控制社会责任风险。

(1)安全生产内部控制审计

表6-13　安全生产内部控制了解、测试及风险评估

控制名称	了解和测试内部控制	风险描述
安全标准化管理	企业的各单位是否依据安全质量标准化检查考核方案进行过自查并积极防范。 安全监督检查等部门是否将安全质量标准化工作纳入计划管理工作中,是否及时检查,督促各单位整改提高。	安全质量标准化没有定期检查、考核,导致该工作不能更好地开展,工作质量得不到更好保障。
安全基础管理	是否有专门成立的小组制定安全基础管理细则,包括目标、考核、评估、整治等环节。 各单位是否对危险源动态管理,准确评估,是否确保可控、在控。 各单位职工是否知悉岗位工作的危险点及相应的防范措施,确保煤炭作业安全。 相关部门是否多沟通,使研发的安全软件与生产实际接轨,加大科技力量投入,确保安全工作。	安全基础管理体系实施不到位,导致安全管理、规划不能落实,工作不能持续改进。 各单位没有对危险源动态梳理,或辨识不细致、不全面、不到位。 安全基础管理体系宣传不到位,职工对工作中的危险点不清楚,防范措施不确定。 安全软件与实际不符,研发工作失效。
安全监督管理	公司每年是否认真开展最少一次的安全生产大检查,各生产单位、车间、班组是否逐级开展频次更高的安全检查。 对检查出的安全隐患,是否认真分析、分级管控,及时解决。 公司是否定期不定期召开安全办公会议,及时整治生产作业中的重大安全隐患和问题,为生产创造安全的环境。	安全监督工作没有定期进行,或虽然执行了,但检查不够细致,不够全面。 检查出的安全隐患未认真分析,或没有及时与有关单位的人员报告,导致安全隐患仍然存在。 公司安全会议召开不及时,重大安全隐患没有得到解决。

续表

控制名称	了解和测试内部控制	风险描述
安全培训管理	根据各单位的需要,安全培训部门是否制定培训计划和教学大纲,保证培训的针对性、实用性。 培训期间,是否有专人监督培训教师的授课质量、学员的考勤、培训效果等。	培训内容与生产实际脱节,针对性不强,没有达到提高员工安全意识的目的。 员工培训过程中没有认真接受培训,导致对本职岗位中的风险点防范意识淡薄。
安全考核	公司及各单位是否按照安全标准化管理进行定期考核,并依据考核结果及时兑扣工资。 公司及各单位是否按照确定的安全风险抵押金考核标准进行定期考核,并依据考核结果及时兑扣抵押金。	考核过程中,没有严格按照考核标准进行定期考核,考核后,没有及时兑扣工资,没有起到激励作用。 在安全风险抵押金考核中,没有按标准考核,之后没有及时兑扣,没有起到激励作用。
事故调查处理	公司是否定期统计事故,分析安全生产中的问题,及时整改。 各生产单位是否在事故发生后,积极配合事故调查,排除故障,减轻损失,认真查找原因,制定可行的措施。 重大安全事故是否启动应急预案,是否按规定及时上报。	公司不重视安全事故的宏观管理。 生产单位发后安全事故后,报告不及时,调查不配合,没有积极排除故障,导致损失大,无防范措施。 重大安全事故未启动应急预案,应该上报的未及时上报。
安全项目管理	安全项目的立项是否及时,是否与生产实际相联系,是否能达到消除隐患的目的。 安全项目的验收是否认真、细致,是否达到了预期的效果。	安全项目立项不严格,不及时。 安全项目实施效果差,验收不规范,达不到良好的效果。
委托施工安全管理	公司委托外单位施工时,相关部门对安全资质审查是否严格、细致,是否确保安全资质合格。 公司相关部门是否定期对委托施工的质量进行安全检查。 委托施工单位是否对发现的问题及时整改,消除隐患。	对外单位施工资质审查不严格,导致中标单位存在无资质施工的现象。 安全生产监督不严格,没有及时发现问题。 委托施工的单位对发现的问题整改不及时。

续表

控制名称	了解和测试内部控制	风险描述
放射源使用管理	是否加强放射源的日常监督,接触和使用人员是否进行详细登记,是否定期进行放射源照射剂量体检。 使用过程中是否严格按规程操作,是否定期进行放射源的安全性能维护。 是否加强日常知识的学习,使得遇到问题沉着应对。	放射源登记数量和强度与实际不符,出现漏报、少报。 放射源使用过程中出现松动、脱落或丢失。 违规操作,造成人身伤害。

(2)产品质量内部控制审计

表6-14 产品质量内部控制了解、测试及风险评估

控制名称	了解和测试内部控制	风险描述
质量标准	是否根据国家和行业相关产品质量的要求,从事生产经营活动。 是否切实提高产品质量,努力为社会提供优质的煤产品及其他相关产品服务,最大限度为消费者负责。 是否对社会公众负责,接受监督,承担责任。	产品质量标准不合规,在消费者中形象受损。
质量控制	生产流程是否规范。 是否建立严格的产品质量控制和检验制度。 劣质产品是否流向社会。	产品质量低,流程不规范,检验制度不过关,部分劣质产品流通至社会。
售后服务	售后发现质量存在问题的产品,是否及时召回、退换货或采取折让的方式解决。 是否妥善处理投诉和建议,切实保护消费者权益。	售后未对不合格产品及时采取补救措施。 对投诉和建议不理会,侵害消费者利益。

(3)环境保护和资源节约内部控制审计

表6-15　环境保护和资源节约内部控制了解、测试及风险评估

控制名称	了解和测试内部控制	风险描述
环境保护管理	是否根据企业发展规划和国家最新标准，充分考虑环境保护的发展趋势，客观、全面收集环境保护的资料，制定环保制度，并根据情况的变化及时修正。 是否降低污染物排物。 是否建立环境保护的监督制度，是否定期监督。 发生重大、紧急环境污染事件，是否启动应急机制，是否及时报告，是否依法追究责任。	环境保护规划不全面，制度不合理，不更新。 不重视污染物排放治理。 监督制度形同虚设。 突发性污染事故应对措施失控。
资源切约管理	是否根据有关资源节约的规定，建立资源节约制度。 是否认真落实节能减排责任。 是否发展循环经济，是否着力开发可再生资源，是否着力提高资源综合利用效率。 是否加大科技投入，改变传统方式，实现低投入、低消耗、低排放和高效率。	不重视资源节约制度建设。 未发展循环经济，节能减排工作落实不到位。 高新技术投入少，仍采用传统方式，浪费多。
绿化复垦管理	制定绿化复垦方案是否考虑长效机制，既能满足现状，又能满足发展前景。 是否选择实力雄厚、经验丰富的、信誉度高的绿化复垦单位施工。 施工过程中是否加强监督，保证绿化复垦的质量。	绿化复垦方案与实际脱节。 施工单位的工程质量不符合标准。 其他原因导致绿化复垦方案实施延迟，未能及时实现"谁破坏，谁恢复"的目标。

（4）就业与员工权益保护内部控制审计

表6-16　就业与员工权益保护内部控制了解、测试及风险评估

控制名称	了解和测试内部控制	风险描述
促进就业	是否依法保护员工的合法权益。 是否保持岗位相对稳定，积极促进就业，保护员工享有劳动权利和履行劳动义务。	岗位不稳定，就业不能保障。 员工承担义务但不能享受权利。
员工薪酬	是否与员工签订合同，并实行同工同酬的原则。 是否建立科学的员工薪酬制度和激励机制。	员工不能根据劳动付出获得回报。 未建立激励机制或机制不科学。

续表

控制名称	了解和测试内部控制	风险描述
社会保险	是否及时足额缴纳社会保险。 是否保障员工享有社会保险待遇。	未缴纳足额的社会保险,待遇难以享受。
其他员工保护	从事危害性作业的员工是否进行健康监护。 员工是否有参加职工代表大会的权利,是否可以有维护合法权益的平台。 企业是否尊重员工人格,杜绝性别、民族等各种差异。	特殊工种员工健康得不到监护。 员工权益保护不够,积极性受损。

5.企业文化内部控制审计

煤炭企业应当建立企业文化内部控制,使得企业逐步形成为整体团队所认同并遵守的价值观、经营理念和企业精神。审计时除了依据国家关于企业文化方面的法律法规外,还包括煤炭企业制订的内部控制制度等。审计的目标是证实企业文化管理内部控制是否建立健全并有效实施,证实各项企业文化业务是否合法合规。

（1）企业文化建设内部控制审计

表6-17　企业文化建设内部控制了解、测试及风险评估

控制名称	了解和测试内部控制	风险描述
培育企业特色文化	是否采取措施培育体现特色的企业文化,引导和规范员工行为,打造核心理念,形成团队精神。 是否平等对待被并购方的员工,促进与被并购方的文化融合。	缺陷培训企业文化,忽视并购重组中的企业文化。
制定企业文化规范	是否根据企业发展战略,构造核心价值,确定文化建设的目标和内容,形成企业文化规范。	不重视企业文化规范的制定。
营造企业文化环境	高级管理人员是否在文化建设中起主导和模范作用,是否以脚踏实地的作风,带动和影响整个团队,共同创造良好的文化环境。 是否促进文化建设在各部门、各层级之间的良好沟通。 是否加强企业文化的宣传,促使员工共同遵守。	高级管理人员在文化建设中未起到引领作用,部门及层级之间沟通少,文化宣传工作不到位。

续表

控制名称	了解和测试内部控制	风险描述
融入生产经营过程	企业文化是否融入经营管理工作中。企业文化是否做到文化建设与整体战略相融合。企业文化是否增强员工的责任感。	文化脱离战略目标,与经营管理结合程度低,员工没有责任意识。
提升员工文化修养	企业文化是否有助于提升员工的文化修养和内在素质。	员工文化修养与企业文化关系不大。

（2）企业文化评估内部控制审计

表6-18　企业文化评估内部控制了解、测试及风险评估

控制名称	了解和测试内部控制	风险描述
建立制度	是否建立企业文化评估制度,明确评估的内容。是否落实评估责任制。	不重视评估制度的建立。
评估重点	是否重点关注高级管理人员在文化建设中的责任履行情况,全体员工对核心价值的认同感,经营管理与文化的一致性,并购文化的重视程度等。	评估时未对重点关注事项重点评估。
评估结果	是否针对评估发现的问题,研究影响文化建设的不利因素,分析深层次的原因,及时采取措施加以改进。	评估流于形式,未针对问题分析原因及采取措施。

6.资金活动内部控制审计

资金活动审计包括投资、筹资和营运活动的审计。审计时除了依据国家关于资金活动方面的法律法规外，还包括煤炭企业制订的内部控制制度等。由于资金是流动性最强的资产，可能发生贪污、舞弊，是高风险领域。所以审计的目标是证实资金活动内部控制是否建立健全、余额是否准确、收付业务是否合规合法。

（1）投资活动内部控制审计

表6-19　投资活动内部控制了解、测试及风险评估

控制名称	了解和测试内部控制	风险描述
投资方案拟订	是否根据战略目标和规划,科学确定投资项目,拟订投资方案。 选择的投资项目是否突出公司主业。	选择的投资项目与主业不符。 投资方案确定不科学。
论证投资方案	是否注重对投资方案的可行性研究。 需要委托专业机构进行可行性研究的,是否由其出具独立的研究报告。	可行性研究不重视,走过场。
审批投资方案	是否根据批准的投资计划,按照规定的程序进行投资审批。 审批人员是否考虑国家政策、方案的可行性、资金能力、投资收益、投资风险等。 重大投资项目是否实行集体决策和审批。	未进行投资计划的审批或审批流于形式。 重大项目未实行集体决策制度。
签订投资合同	是否由被授权的人员签订投资合同,投资合同与事先批准的投资方案是否一致。双方权责关系是否明确。	合同签订人员、事项不符合规定。
投资会计核算	投资业务选择的会计政策是否正确。 投资收益的确认是否正确。 投资处置的核算是否正确。	投资业务相关会计核算不符合会计准则的规定。

(2)筹资活动内部控制审计

表6-20　筹资活动内部控制了解、测试及风险评估

控制名称	了解和测试内部控制	风险描述
筹资方案拟订	企业是否根据筹资整体规划拟订筹资方案。 筹资方案是否明确其用途、规模、结构等。 筹资方案是否对风险和成本合理估计。	筹资方案拟订不合理,未考虑成本与风险问题。
论证筹资方案	是否对筹资方案有科学的论证制度。 重大筹资方案是否形成可行性研究报告,不具备条件的,是否聘请专业机构进行可行性研究。	没有对筹资方案进行可行性研究。
审批筹资方案	是否按照规定的筹资审批制度进行严格审批。 重大筹资是否按照规定的权限和程序,实行集体决策审批。 筹资方案发生重大变更的,是否履行合同相应的批准、可行性研究等手续。	筹资没有审批或审批不严格 重大筹资未进行集体决策。 筹资方案发生重大变更的,手续不完备。

续表

控制名称	了解和测试内部控制	风险描述
筹订投资合同	签订合同前,是否对金融市场进行充分调研,比较条件,选择合适的贷款银行及承销商。 拟好的筹资合同,是否经法律顾问审阅后报总会计师、总经理或董事长审批。	未对市场调研的情况下盲目签订合同。 合同签订不符合规定的审批程序。
使用筹集资金	是否按照预计的用途使用所筹资金。 筹集资金用于投资的,是否符合国家和企业的规定,是否合理规避投资风险。 由于内外部环境变化导致改变资金用途的,是否履行审批手续。 是否定期或不定期对筹资活动进行跟踪和评价。	未按照规定的用途使用筹集资金。 资金用途改变时,未履行手续。 无跟踪或评价程序。
债务偿还和股利支付	是否对债务本金、利息的偿还有效管理,按期准确偿付。 是否对股利的发放加强管理,提高社会信任度。	对债务融资本息偿还和股权融资股利发放管理缺失。
筹资会计核算	是否建立筹资业务的记录、凭证和账簿,按照国家统一会计准则制度,正确核算和监督资金筹集、本息偿还、股利支付等相关业务。 是否妥善保管筹资合同或协议、收款凭证、入库凭证等资料,定期与资金提供方进行账务核对,确保筹资活动符合筹资方案的要求。	未按会计准则规定对筹资业务进行会计核算。 未保管好相关资料,未与对方进行对账。

(3)营运活动内部控制审计

表6-21 营运活动内部控制了解、测试及风险评估

控制名称	了解和测试内部控制	风险描述
资金综合平衡	是否做到在采购、生产、销售等各环节的综合平衡,全面提升资金劳动效率。 是否严格按照预算要求组织资金调度,确保资金及时收付,实现资金的合理占用。	企业不重视资金的综合平衡。 资金综合平衡做得不到位,达不到应有的效果。

续表

控制名称	了解和测试内部控制	风险描述
协调资金调度	是否通过召开资金调度会，对预算资金执行进行跟踪分析，发现异常情况，及时采取措施进行调度。 运营过程中出现特殊临时性资金短缺，是否通过短期融资等方式获取资金。	资金跟踪分析不及时。 发现短缺现象对策跟不上。
会计系统控制	现金的支付是否属于规定的范围。 账户的设立、变更、撤销是否由公司统一管理。 财务专用章是否专人保管，个人名章是否由本人或授权人员保管。 印鉴需要带出单位的，是否按制度履行手续。 印鉴遗失的，是否逐级报告，及时采取补救措施。 是否加强对票据的管理，印鉴与票据是否分管。 内部单位之间发生互供产品、劳务和领用材料等交易时，是否按规定进行结算。 内部结算中心是否能调剂各内部单位之间的资金余缺，是否保持最佳资金余额。 公司及各单位是否均执行严格的授权批准制度，款项结算是否符合公司内部控制的具体规定。 资金支付业务，是否有符合条件的原始凭证、授权批准手续。 是否严格规范资金的收支条件，程序和审批权限。 是否按时进行银行账户的核对，编制银行存款余额调节表。 网上银行业务的办理是否有专人审核，以控制资金风险。 是否有设账外账、小金库的现象。 煤炭企业要求提取的维简费、安全费、绿化费是否按照规定提取，下属公司计提的专项资金是否及时上缴公司，专项资金是否实行归口管理，是否编制专项资金使用计划,是否严格按计划控制执行。	现金管理制度不健全,执行不严格。 不按规定管理账户,导致开展不法交易,资产存在风险。 印鉴管理不按规定使用、保管,给公司带来风险。 票据管理不善,可能被他人冒用,造成损失。 内部交易不规范,相互拖欠,资金使用效率低。 内部结算中心工作效率低,不能对公司资金统筹运作。 资金使用不规范,计划性不强。 付款的授权审批制度执行不具有一贯性,可能有资金风险。 网上银行业务审核管理不规范,可能发生挪用资金的风险。 账外账、小金库现象存在。 维简费、安全费、绿化费未按规定提取、上缴,使用。 债权债务管理不善,制度执行不力,使公司利益蒙受损失。

续表

控制名称	了解和测试内部控制	风险描述
会计系统控制	财务部门是否设专人专岗管理债权债务,是否及时清算、催缴各种款项,是否定期分析债权债务增减变化的原因,是否对应收款进行账龄分析,是否设立债权债务签证制度。 专项资金是否实行分级分类管理、项目管理、单独核算、专款专用的办法。 专项资金款项支付、项目验收、资产购置等是否按规定执行。 专项资金是否经过专项审计。 直属单位是否准确核算并计提费用,及时上转上缴。 单位之间是否定期核对账务,按月清理往来。 企业是否按照会计制度的规定,进行财务核算。 是否按时进行纳税申报,并在政策范围内进行税收筹划。	专项资金管理和执行不规范,影响公司资金的真实性、合法性和有效性。 资金上缴不及时、不准确,账务混乱,导致不能反映经营成果。 会计核算不规范。 税费核算不正确,上缴不及时。

7.采购业务内部控制审计

本部分所指的采购业务是指煤炭企业商品或劳务的购置及付款。审计时除了依据国家颁布的关于采购方面的法律法规外,还包括煤炭行业及被审计单位制定的相关内部控制规范。其审计目标是为了证实采购业务内部控制设计和运行的有效性,促使企业预防和控制采购业务风险。

(1)采购业务的内部控制审计

表6-22　采购业务内部控制了解、测试及风险评估

控制名称	了解和测试内部控制	风险描述
采购需求	生产、经营、项目等部门是否根据需求准确编制需求计划。 只有独家供应的,是否经过研讨后,经具备相应审批权限的部门或人员审批。	需求计划编制不准确、不及时。 需要审批的未履行手续。

续表

控制名称	了解和测试内部控制	风险描述
采购计划	采购计划是否根据发展需求，结合库存进行估计。 采购计划是否纳入预算管理，审批后严格执行。	采购计划不合理，未与预算工作结合。
采购请购与审批	具有请购权的部门对针对需求统筹安排采购计划。 属于预算内的，是否严格办理请购手续，提出采购申请。 超预算或预算外采购，是否先履行预算调整程序或特别批准程序。	采购的请购手续、请购申请不严格，不规范。 与预算不符的采购未履行相应手续。
供应商	是否建立科学的供应商评估和准入制度。 是否充分进行市场调研，是否掌握了所购商品的价格信息，是否坚持比质比价原则。 是否按照公平、公正和竞争的原则，择优确定供应商。 是否根据交货等情况对供应商进行实时管理和考核评价。 是否根据考核结果，对不合格的供应商进行淘汰和更换。	供应商准入制度不严格。 选择供应商时，遗漏质优价廉的供应商。 对供应商无考核制度，不合格的供应商供货造成损失。
采购方式	大宗采购是否采用招标方式。 一般采购是否采用询价或定向采购的方式并签订合同协议。 小额零星物资或劳务采购是否采用直接购买方式。	采购方式选择不合理。
采购定价	是否建立采购物资定价机制。 是否采取协议采购、招标采购、谈判采购、询价比采购等多种方式确定采购价格。 大宗采购是否采用招投标方式确定采购价格。 其他商品采购是否根据市场行情制定最高采购限价，并对最高采限价适时调整。	采购定价机制不科学，可能导致采购商品价格偏高。
采购合同	是否根据确定的供应商、采购方式、采购价格等拟订采购合同，准确描述合同条款、明确双方权利、义务和违约责任。 签订采购合同的人员是否拥有相应的权限。	采购合同表述不清，权责不明。 订立合同的人员没有被授权。

261

续表

控制名称	了解和测试内部控制	风险描述
采购验收	是否由专门的验收机构或验收人员对采购的品种、规格、数量、质量等相关内容进行验收。 验收部门验收后是否出具验收证明。 验收过程中发现异常情况,验收机构或部门是否向管理机构报告,查明原因。 对于不合格的采购,采购部门是否依据检验结果办理让步接收、退货、索赔等事宜。	采购验收工作存在疏忽,导致把关不严。 验收过程中出现的异常情况处理方式不妥当。
入库管理	对采购到货后验收合格的是否及时入库,是否详细登记箱号、数量、规格、外包装等信息,外包装破损时,及时联系供应商。	入库没有记录或不完整,账实不符。

(2)付款业务的内部控制审计

表6-23　付款业务内部控制了解、测试及风险评估

控制名称	了解和测试内部控制	风险描述
付款准备	付款过程中,是否严格审查验收单、采购发票的真实性、合法性和有效性。 财务部门是否选择合适的付款方式,并严格遵循合同规定。	付款过程中与其他凭证的核对不严格,可能会造成损失。 付款方式选择不合理。
预付款和定金额	涉及大额的预付款项,是否定期跟踪,分析占用时间,不可收回的可能性,发现可疑现象,及时采取措施。 是否建立了定金管理制度。	大额预付款管理不完善,定金制度不合同。 未对大额预付款进行跟踪分析。
会计系统	是否加强对购买、验收、付款业务的会计系统控制,详细记录供应商情况、请购申请、采购合同、验收证明、入库凭证等,确保会计记录、采购记录和仓储记录核对一致。 是否指定专人通过函证等方式,定期与供应商核对应付账款、预付账款等往来款项。	会计系统控制不完善。 无专人对往来款项对账,或对账流于形式。
退货管理	是否建立退货管理制度,是否在合同中写明退货条款,是否及时收回退货货款。 涉及符合索赔条件的退货,是否在索赔期内及时办理索赔。	退货管理制度不完善,退货程序混乱。 未及时办理索赔。

8.资产管理内部控制审计

本部分所指的资产指煤炭企业拥有或控制的存货、固定资产和无形资产。审计时除了依据国家关于资产管理相关的法律法规外,还包括煤炭行业、企业有关审计方面的规范及标准。审计的目标是保证资产管理内部控制设计和运行的有效性,促使企业预防和控制资产管理风险。

(1)固定资产内部控制审计

表 6-24　固定资产内部控制了解、测试及风险评估

控制名称	了解和测试内部控制	风险描述
整体规划	是否充分收集了固定资产相关的内外部信息,是否分析了内外部环境,是否为编制固定资产整体规划提供比较准确的信息。 是否按照相关政策对固定资产对外投资进行风险与收益估计。	制订固定资产预算时,相关信息收集不及时、不完整,导致整体规划不合理。各部门或子公司对固定资产缺乏统一的理解。 固定资产对外投资的风险与收益考虑不周,导致投资收益与风险不能失衡。
制度建设	是否在对同行、企业内部广泛调研的基础上,不断健全固定资产目录、维护、抵押、处置等管理制度。 是否及时组织相关部门对完善后的固定资产制度进行学习,领会最新的要求。 是否有专门的部门及人员对固定资产的执行进行监督。	固定资产管理制度不完善,影响验收、使用、处置等。 固定资产管理制度与使用部门的实物管理脱节,执行难度大。
验收	是否由供应方提供详细的技术资料,验收部门是否严格按标准进行验收。 如果在试运行一段时间后再验收,验收部门是否持续关注资产的使用情况,如发现需要更换或退货的,是否及时取得联系。	验收部门没有严格按照技术规格进行验收,造成使用性能不稳定,影响生产经营。 供应商没有按照供货清单供货,验收人员未发现。

续表

控制名称	了解和测试内部控制	风险描述
使用及维护	是否定期准确计提固定资产折旧、减值准备测试。 是否建立固定资产卡片，并进行复核。 是否将日常维护制度化，是否定期检查及时消除风险。 特殊设备是否是有资质的技术人员操作，是否确保安全运行。 重大项目是否进行招投标及专项审计，修理完成后是否由施工单位出具交工验收报告，经资产使用和实物管理部门核对工程质量。 是否明确固定资产投保的范围、种类，保费支出是否尽量最小化。	固定资产未按规定进行会计核算。 固定资产使用管理不善，造成资产流失，提前报废或长期闲置，与会计账面信息存在差异。 固定资产维修不及时，或未按规定程序进行，造成安全隐患。 特殊设备操作人员不具有资质，技术经验差。 投保范围过大，产生不必要的保费支出。
升级	企业是否利用国家政策，加大技术改造投入，淘汰落后设备。 企业管理部门是否对技术改造方案的实施过程进行实时监控。	企业对技术改造不重视，不符合政策，监控不到位。
抵押	固定资产用作抵押的，是否按照规定申请、批准后再办理抵押手续。 接收外单位抵押资产的，是否编制专门的目录，是否合理评估资产价值。	用作抵押的资产不符合规定的程序，接收抵押的资产无目录、评估价值不合理。
清查	是否组织相关部门对固定资产定期清查，确保账、物、卡相符。 清查过程中发现的盘盈盘亏现象，是否分析原因，妥善处理。 清查结束后，是否编制清查报告并进行审核。	未进行定期清查。 清查程序不当。 发现差异处理不当。
处置	对使用期已满正常报废的固定资产，或使用期限未满非正常报废的固定资产，是否按照规定的程序办理处置手续。 对出租的固定资产是否按照规定的制度办理手续。 对拟出售、投资转出或非货币性资产交换需要处置的固定资产，是否符合规定的程序。对于重大资产处置，是否聘请具有资质的中介机构进行评估。	需要处置的资产不符合内部控制制度中规定的程序。 重大资产处置，未经中介机构评估或评估价值不公允。

（2）存货内部控制审计

表6-25　存货内部控制了解、测试及风险评估

控制名称	了解和测试内部控制	风险描述
存货取得	是否考虑存货需求、市场供求等因素，确定存货采购日期、供应商，确保存货处于最佳库存状态。 存货采购是否超过了预算的范围，如特殊情况在预算外采购的，是否履行相应的手续。	采购考虑不周，造成持有量不能满足生产需求。 实际采购与预算脱节，不能发挥预算的根本作用。
存货验收	管理层是否重视存货的验收环节，规范存货入库的数量、质量、规格等方面查验。 外购存货，是否重点关注合同内容、发票等原始单据与存货的数量、质量、规格等核对一致。 涉及高科技或其他技术含量高的存货入库，是否委托有检验资质的机构或聘请外部专家协助验收。 自制的存货，是否关注产品的质量。	管理层不重视验收工作，岗位形同虚设。 验收人员对应该查验的内容检查不到位，导致存货质量不过关。
存货保管	仓库是否具备储存条件，并健全防火、防盗、防潮、防变质等管理措施和管理规范。 生产现场是否注重材料、半成品等物资的管理，防止浪费，盗窃和流失。 对代管、代销、暂存、受托加工的存货，是否单独存放和记录，是否与本单位存货混淆。	仓库不具备储存条件。 生产现场对存货管理不善。 不属于本单位的存货与本单位存货一起堆放，难以区分。
存货发出	是否明确存货发出和领用的审批权限。 金额大、数量多存货的发出是否进行过特别授权。 仓库是否只有经过批准的存货才能出库。	仓库发货管理混乱，审批权限不明确，特殊情况未经过特别授权。
存货记录	仓库是否有详细的入库、出库和库存情况。 是否定期与财会部门、存货管理部门进行核对，是否与实物数量核对。	存货记录不及时、不完整、不准确。
存货清查	是否建立存货盘点清查制度，是否按照盘点周期、盘点流程，定期核查存货数量，及时发现存货减值问题。 是否在年底开展全面盘点清查并形成书面报告。 存货清查中发现的盘盈、盘亏、毁损、闲置以及报废的存货，是否查明原因，并追究责任。	未建立定期盘点制度或建立但未实施。 年底全面清点工作不到位，书面报告不符合实际情况。 清查中发现的差异原因不明，责任追究不明确。

表6-25　存货内部控制了解、测试及风险评估

控制名称	了解和测试内部控制	风险描述
存货处置	是否定期对存货检查，及时、充分了解存货的存储状态。 对于存货变质、毁损、报废或流失的处理是否责任明确，是否认真分析原因并及时处理。	未实行存货定期检查制度，对存储状态不了解。出现问题责任不明确，原因不易查找。

（3)无形资产内部控制审计

表6-26　无形资产控制了解、测试及风险评估

控制名称	了解和测试内部控制	风险描述
无形资产取得	外购的无形资产，是否建立严格的无形资产交付使用验收制度。 自行开发的无形资产，是否符合取得的条件。	无形资产取得不符合规定的确认条件。
无形资产验收	是否清晰各种方式取得无形资产的权属关系，是否有侵权行为和法律风险。 是否采取相关的无形资产保密措施。 土地使用权是否取得有效证明文件。	无形资产权属不清保密措施不严格。土地使用权无证明文件。
无形资产使用	是否加强无形资产风险管理，是否能发挥无形资产对提升企业产品质量和市场影响力的重要作用。 是否实施核心技术的保密制度，对经过授权接触核心技术的，是否留有记录。 对侵害无形资产的，是否积极取证，适当时通过法律途径解决。	无形资产对企业不能发挥作用。核心技术因保密不严格而泄露。
无形资产更新	是否定期对专利、专有技术等无形资产的先进性进行评估。是否淘汰落后技术。 是否加大研发投入，促进技术更新换代，努力做到核心技术处于同行业领先水平。	无形资产的先进性未定期评估。研究投入力度不大，技术换代跟不上。
无形资产处置	企业是否已经建立无形资产处置的相关制度，明确无形资产处置的范围、标准、程序和审批权限等要求。 是否选择合适的方式确定处置价格。 无形资产处置是否报经企业授权部门或人员审批。 重大的无形资产处置，是否委托具有资质的中介机构进行评估。	无形资产处置制度不合理。 处置价格确定不合理。处置未经审批。 重大的无形资产处置，未经相关机构评估。

9.销售业务内部控制审计

本部分所指的销售业务是从煤炭企业出售产品至收取款项等相关活动的全过程。审计时除了依据国家关于销售业务管理方面的法律法规外,还包括煤炭企业制订的相关内部控制管理制度。审计的目标是保证销售业务内部控制设计和运行的有效性,促使企业预防和控制销售业务风险,以证实销售业务管理内部控制是否建立、健全并有效执行,证实各项销售业务是否合法、合规等。

(1)销售业务内部控制审计

表6-27 销售业务内部控制了解、测试及风险评估

控制名称	了解和测试内部控制	风险描述
销售计划	是否根据发展战略和年度经营计划,结合企业情况,制定年度和月度销售计划,并按规定的权限和程序审批后下达执行。 是否定期对区域销售额、进销差价等进行分析,需要调整的及时履行审批手续调整。 各单位是否可以完成销售计划的任务。	销售计划制订不合理。 销售计划调整不及时。 各单位完不成收入计划,制约产量的实现。
客户开发	是否注重市场调查,是否根据市场变化及时调整销售策略。 是否通过各种途径促进销售目标实现,不断提高市场占有率。 是否合理确定信用机制,是否健全客户信用档案,关注重要客户资信变动情况。 是否灵活运用销售折扣、销售折让、信用销售、代销等多种策略和营销方式,以扩大销售。	市场调查不及时,销售策略更新不快。 市场占有率低,销售目标难以实现。 客户信用机制不合理,调整跟不上。 多种营销方式难以实现。
销售定价	是否根据有关政策,综合考虑企业财务目标、营销方向、成本、市场占有率与竞争对手等因素,确定产品的基准定价,并定期检查基准价格的合理性。 定价或调价是否有相关部门有权限人员的审核批准。 在执行基准定价的基础上,是否针对某些产品有价格浮动权。相关执行人员是否严格按价格浮动范围进行价格浮动。 销售折扣、销售折让的金额、数量、原因等是否予以记录,并归档。	基准价格确定不合理。 调价未经批准。 有价格浮动权的人员未按规定的范围浮动价格。 销售折扣等是否已经记录。

续表

控制名称	了解和测试内部控制	风险描述
销售合同	销售合同订立前,是否就相关内容与客户谈判。 重大的销售业务谈判是否吸收财会、法律人士在场,并形成书面记录。 销售合同条款是否合理,权责划分是否分明。 销售合同是否经过相关人员的审批。	订立前未经认真协商。 重大的销售谈判无书面记录。 销售合同条款不合理。 销售合同未经审批。
销售发货	销售部门是否按照经批准的销售合同开具销售通知。 存货仓储部门是否对销售通知进行严格审核,发出货物。 是否有退换货管理制度并严格执行。 是否按照发票管理规定开具发票。	销售部门未开具销售通知或通知有误。 仓储部门对发货把关不严,可能造成存货流失。 未建立退换货制度或执行不严格。 发票开具不符合规定。
客户服务	是否完善客户服务制度。 是否加强客户服务和跟踪。 是否提升客户满意度。 是否不断改进产品质量和服务水平。	未进行客户服务跟踪,未完善客户服务制度,导致客户满意度不高。
销售监督	是否做好销售计划、销售合同、销售发票等的核对工作。	未实行销售监督工作。

(2)收款业务内部控制审计

表6-28 收款业务内部控制了解、测试及风险评估

控制名称	了解和测试内部控制	风险描述
应收账款	应收账款管理制度是否完善。 销售部门是否负责应收账款的催收,催收记录是否妥善保存。 财务部门是否负责资金结算并监督款项回收。	管理制度不完善。 销售部门对应收款的催收无记录。 财务部门资金结算和监督工作不到位。
商业票据	是否明确商业票据的受理范围。 是否严格审查商业票据的真实性和合法性。 是否关注商业票据取得、贴现和背书情况。	商业票据受理范围不明确。 真实性和合法性的关注警惕性不高。 对取得、贴现、背书等手续不合规。

续表

控制名称	了解和测试内部控制	风险描述
会计系统	是否加强对销售、发货、收款整个循环业务的会计系统控制。 是否指定专人通过函证等方式，定期对账。 是否加强对坏账的处理，全部或部分无法收回的，是否查明原因，明确责任。	销售与收款业务循环会计系统控制不严格，执行有效性差。 未设置专人对账制度。 无法收回的应收款之后又收回，形成小金库。

10.研究与开发内部控制审计

为了促进煤炭企业自主创新,增强核心竞争力,有效控制研发风险,必须加强研究与开发内部控制管理,使有关部门和员工掌握立项评审、研究过程管理、验收以及研发人员管理等基本规范,明确权责分配。审计人员在审计时除了依据国家关于研究与开发方面的法律法规外, 还包括煤炭企业内部控制中关于研究与开发的规定。审计目标是为了证实研究与开发管理内部控制是否建立健全并有效执行,证实各项研究与开发业务是否合法、合规等。

（1）立项与研究内部控制审计

表 6-29　立项与研究内部控制了解、测试及风险评估

控制名称	了解和测试内部控制	风险描述
立项	是否与生产经营实际相结合,提出研究项目立项申请,开展可行性研究,编制可行性研究报告。 是否组织独立的机构和人员进行评估论证,出具评估意见。 是否按照规定的权限和程序进行审批。 重大项目是否报董事会或类似机构集体决策。	研究项目未经科学论证或论证不充分,可能导致创新不足或资源浪费。 未按照规定的程序履行授权审批手续。

续表

控制名称	了解和测试内部控制	风险描述
研究	是否加强研究过程管理,是否配备专业人员,严格落实岗位责任制。 是否有专人跟踪研究项目的进展,评估各阶段的成果,提供经费支持,确保项目按期、保质完成,有效规避研究失败风险。 项目委托外单位承担的,是否采用招投标形式,签订合同,约定成果归属等事项。 项目与其他单位合作的,是否进行尽职调查,签订合同,明确权责。 是否组织专业人员对研究成果进行独立评审和验收。 通过验收的成果,是否可申请专利或作为非专利技术。	研发人员配备不合理,研发过程管理不善,成果的评审和验收组织不力。

（2）开发与保护内部控制审计

表 6-30　开发与保护内部控制了解、测试及风险评估

控制名称	了解和测试内部控制	风险描述
开发	是否加大对成果开发的力度,形成科研、生产一体化的创新机制。 研究成果的开发是否分步推进,通过试运行验证研究成果,整体认可后投入生产运行。	成果开发与生产脱节,转化不足,不能推动生产的进步。
保护	是否加强专利权等研究成果及相关图纸、程序等的保护管理。 是否严格按照规定借阅和使用。 是否禁止无关人员接触研究成果。	研发成果保护不严格,有可以泄漏相关秘密。
评估	是否对立项与研究、开发与保护进行全面评估。 是否认真总结研发管理经验,分析存在的问题,不断改进研发管理水平。	研究开发全过程进行评估管理缺失,未进行全面总结。

11.工程项目内部控制审计

工程项目的工期长、投资额大,专业技术要求自然也较高,加强工程项目的内部控制管理是煤炭企业防范工程项目风险的重大举措。审计人员在审计时除了依据国家关于工程项目方面的法律

法规,还包括企业内部控制中关于工程项目的规定等。审计目标是为了证实工程项目管理内部控制是否建立、健全并有效执行,证实各项工程项目是否合法、合规等。

(1)工程施工管理内部控制审计

表 6-31　工程施工管理内部控制了解、测试及风险评估

控制名称	了解和测试内部控制	风险描述
工程施工图管理	委托设计单位时,是否审核施工图设计单位的资质并深入了解其执业情况,确保设计单位的专业水准。 是否为设计单位提供需要的资料和信息,是否着力提高施工图的设计深度。 审查施工图时,是否充分考虑参与人员的专业范围,确保施工图审查的深入性。	施工图设计深度不够,不能满足方案设计或初步设计批准文件的要求,造成使用受阻。 施工图审查不严,导致设计不能满足国家的一些强制性规范,安全问题存在隐患。
工程项目招标管理	组织招投标时,是否对投标申请人的资格进行预审并深入了解其执业情况,是否去除不具备资格条件、不适合承担招标工程的投标申请人,确保投标单位的质量。 是否对投标报价编制方法、依据及材料价差调整办法进行统一要求,是否为投标单位确定工程造价提供了基础依据,是否为报价建立了公平竞争的平台。 是否严格执行招标标底和招标控制价准,投标报价高于招标控制价的投标单位,是否一律淘汰。 是否充分发挥监督部门的作用,是否确保了发标、开标、评标等全过程的公开、公正、公平。 是否加强合同管理,合同条款中是否注重有关风险和责任的约定,是否尽量减少索赔和争议的发生,达到控制造价的目的。	投标单位资质的类别、等级不符合工程建设情况,没有通过国家指定的认证机构进行年审。 工程承包单位管理混乱,施工实力差,履约能力弱,使工程进度、质量难以保证。 中标价低于成本价。 合同条款对责任、风险考虑不周,可能产生法律纠纷。

续表

控制名称	了解和测试内部控制	风险描述
工程项目变更管理	对施工图会审时,是否考虑参与人员的范围和专业,确保审查全面、深入,是否及时发现设计中的问题,保证设计变更发现早、损失小。 设计及业主提出的每一项工程变更,是否进行经济核算,是否根据变更增加额,有关部门和人员按照各自的管理职责严格履行变更审批程序,从多方面分析论证。 是否建立应对变更的工作思路,是否满足关键性变更,避免大规模变更,是否有效控制工程造价。	施工图会审过程中,没有及时发现设计错误,导致变更费用增加。 有关部门和人员按照各自的管理职责和权限履行变更审批程序不严格,导致变更次数多。
工程进度控制管理	是否事先对影响进度的各种因素进行全面调查研究、预测,评估这些因素对工程的影响,并编制可行的年度计划。 是否在执行过程中,运用动态管理,将实际情况与进度计划进行对比,找出计划产生偏差的原因,采取纠偏措施,及时对原进度计划进行调整。 在工程项目建设中是否正确处理工程进度控制管理与质量、投资的关系,确保项目建设在投资范围内按进度、高质量完工。	事先对影响工程建设进度的各种因素估计不足,导致工程项目进度难以按预定计划进行。 执行进度计划产生偏差后,查找原因不准确,纠偏措施不得力,没有及时修正进度计划,导致工程建设进度滞后。
工程质量控制管理	施工前是否审核下列事项:有关进场材料、半成品的质量检验报告;有关应用新工艺、新材料、新技术、新结构的技术鉴定书;图纸是否完备,有无错漏空缺,各个设计文件之间有无矛盾之处,技术标准是否齐全。 施工过程中是否注意下列质量管理:工程质量控制流程,工序质量的控制点;技术要求高、施工难度大的工序或环节,设置技术和监督重点,控制操作人员、材料、设备、施工工艺等;容易产生不合格产品的工序,提前制定有效的措施,重点控制。 是否加强工程质量管理的下列检查工作:操作者的自检、施工单位内部互检、各个工序之间的交接检查、监理部门与质检站的检查,及时发现问题。	进场材料质量不过关,新工艺、新材料、新技术、新结构没有国家相关部门出具的技术鉴定书,为高质量的施工埋下隐患。 相关单位、部门检查不到位,隐蔽工程检查不深入,重要工程无旁站监理,导致工程质量管理存在漏洞,监管缺位。

续表

控制名称	了解和测试内部控制	风险描述
工程项目安全管理	是否签订施工合同，编制工程施工现场安全保证计划。 施工组织设计中的安全措施或专项施工方案是否符合工程建设强制性标准要求，对发现的安全隐患是否及时采取适当措施。 是否认真贯彻安全第一的政策。	施工单位安全保证计划不合理，安全管理人员培训不及时，增加了出现安全隐患的可能性。 安全检查不全面，不深入，增加了事故发生的可能性。 安全隐患整改不及时，措施不得力，可能导致事故发生。

（2）工程竣工验收内部控制审计

表 6-32　工程竣工验收内部控制了解、测试及风险评估

控制名称	了解和测试内部控制	风险描述
工程竣工验收	根据工程规模，是否明确项目的验收程序及相关部门的职责，是否及时验收和移交。 是否进行竣工决算审计，保证竣工决算质量。 资产管理中心是否参与工程竣工验收，是否确保结转的固定资产信息全面、完整。	工程项目竣工验收不及时，可能造成工程建设成本增加。 竣工验收未经严格审核或审批，可能产生错误或舞弊行为，从而使企业遭受资产损失。 竣工转入固定资产的信息不真实、不完整，导致企业资产账实不符及资产损失。

12.担保业务内部控制审计

煤炭企业加强担保业务的内部控制管理，是规范担保行为、防范担保风险的重要途径，由于担保形成的或有负债不断上升，由此带来的风险不容忽视。审计人员在审计时除了依据国家关于担保业务方面的法律法规，还包括煤炭企业内部控制中关于担保的规定等。审计目标是证实担保业务管理内部控制是否建立健全、证实各项担保业务是否合法合规。

（1）调查评估与审批内部控制审计

273

表 6-33　调查评估与审批内部控制了解、测试及风险评估

控制名称	了解和测试内部控制	风险描述
受理申请	担保对象、范围、方式、条件、程序、担保限额等事项是否明确。 是否严格审核担保申请人提出的担保申请。	担保相关事项不明确,对申请审核不严。
调查评估	是否委托中介机构办理担保业务。 是否对担保申请人进行资信调查和风险评估,是否关注了重大事项,是否针对结果出具书面报告。 出现特殊事项时,是否拒绝提供担保。	资信调查和风险评估时,未关注重大事项。 出现不得担保情况时,仍提供担保业务。
授权审批	重大的担保业务,是否经董事会或类似权力机构批准。经办人员是否在权限范围内,按照审批人员的批准办理担保业务。 内设机构是否未经授权办理担保业务。 为关联方提供担保的,存在经济利益或关联关系的人员是否在评估与审批环节回避。	审批不严或越权审批,可能导致决策失误或遭受欺诈。
变更事项	被担保人要求变更担保事项时,是否重新履行调查评估与审批程序。	变理担保事项的相关程序执行不到位。

(2)执行与评估内部控制审计

表 6-34　执行与评估内部控制了解、测试及风险评估

控制名称	了解和测试内部控制	风险描述
签订担保合同	是否根据审核批准的担保业务订立担保合同。 担保合同是否明确双方的权责关系,是否要求被担保人定期提供相关财务信息,通报担保事项的实施情况。 担保申请人同时向多方申请担保的,是否在合同中明确约定本企业的担保份额及责任。	担保合同权责不清。 合同中未要求被担保人提供相关信息。
日常监控	是否对担保合同的内容实施跟踪管理,定期监督被担保人的财务状况,了解担保事项执行情况。 如果被担保人出现异常情况,是否及时报告、妥善处理。 被担保人未按合同履行相关义务的,企业是否按照担保合同履行义务,同时主张对被担保人的追索权。	对被担保人跟踪不及时,出现异常不能及时发现及处理。

续表

控制名称	了解和测试内部控制	风险描述
会计控制	财务部门是否及时收取担保费用,并建立担保事项台账。 财务部门是否及时跟踪信息,防范担保业务风险。 被担保人财务状况恶化,是否按照规定确认预计负债。	担保业务会计控制管理不严格,未及时跟踪关注风险。
责任追究	对于出现重大决策失误,未履行集体审批程序或其他违规担保的,是否追究相应的责任。	未对责任实施追究制度。
担保终止	担保合同到期时,是否全面清查用于担保的财产、权利凭证,按照合同约定及时终止担保关系。	合同到期未履行相关程序终止合同。
担保档案	是否妥善保管与担保有关的资料合同,切实做到档案完整无缺。	资料保管不符合档案规定。

13.业务外包内部控制审计

本部分所指的业务外包是指煤炭企业利用专业化分工优势,将日常经营活动中的部分业务委托给本企业以外的专业服务机构或其他经济组织完成的经营行为,但不涉及工程行为的外包。审计时除了依据国家关于业务外包管理的相关规定,还包括煤炭企业制定的相关内部控制制度。审计的目标是为了证实业务外包管理内部控制是否建立、健全并有效执行,证实各项外包业务是否合法、合规等。

(1)承包方选择内部控制审计

表6-35 承包方选择内部控制了解、测试及风险评估

控制名称	了解和测试内部控制	风险描述
拟定实施方案	是否根据生产经营计划,确定外包范围,拟订方案。	未拟定正式的方案。
审核批准方案	是否按照权限进行外包的审批。 重大外包方案是否提交董事会或类似机构。	未按照规定审批,重大方案未提交上级机构。

续表

控制名称	了解和测试内部控制	风险描述
选择承包方	是否按照批准的方案，从具备条件的承包方中进行选择。 是否综合考虑内外部因素，合理确定外包价格，控制成本。 是否引入竞争机制，采用适当方式选择承包方。 采用招标方式选择承包方的，是否符合招投标的规定。	外包价格确定不合理，承包方选择不当，导致企业受损。
签订外包合同	是否按照规定的程序，由具有权限的人员与确定的承包方签订合同。 合同内容条款对双方的权责是否表述清楚。 外包业务需要保密的，是否在外包合同或另外签订的保密协议中规定保密义务和责任。	合同签订程序不规范，授权不明确，内容不具体等。

（2）业务外包实施内部控制审计

表6-36　业务外包实施内部控制了解、测试及风险评估

控制名称	了解和测试内部控制	风险描述
业务外包组织	是否按照业务外包的规定、程序和要求，组织开展业务外包。 是否采取适当的控制措施，确保承包方按照要求履行合同。	业务外包程序不规范，无跟踪措施。
业务外包过程	是否加强与承包方的沟通与协调，及时关注、发现和解决外包日常管理中存在的问题，尤其是重大外包业务。 是否存在应急机制，避免业务外包失败造成生产经营中断。 承包方存在违约行为，导致合同无法履行的，是否终止合同，同时造成损失的，是否要求对方索赔、追究责任人等。	与承包方协调少，对存在的问题关注不够，出现问题无应急机制。 对方违约时，采取的应对措施不妥当。
业务外包验收	业务外包需要验收的，是否组织专人验收并出具报告。 验收过程中发现异常的，是否报告、查明原因、及时处理。	未组织验收或验收发现问题处理不当。

14.财务报告内部控制审计

本部分所指的财务报告是一个狭义的概念，指对外提供的严格按照国家统一的会计制度编制的财务报告。审计时除了依据国家关于财务报告管理方面的法律法规外，还包括煤炭行业、企业制定的相关内部控制。审计的目标是保证财务报告的内部控制设计和运行的有效性，促使企业预防和控制财务报告风险。

（1）财务报告编制内部控制审计

表 6-37　财务报告编制内部控制了解、测试及风险评估

控制名称	了解和测试内部控制	风险描述
报告方案	企业是否重视会计政策的选择和重要会计估计的做出。 对财务报告产生重大影响的交易和事项是否按照内部控制的规定进行授权审批。 编制报表前，是否进行了资产清查、减值测试和债权债务的核对。	会计政策选择和会计估计做出不合理。 重大事项未按程序进行授权审批。 未按规定在编表前进行减值测试等准备工作。
报告内容	企业是否根据核对无误的会计账簿记录编制报表，是否做到内容完整，计算准确。 报表中列示的资产、负债、所有者权益是否真实可靠。 企业是否清楚划分经营活动、投资活动和筹资活动产生的现金流量的界线。 附注是否按照企业会计制度的规定编制。	报表内容达不到完整、准确的效果。 会计要素划分不明确，信息不可靠。 附注信息不全面，金额不准确。
注意事项	公司是否明确合并财务报表的合并范围和合并方法。 企业是否充分利用信息技术来防范人工处理出错的风险。	合并范围和合并方法不正确。 人工出错的风险大，无防范措施。

（2）财务报告对外提供内部控制审计

表 6-38　财务报告对外提供内部控制了解、测试及风险评估

控制名称	了解和测试内部控制	风险描述
编制完的工作	财务报告编完后，是否装订成册，加盖公章，由企业负责人、总会计师或分管会计工作的负责人、财会部门负责人签名并盖章。 是否按照规定及时对外提供财务报告。	编制完成的财务报告，是否履行相关手续，是否及时对外提供。

续表

控制名称	了解和测试内部控制	风险描述
外部审计	财务报告须经注册会计师审计的,是否由注册会计师及其所在的事务所出具审计报告,随同财务报告一并提供。	需要经过会计师事务所审计的未经审计。
归档	对外提供的财务报告应当及时整理归档并按有关规定妥善保存。	财务报告未归档或未及时归档。

(3)财务报告分析利用内部控制审计

表 6-39　财务报告分析利用内部控制了解和有效性测试

控制名称	了解和测试内部控制	风险描述
分析会议	是否定期召开财务分析会议,全面分析企业存在的问题。财务分析会议是否吸收部门负责人、总会计师及分管会计工作的负责人参加。	未定期召开财务分析会议。部门负责人等应参会的人员有的未参会。
财务分析	是否通过分析相关比率了解企业的偿债能力和营运能力。是否通过分析相关比率了解企业的盈利能力和发展能力。是否分析经营活动、投资活动、筹资活动现金流量的运转情况,是否重点关注现金流量能否保证生产经营过程的正常运行。	未通过分析比率了解企业的财务状况、经营成果和现金流量。
分析结果报告	是否将定期的财务分析形成分析报告,并传递给管理层。	未进行定期财务分析,或未将分析情况报告管理层。

15.全面预算内部控制审计

本部分所指的全面预算是对煤炭企业的经营活动、投资活动、财务活动等做出的安排。审计时除了依据国家关于全面预算管理方面的法律法规外，还包括煤炭企业制定的相关内部控制管理制度。审计的目标是保证全面预算内部控制设计和运行的有效性,促使企业预防和控制全面预算风险。以下是全面预算内部控制了解和有效性测试程序:

表 6-40　全面预算内部控制了解、测试及风险评估

控制名称	了解和测试内部控制	风险描述
预算编制	全面预算编制是否根据发展战略和年度生产经营计划,综合考虑内外环境因素,分极编制,逐级汇总。 董事会审核全面预算时,是否重点关注预算科学性和可行性。 全面预算是否按照相关法律法规及企业章程的规定报经审议批准。	不编制预算或预算不健全,可能导致企业经营缺乏约束或盲目经营。 预算目标不合理,编制不科学,可能导致资源浪费或发展战略难以实现。
预算执行	是否将预算指标层层分解,做到横向到边,纵向到底,形成全方位的预算体系。 企业的各种经营活动和投资活动,是否严格按预算执行和控制。 超预算或预算外的资金支付,是否实行严格的批准制度。 预算管理机构是否加强与各单位或部门的沟通,以监控执行情况,并向上级反馈执行进度、差异等情况。 预算管理机构是否定期对预算执行情况进行分析。 预算是否不允许经常性调整。确需调整的,是否履行严格的审批手续。	预算缺乏刚性,执行不力,缺少沟通,分析不到位,特殊情况未履行审批手续。
预算考核	预算管理机构是否定期组织预算执行情况考核。 预算考核是否坚持公开、公平、公正的原则。 考核情况是否有完整的记录。	预算考核不严格,流于形式,不能保证预算执行有效。

16.合同管理内部控制审计

本部分所指的合同管理,是指煤炭企业对以自身为当事人的合同依法进行订立、履行、变更、解除、转让、终止以及审查、监督、控制等一系列行为的总称。审计时除了依据国家关于合同管理方面的法律法规外,还包括煤炭行业、企业制定的合同管理相关内部控制。审计的目标是证实合同管理内部控制是否建立健全并有效执行,证实各项合同管理业务是否合法、合规等。

（1）合同订立内部控制审计

表 6-41　合同订立内部控制了解、测试及风险评估

控制名称	了解和测试内部控制	风险描述
合同调查	是否了解签约对方的基本情况，如所在行业、经营范畴、经营风险等。 是否对签约对方进行现场调查，实施了解和全面评估其生产能力、技术水平、产品类别和质量等生产经营情况，分析其履约能力。 是否获取签约对方的审计后财务报告，分析其盈利能力、偿债能力、营运能力，分析其财务风险和信用状况。 是否建立和及时更新签约对方的商业信用档案。 是否征求签约对方的主要往来单位、监督部门等对其商业信誉、履约能力等的评价。	未了解对方的基本情况。 未对对方进行现场调查。 未对对方进行各种财务分析。 未建立商业信誉档案。 未从其合作单位中获取相关信息。
合同谈判	是否在谈判过程中关注合同具体条款和细节内容，如标的数量、质量、技术标准、价格的确定和支付方式、履约期限和方式、违约责任和争议的解决、合同变更或解除条件等。 谈判过程中的重要交换意见的思想是否记录。 谈判过程中是否泄露重要商业秘密。	谈判时对某些细节关注不细，导致发生合同违约后才发现。 谈判过程无记录。 谈判泄露商业秘密。
合同拟定	是否通过协商、谈判的结果来拟订合同。 是否在自愿、公平的基础上，明确双方的权利义务和违约责任，做到条款内容完整，表述准确，手续齐全。 是否严格合同管理，防止通过化整为零的方式规避招投标的做法。 合同的文本是否由承办部门起草，法律部门审核，重大的合同是否由法律部门起草。 由签约对方起草合同文本的，企业是否认真审查具体条款，特别注意"其他约定"中的内容，如不存在时注明"此处空白"或"无其他约定"。防止被日后修改。	合同具体条款有异议，与谈判内容有出入。 存在合同化整为零的情况。 合同文本起草部门不符合规定。 对方起草的，未认真查看具体文本规定的内容，违约后造成损失。

续表

控制名称	了解和测试内部控制	风险描述
合同审核	合同审核部门是否重点关注合同的签约主体、内容和形式是否符合法律规定,合同内容是否是为了实现企业的发展战略,签约对方是否有履约能力。 特殊情况需要合同内部单位审核的,应合理组织,相关部门有不同看法和意见的,是否认真分析,必要时修改合同条款。 合同审核部门是否提出书面的修改建议,并由审核人和审核部门签字。 审核意见是否明确、具体,避免使用模糊性语言。 合同承办人修改后,是否进行重新审核。	合同审核部门或内部单位对合同的审核形同虚设,对应该发现的问题未提出修改建议或修改建议不合理。 承办人修改后,未进行重新审核。
合同签署	签约当事人是否具有相应的权限,正式合同是否由法人代表或由其授权人签名盖章签订。 授权签约的,是否签署授权委托书。 上级公司是否加强对下级单位合同订立和履行的监督检查。 是否建立合同专用章管理制度。 是否加强合同信息安全保密工作。 需办理登记手续后方可生效的合同,是否及时办理相关手续。	签约当事人或授权委托人无签约权限。 未对下级单位签约进行监督。 合同专用章管理混乱。 合同信息安全得不到保障。 未办理登记手续,提前签订合同。

(2)合同的履行内部控制审计

表6-42　合同的履行内部控制了解、测试及风险评估

控制名称	了解和测试内部控制	风险描述
合同监控	是否对合同履行及实施效果进行检查、分析和验收,确保合同全面有效履行。 是否对签约对方的合同履行进行关注,发现风险是否及时提示,并立即采取措施将合同损失降至最低。	未对双方的合同履行情况实施监督检查,风险事项不能及时发现。
合同补充	合同生效后发现部分条款约定不明,是否补充签订。 不能补充签订的,是否按照法律法规的惯用做法确定。	约定不明的未签订补充合同。 不能补充签订的,按有利于其中一方的做法。

续表

控制名称	了解和测试内部控制	风险描述
合同变更	履约过程中发现显失公平、条款有误等情形,是否及时报告,或在双方协商一致的情况下,按规定权限和程序办理合同变更或解除手续。	发现问题未报告,也未通过协商进行合同变更或解除。
合同纠纷	对方违约的,是否按约定收取违约金,仍不足以弥补损失的,是否要求对方赔偿损失。自身违约的,是否由合同承办部门以书面形式通知有关负责人,批准后履行赔偿责任。纠纷达成一致的,是否双方签订书面协议。纠纷未达到一致的,是否选择仲裁或诉讼方式解决。	双方违约未按规定处理违约事项。
合同结算	财务部门是否按合同约定办理款项结算。未按约定条款履约的,财务部门是否拒绝付款,并向上级部门报告。	财务部门未按规定办理款项结算。
合同登记	合同管理部门是否利用信息手段来登记管理。是否定期对合同进行统计、分类和归档,登记合同的订立、履行和变更情况,实施全过程管理。	未采用信息化手段管理合同。未对合同进行全方位管理。
合同评估	是否至少每年一次对合同履行总体情况和重大合同履行的具体情况进行分析评估,对分析评估中发现的问题和存在的不足,认真分析,得以改进。	未进行至少每年一次的合同评估。

17.内部信息传递内部控制审计

本部分所指的内部信息传递是指煤炭企业内部管理层级之间通过内部报告形式传递生产经营管理信息的过程。审计时除了依据国家关于内部信息传递管理方面的法律法规外,还包括煤炭企业制定的内部信息传递管理制度及相关内部控制中的部分内容。审计的目标是为了证实内部信息传递管理内部控制是否建立、健全并有效执行,证实各项内部信息传递业务是否合法、合规等。

（1）内部报告的形成内部控制审计

表 6-43　内部报告的形成内部控制了解、测试及风险评估

控制名称	了解和测试内部控制	风险描述
建立内部报告指标体系	是否根据企业发展的战略、风险评估情况，科学设置内部报告指标体系。 指标体系的设计是否与全面预算相结合、是否随着环境的变化及时调整、是否关注企业成本费用情况。 内部报告是否通俗易懂，便于传递、管理信息。	内部控制指标体系设计与企业大方向不符，不便于管理。 指标体系独立成一体，与企业其他信息相关度不高。
构建内部报告网络体系	是否利用信息技术，构建科学的内部报告网络体系。 是否指定专人负责内部报告工作。 重要信息是否能做到及时上报。	未构建内部报告网络体系。 未由专人管理，重要信息有时难以做到及时上报。
收集内外部信息	是否关注市场及政策的变化，收集分析整理外部信息。 是否将外部信息通过审核和鉴别后以内部报告传递至管理层。 企业是否在收集信息的过程中考虑获取信息的便利性和成本高低。	未及时收集外部信息。 未对外部信息进行鉴别，直接报告。
编制和审核内部报告	是否合理设计内部报告的编制程序，提高编制效率。 对于突发事件，是否可以尽快编制出内部报告并向董事会报告。 内部报告的编制是否围绕信息需求，编制出全面、客观、通俗的报告，便于管理层做出正确决策。 内部报告的起草和审核岗位是否分离。 重要信息，是否有专门人员进行复核，确保信息正确传递给使用者。	编制程序设计不合理。 内部报告编制不科学，突发事件报告不及时。 岗位分离内部控制做不到，无专人复核。
拓展内部报告渠道	是否拓宽内部报告渠道。 是否通过多种方式广泛收集合理化建议。	报告渠道单一。 未通过其他方式收集建议。

续表

控制名称	了解和测试内部控制	风险描述
反舞弊	是否通过电子邮件、员工信箱、投诉热线等方式,给员工投诉企业内部舞弊、违规行为的机会。 是否通过审计委员会对审计、监察、举报的信息进行复查,监督管理层的行为。 是否建立反舞弊情况通报制度,是否定期召开反舞弊通报会,由审计部门通过反舞弊工作情况,分析反舞弊形势。 是否建立举报人保护制度。	员工无投诉的渠道。 审计委员会未对相关举报信息或问题进行复查。 无反舞弊通报制度,无举报人保护制度。

(2)内部报告的使用内部控制审计

表6-44 内部报告的使用内部控制了解、测试及风险评估

控制名称	了解和测试内部控制	风险描述
利用内部报告	管理人员是否利用内部报告进行全方位的管理活动,保证了企业战略目标实现。 是否利用内部报告进行风险评估,识别内外部风险,确定风险应对策略。 对于内部报告反映的问题是否及时解决,突出的是否启动应急预案。	内部信息不通畅,导致决策失误。 问题没有做到及时解决。
制定内部报告保密制度	是否制定了内部报告保密管理制度。 是否具体明确保密内容、保密措施、密级程度和传递范围。	未制定保密管理制度或未对具体内容进行明确。
保管内部报告	是否指定专人保管、是否按类别保管内部报告。 是否对不同类别报告确定保管年限。 商业秘密的重要文件是否由企业较高级别的管理人员负责,且最少两人以上共同管理。 查阅商业秘密的重要文件是否由两人同时在场管理。	内部报告保管混乱,包括保管人、保管期限。 商业秘密的重要文件未按规定进行管理、查阅。
评估内部报告	是否建立内部报告评估制度。 是否定期对内部报告的形成和使用进行全面评估。 评估的重点是否关注内部报告的及时性、安全性和有效性。	未进行定期评估,或未关注评估的重点问题。

18.信息系统内部控制审计

本部分所指的信息系统，是指煤炭企业利用计算机和通信技术，对内部控制进行集成、转化和提升所形成的信息化管理平台。审计时除了依据国家关于信息系统管理方面的法律法规外，还包括煤炭行业、企业制定的相关内部控制。审计的目标是保证信息系统内部控制设计和运行的有效性，促使企业预防和控制信息系统风险。

（1）信息系统开发内部控制审计

表 6-45　信息系统开发内部控制了解、测试及风险评估

控制名称	了解和测试内部控制	风险描述
提出项目方案	是否制定信息系统开发的战略规划和中长期发展计划。 开发前是否了解市场上成熟软件产品的功能、听取专家的意见，以做好开发方案的设计工作。 是否在开发前对内部各单位提出开发需求和关键控制点认真分析，是否明确系统设计、编程、安装调试、验收、上线等全过程的管理要求。	长期战略规划不合理。 未了解其他成熟产品，未了解本单位的开发需求或了解信息不全面。
实施系统设计	开发的信息系统是否将生产经营管理业务流程、关键控制点和处理规则嵌入系统程序，实现手工环境下难以实现的控制功能。 是否将不相容职责的处理权限授予同一用户。 是否对进入系统数据有检查和校验功能。 必需的后台操作，是否注意加强管理，建立规范的流程制度。	信息系统难以实现预期的功能，难以达到预期的效果。 后台管理不规范。
系统测试	是否组织独立于开发单位的专业机构对开发完成的信息系统进行验收测试，确保在功能、性能、控制要求和安全性等方面符合开发需求。	未由独立机构开展系统验收测试工作，或验收工作实施无效果。

续表

控制名称	了解和测试内部控制	风险描述
监督与沟通	信息系统归口管理部门是否对信息系统开发全过程的跟踪管理，组织开发单位与内部各单位是否进行日常沟通和协调,是否使开发单位按照建设方案、计划进度和质量要求完成编程工作,	跟踪管理不力,沟通协调不通畅。
使用准备	是否在信息系统使用前对业务操作人员和管理人员进行培训，是否做好新旧转换方案,是否考虑应急方案。	使用前的培训、新旧转换工作不到位,不能按计划投入使用。

（2）信息系统运行与维护内部控制审计

表 6-46 信息系统运行与维护内部控制了解、测试及风险评估

控制名称	了解和测试内部控制	风险描述
日常运行维护	是否有专门的制度或具体操作规范,对运行过程中存在的问题及时跟踪,是否确保系统稳定运行。 操作人员是否擅自对系统进行删除、修改配置等操作。 是否根据业务性质、分工等情况对不同岗位人员确定不同的授权使用制度,保证系统安全运行。 是否安装安全软件防范系统受到病毒等恶意软件的破坏。 是否定期审阅账号、密码管理存在的问题,是否禁止不相容职务用户账号的交叉操作。	无制度规范对问题进行跟踪。 操作人员存在擅自删除、修改现象。 未对不同的岗位设置授权使用的制度。 未安装病毒防护软件,或软件更新不及时。 账号、密码管理混乱,岗位之间互相使用,达不到控制的效果。
系统变更管理	是否建立专门的制度来规范系统的变更,保证变更得到授权和批准,并对变更进行测试。 系统变更程序是否遵循与新系统开发项目同样的验证和测试程序，必要时还应当进行额外测试。	系统的变更制度不规范,验证和测试程序不重视。

表 6-46 信息系统运行与维护内部控制了解、测试及风险评估

控制名称	了解和测试内部控制	风险描述
系统安全管理	是否加强网络传输的关键数据进行涉密管理,是否采取加密措施,确保信息的保密性、准确性和完整性。 是否建立系统数据定期备份制度,明确备份范围、方法、责任人、存放地点、有效性检查等内容。 服务器等关键设备是否有良好的环境,是否有专人负责检查,是否及时关注和处理异常情况。 是否未经授权任何人不得接触关键信息设备。	网络传输信息未采取加密管理。 系统数据未定期备份,存在数据不完整的风险。 服务器存放环境不适合,无专人检查、关注。
系统停止	不管因何种情况导致系统停止运行,是否都将有价值或涉密的信息进行销毁、转移。 是否按照有关规定对电子档案进行妥善管理,保证信息的安全完整。	系统停止运行后,未对相关信息销毁。 未按规定管理电子档案。

19.生产管理内部控制审计

煤炭企业为了实现生产的可持续化、均衡化、效率最高化、效益最大化,应当从各个环节加强生产的内部控制管理,明确责任和考核机制。审计时除了依据国家关于生产管理方面的法律法规外,还包括煤炭行业、企业制定的相关内部控制。审计的目标是生产管理系统内部控制设计和运行的有效性,促使企业预防和控制在生产环节所带来的风险。

表 6-47　生产管理内部控制了解、测试及风险评估

控制名称	了解和测试内部控制	风险描述
生产计划制定	是否在深入分析内外部环境的基础上,收集生产技术相关的信息,为组织方案审批工作提供全面、准确、及时的信息。是否根据最新掌握的信息,定期对生产组织方案进行回顾和反思,总结经验。是否定期对制定的生产计划和组织方案进行评估、调整、修正。	内外部信息收集不及时、不完整,以致生产计划的制定合理性出现问题。各下属部门对生产效益最大化的理解和认同没有达以整体的高度,导致生产计划的组织方案不能使公司效益最大化。未定期总结经验和修正。
煤质日常管理	是否明确部门和岗位职责、权限,确保煤质管理达到控制要求。煤质管理人员是否经常进行现场监督、检查,对存在的问题和不足是否及时指导修改。是否定期分析煤质管理过程中出现的问题和缺陷,并及时提出整改建议、措施。	煤质监督检查不及时、不到位,不能经常身临现场,对存在的问题和不足不能进行及时指导和整改。煤质化验不严格、不及时,不能正常指导装车。未能定期分析煤质管理过程中出现的问题和缺陷,及时提出改进建议和措施。
煤质预报	露天煤矿是否能准确对煤质进行全面的基础性预报,选煤厂是否能对产品结构进行预报,化验室是否能按照规定进行煤质化验,生产调度部门是否能对商品煤进行预报,保证满足客户需要。煤质管理人员是否定期深入现场监督、检查,对存在的问题和不足进行及时指导和整改。	煤质预报、化验等不符合规定,结果不准确,导致下游工作分析不准确。对各类预报审核不合理,煤质不能满足客户需要。煤质管理人员监督不到位。
考核管理	是否明确选煤厂及生产管理部门的职责、权限,确保煤质考核公平公正。是否能与用户及时沟通,保证信息的准确及时。	煤质管理检查不到位,不定期深入现场,对存在的问题和不足及时指导改正。杂物按责任单位分类不明确,导致考核结果有差异。用户反馈信息不准确,导致考核结果有偏差。

续表

控制名称	了解和测试内部控制	风险描述
地质测量管理	是否能及时了解相关的政策法规,以修订现有的制度。 生产调度部门是否做到定期监督、检查和规范下属单位的地测工作,对上报方案进行审查,研究存在的问题,并及时解决。	未能及时掌握国家和地方政策法规的调整,导致地测制度的落后。 生产调度部门与相关直属单位的沟通不畅,导致地测管理工作偏离既定目标。
资源储量管理	生产调度部门是否能执行好上级制定的相关规章制度,并组织制定本单位的管理制度。 是否加强与露天煤矿的信息沟通,定期深入现场监督、检查,发现问题及时解决。	未能及时掌握上级部门制度的变动,导致已有制度滞后。 与相关直属单位信息沟通不畅,导致管理工作偏离既定目标。
生产调度管理	是否充分收集生产相关的内外部信息,深入了解环境特点,认真分析各单位生产组织方案的科学性、合理性、可行性,保证控制目标的实现。	相关信息收集不够完整、准确、及时,导致对整体方案合理性判断出现偏差甚至失误。
检修调度管理	生产调度部审核申报的检修计划时,是否全面考虑检修的影响范围和程度,并作出合理批示。	提报计划单位没有充分考虑检修的实际情况,使得检修方案的可行性降低。 生产调度部门在审核时,流于形式,未合理批示。
应急调度管理	事故发生相关单位是否及时报告事故情况,并做好相应的救护措施。 生产调度部门是否第一时间赶赴现场,全面组织协调各救援单位,密切合作。 安全监督部门是否做好事故分析报告。	事故发生概况掌握不充分,事故等级分类错误。 相关救援单位不能及时到达现场。 救援方案考虑不全面。
防洪工程管理	是否对各防洪重点单位、重点位置的相关资料进行细致分析,做好应急预案。 防洪方案造价评估是否合理、准确。 是否对各防洪工程进行监督检查,发现问题及时整改。	防洪初步方案制定不合理。 最终方案确定时对工程造价评价不准确,导致相关控制环节和执行单位不同。

续表

控制名称	了解和测试内部控制	风险描述
采空区防、灭火管理	相关部门是否定期和不定期对井田范围内火源、火情开展调查检查工作,发现着火情况及时向公司分管领导汇报,并组织灭火工作。 是否及时了解政府发布的最新关于灭火工作的政策,并与政府沟通相关情况。	对井田范围内着火区域火源、火情调查不全,产生遗漏。 与政府相关部门沟通不畅,产生不良后果。
水资源管理	生产调度部门是否对水资源的利用进行统筹规划、水资源监测,是否对水资源的开发利用方案进行审核,是否监督供水计量设施的准确性,是否依法办理取水许可证书,实现计划用水,节约用水。	未能合理规划水资源的开发利用方案,导致超采,造成对水资源的浪费和破坏。 未能保证水系统运行正常,未能保证生产和生活用水正常。
计量管理	生产调度部门是否对所属单位的计量业务进行监督,保证计量准确,计量器具按周期进行检测。 是否对存在的问题和不足进行及时指导和整改。	计量管理检查、监督不到位,发生计量不准确,计量器具处于失控状态。
总图管理	是否及时准确的收集矿区管网、通讯和供电线路铺设位置总图,并整理成电子资料。 计划部门是否提供需要建设、改造的管网、通讯和供电线路的计划。 基建部门是否提供建设、改造的具体实施方案。 各施工单位是否在施工前后将需要更新、改造的部门的实景资料保存好。	原始总图资料收集不及时、不准确、不完整。 计划部门未提供改造计划。 各施工单位对实景资料保存不完整。 总图的更新完善不及时、不准确。

总之,以上从审计的角度对煤炭企业业务层面的 19 个内部控制了解及测试进行了分析,内容上包括了《企业内部控制应用指引》中提到的内部控制和煤炭企业内部控制的特殊性,希望能对会计师事务所实施煤炭企业内部控制有所帮助。

第三节 本章小结

本章主要针对第四章及第五章发现的问题，从源头上分析主要是由于内部控制自我评价主体和审计主体缺乏科学的框架作为指导，为此，本章分别设计了两个框架：

第一，构建了煤炭企业的内部控制自我评价框架，其中包括总体要求、流程、基于风险管理的评价体系。

第二，主要从审计流程、审计内容上构建了煤炭企业的内部控制审计框架，其中的审计内容以风险管理为导向，包括企业层面和业务层面，希望能对会计师事务所实施煤炭企业内部控制有所帮助。

参考文献

一、英文部分

[1]Matthew Selvedge.*An Overview of the COSO Internal Control-integrated Framework* [EB /OL].2004.

[2]Malone Malt. *Risk Assessment As a Frand Deterrent*.Hoosier Banker, 2005(10).

[3]Moerland L.. *Incentives for Reporting on Internal Control-A study of Internal Control Reporting Practices in Finland, Norway Sweden, The Netherlands and United Kingdom.* Maastricht University, 2007.

[4]Andrew J.*Factors related to internal control disclosure.* Journal of Accounting and Economies,2007.

[5]Ashbaugh-Skaife, Daniel W. Collins, William R, Kinney Jr.. *The discovery and reporting of internal control deficiencies prior to SOX-mandated audits* .JAE.2007.44.

[6]Leone J.. *Factors related to internal control disclosure: A Discussion Of Ashbaugh, Collins, and Kinney* （2007）*and Doyle. Ge. and McVay* （2007）.JAE.2007.44.

二、中文部分

［1］袁敏:《财务报表重述与财务报告内部控制评价——基于戴尔公司案例的分析》,《会计研究》2012,(04)。

［2］袁敏:《上市公司内部控制信息披露——现状分析与改进》,《中国注册会计师》2012,(07)。

［3］赵息、许宁宁:《管理层权力、机会主义动机与内部控制缺陷信息披露》,《会计研究》2013,(04)。

［4］张先治、戴文涛:《中国企业内部控制评价系统研究》,《审计研究》2011,(01)。

［5］陈关亭、黄小琳、章甜:《基于企业风险管理框架的内部控制评价模型及应用》,《审计研究》2013,(06)。

［6］周守华、胡为民等:《2012年中国上市公司内部控制研究》,《会计研究》2013,(07)。

［7］池国华、张传财、韩洪灵:《内部控制缺陷信息披露对个人投资者风险认知的影响:一项实验研究》,《审计研究》2012,(02)。

［8］余海宗、丁璐等:《内部控制信息披露、市场评价与盈余信息含量》,《审计研究》2013,(05)。

［9］李越冬、张冬、刘伟伟:《内部控制重大缺陷、产权性质与审计定价》,《审计研究》2014,(02)。

［10］武军:《煤炭企业财务风险内部控制体系研究》,天津大学2011年硕士学位论文。

［11］窦颖:《煤炭企业财务风险控制研究——以YK集团为例》,山东大学2012硕士学位论文。

［12］胡计平:《煤矿企业风险管理与内部控制》,中国经济出版社2012年版。

［13］刘辉:《国有煤炭企业内部控制制度现状及对策》,《煤炭经济研究》2009,(08)。

［14］贺薇汀:《基于自我管理的内部控制评价方法及案例研究》,太原理工大学 2012 年硕士学位论文。

［15］王海林:《IT 环境下企业内部控制模式探讨》,《会计研究》2008,(11)。

［16］薛琳:《企业内部控制评价指标体系研究》,《内部控制》2011,(02)。

［17］张先治、戴文涛:《中国企业内部控制评价系统研究》,《审计研究》2011.(01)。

［18］余红:《关于搞好企业内部控制评价审计的几点思考》,《审计与理财》2011,(06)。

［19］宋良荣、周冬华:《企业内部控制——自我评价与 CPA 审计》,立信会计出版社 2012 年版。

［20］李三喜、徐荣才:《基于风险管理的内部控制审计流程、审计实务、审计模板》,中国市场出版社 2013 年版。

［21］党俊风:《煤炭企业内部控制风险评估研究》,黑龙江科技学院 2011 年硕士学位论文。

［22］马军:《基于风险管理的内部控制评价研究》,集美大学 2012 年硕士学位论文。

［23］张荣海:《基于审计视野的内部控制评价研究》,《财会通讯》2011,(02)。

［24］李永臣、胡友娇:《煤炭企业内部控制自我评价问题及改进建议》,《财会通讯》2012,(07)。

［25］密士鹏:《我国企业内部控制评价研究——基于双汇发展股份有限公司的案例分析》,西南财经大学 2012 年硕士学位论文。

［26］蔡俊杰、刘春志:《我国企业内部控制评价: 问题与对策》,《中国内部审计》2012,(12)。

［27］宋京津:《经济后果观下的内部控制信息披露问题——基于三大上市银行 2001—2008 年年报的思考》,《审计与经济研究》2011,(02)。

［28］吴秋生、杨瑞平:《内部控制评价整合研究》,《会计研究》2011,(09)。

［29］张兆国、张旺峰、杨清香:《目标导向下的内部控制评价体系构建及实证检验》,《南开管理评论》2011,(14)。

［30］邢灵枝:《煤炭集团内部控制体系思考》,《会计之友》2013,(05)。

［31］蔡丛光:《上市公司内部控制信息披露研究》,西南财经大学出版社 2013 年。

［32］王宏等:《中国上市公司内部控制指数研究》,人民出版社 2011 年版。

［33］刘行健、刘昭:《内部控制对公允价值与盈余管理的影响研究》,《审计研究》2014,(02)。

［34］林斌等:《中国上市公司内部控制缺陷披露研究——数据分析与政策建议》,《会计之友》2012,(09)。

［35］李万福等:《内控信息披露、企业过度投资与财务危机》,《中国会计与财务研究》2010,(07)。

［36］张谦:《目标导向下内部控制评价体系的构建》,西南财经大学 2012 年硕士学位论文。

［37］林野萌、韩传模:《基于 BSC 与 AHP 的企业内部控制评价体系构建》,《商业会计》2012,(03)。

［38］夏宁等:《基于超循环理论的内部控制评价体系研究》,

《国际化与价值创造：管理会计及其在中国的应用——中国会计学会管理会计与应用专业委员会 2012 年度学术研讨会论文集》2012,(11)。

[39]方旻:《基于 ERM 框架的企业内部控制评价体系构建》,《财政监督》2012,(03)。

[40]时军:《基于公司治理视角的我国企业内部控制评价体系构建研究》,《中国注册会计师》2012,(11)。

[41]周琦:《基于社会责任观的房地产企业内部控制评价体系研究》,河北工程大学 2012 年硕士学位论文。

[42]王希全:《商业银行价值创造导向型内部控制评价体系研究》,《中央财经大学学报》2009,(04)。

[43]闫学文等:《基于价值创造的内部审计评价体系研究》,《审计研究》2013,(01)。

附表:内部控制审计问卷调查表

调查项目	回答情况	备注
被调查注册会计师基本情况:		
年龄:		
职务:		
工作经验(年):		指从事过与内部控制相关的审计工作年限
1.审计报告意见类型:		
是否出具过内部控制审计报告:		填是或否
如果出具过内部控制审计报告,出具的份数在哪个区间?（5份以下,5~10份,10份以上）		
如果出具过内部控制审计报告,出具的意见类型是什么?		意见类型指标准无保留意见、带强调事项段的无保留意见、否定意见、无法表示意见、存在非财务报告的重大缺陷。
2.审计方式:		
你是否认可单独进行内部控制审计,且单独出具内部控制审计报告。		填是或否
你是否认可整合审计（即内部控制审计与财务报表审计一起进行,且单独出具内部控制审计报告）		填是或否
3.财务报表审计和内部控制审计意见关系:		
你是否认可如果财务报表审计意见为非标准审计报告,则内部控制审计意见必然为非标准审计报告。		填是或否
你是否认可如果内部控制审计意见为非标准报告,则财务报表审计意见不一定为非标准报告。		填是或否
4.对内部审计人员工作利用:		
对内部审计人员工作的利用,你是为利用较好、利用不好、还是其他情况?		请选择
如果是利用不好,请说明理由。		请说明理由
如果是其他情况,请说明理由。		请说明理由

续表

调查项目	回答情况	备注
5.对内部控制自我评价工作的利用：		
你认为对内部控制自我评价工作可以有效利用、选择利用、不能利用？		请选择
如果是选择利用，请说明理由。		请说明理由
如果是不能利用，请说明理由。		请说明理由
6.对审计程序的使用：		
你认为用到询问程序的可能性有多大？		请写你认为的比例
你认为用到观察程序的可能性有多大？		请写你认为的比例
你认为用到检查程序的可能性有多大？		请写你认为的比例
你认为用到穿行测试程序的可能性有多大？		请写你认为的比例
你认为用到重新执行程序的可能性有多大？		请写你认为的比例
7.对内部控制重大缺陷判断的调查：		
你认为《企业内部控制审计指引》中所界定重大缺陷的迹象在工作中能体现出来吗？		填是或否
如果你认为体现不出来，请说明原因。		请说明理由
8.对加强和完善内部控制审计的建议：		
请指出你认为如何加强和完善内部控制审计指引？		请具体说明你认为的建议
9.事务所从事内部控制审计业务的主要困难：		
请指出在《企业内部控制审计指引》出台后实施的内部控制审计业务中有什么主要困难和障碍》？		请根据工作情况具体说明
10.内部控制审计的价值：		
你认为内部控制审计的价值是主要提供增值服务？主要增加企业负担？还是既增加了企业部分成本，又提供了价值增值服务？		请在三种情况中选择
如果你认为其中有提供增值服务，请具体说明增值服务的种类有哪些？		请具体说明
11.内部控制审计未来的发展方向：		
你认为内部控制审计未来可能更加趋向于原则导向、风险导向还是价值导向？		请选择并说明理由

后　记

　　花开花谢，春去春来，来到忻州师范学院工作已经七个年头了，本书是在从教后继续对审计理论研究成果的汇总，现在，著作即将出版，此时的心情是激情澎湃。回想著作从准备到写作的整个过程中，查阅文献时的焦虑、写作时的坎坷、忽然有新想法时的激动、被专家点拨后的豁然仍历历在目，现在非常激动，几年来的付出终于要见到成绩了。在这一过程中，我得到了许多人的帮助，收获颇丰，趁此机会向所有帮助过我的人表示最诚挚的感谢！

　　首先感谢忻州师范学院科研处在专题研究项目中给予经费的支持，以及李丹教授、王鸿斌教授、赵明根教授、吴攀升教授、徐翠先教授等专家组成员在项目申请的过程中为选题、内容框架给予耐心的指导，在著作初稿的审核过程中更是耐心认真，付出了辛勤的劳动，提出了宝贵的意见，在这里对所有给予过帮助的老师致以最崇高的敬意和最真挚的感谢！

　　特别感谢忻州师范学院郭丕斌教授，他以严谨的治学态度，敏锐智慧的学术洞察力、渊博的知识、活跃的思维，开拓创新和无私奉献的精神影响了我，从课题的选题到资料收集，从框架设计到具体研究，从初稿的形成到反复润色修改，都倾注了大量心血，我的感激之情，难以言表！

非常感谢山西财经大学吴秋生教授对著作的思路和修改完善所给予的悉心指导和帮助,启发了我的学术思想。非常感谢山西财经大学李端生教授以严谨治学态度对著作提出中肯的意见,并启发我未来研究的方向!

感谢山西省煤炭企业中配合调研工作的领导,感谢会计师事务所配合调查问卷填写及回收的同志们,是你们为我著作的完成提供了基础性的资料和信息,谢谢你们!

感谢同事周喜君、贾亚飞在著作的实证研究部分给予的耐心指点和帮助,为著作的完成提供了有益的思路和方法!

感谢项目组其他成员在著作写作过程中做了大量文献查阅、资料收集、外出调研、初稿撰写、文字校对等基础工作,为著作的出版做了许多默默无闻的奉献,使我节约了许多宝贵的时间!

感谢一直默默支持我的家人。特别是我的父母亲、丈夫和儿子,多年来,是你们用亲情和爱情给予我不断向前的动力,是你们用默默无闻的奉献给予我坚定的信心和决心,用宽容和理解让我勇敢面对生活,真诚地说一声谢谢你们!

但是,由于一些规范研究和实证研究是探索性的,所以可能由于认知的不同、研究方法的差异及资料的局限性等原因,使得研究存在一定的不足,如实证研究样本数量较少、调查问卷的结果有待更进一步研究、内部控制自我评价框架和审计框架设计仍有待完善等。今后的路还很长,在煤炭企业内部控制相关领域仍有许多值得进一步研究的内容,如加强内部控制实施效果的实证研究、研究内部控制缺陷披露行为、加强公司治理与内部控制相互作用机制研究等。这些未来的研究方向促使我仍需进一步努力!

张红轶

2015 年 4 月于忻州